中国建筑业统计年鉴

CHINA STATISTICAL YEARBOOK ON CONSTRUCTION

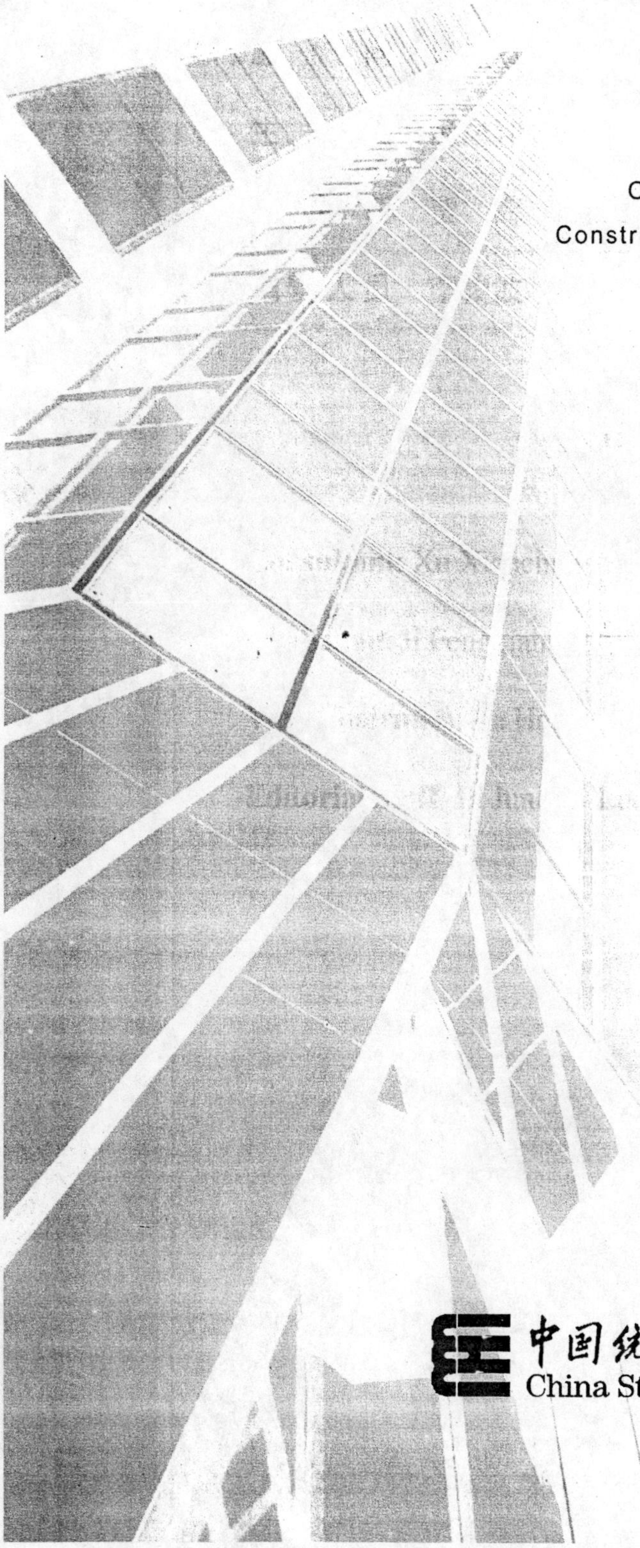

国家统计局固定资产投资统计司 编

Compiled by the Department of Investment and Construction Statistics, National Bureau of Statistics

2006

中国统计出版社
China Statistics Press

(京)新登字041号

图书在版编目（CIP）数据

中国建筑业统计年鉴-2006/国家统计局固定资产投资统计司编.
-北京：中国统计出版社，2007.5
ISBN 978-7-5037-5094-6

Ⅰ.中…
Ⅱ.国…
Ⅲ.建筑业-统计资料-中国-2006-年鉴
Ⅳ.F426.9-66

中国版本图书馆CIP数据核字（2007）第055930号

中国建筑业统计年鉴-2006

作　　者/国家统计局固定资产投资统计司
责任编辑/佘竞雄
装帧设计/艺编广告
出版发行/中国统计出版社
通信地址/北京市西城区月坛南街57号
邮政编码/100826
办公地址/北京市丰台区西三环南路甲6号
网　　址/www.stats.gov.cn/tjshujia
电　　话/邮购（010）63376907　书店（010）68783172
印　　刷/河北天普润印刷厂
经　　销/新华书店
开　　本/880×1230毫米　1/16
字　　数/460千字
印　　张/21.625
版　　别/2007年5月第1版
版　　次/2007年5月第1次印刷
书　　号/ISBN 978-7-5037-5094-6/F·2528
定　　价/160.00元

《中国建筑业统计年鉴－2006》编辑委员会

说　明

《中国建筑业统计年鉴—2006》是一部全面反映中国建筑业发展情况的权威资料。本书收集了全国和各省、自治区、直辖市2005年度有关建筑业发展方面的统计数据。

《中国建筑业统计年鉴—2006》资料直接由2005年全国建筑业统计报表基层数据库加工形成。为保证本年鉴数据与历史数据的可比性，2005年建筑业统计年鉴的范围是具有资质等级的所有独立核算的建筑业企业。具体包括：总承包建筑业企业、专业承包建筑业企业和劳务分包建筑业企业。

本年鉴资料分为五个部分：一、综合；二、按经济类型分组的建筑业企业；三、中央和地方建筑业企业；四、按资质等级分组的建筑业企业；五、各行业建筑业企业。每部分资料的编排，根据制度和实际工作要求，既有按经济类型的分组，又有按行业的分组。在各分组中又分别设置了反映建筑业总产值、各种用途的房屋建筑竣工面积、技术装备、实收资本、资产和负债、利润和税金等方面情况的表式。

使用本年鉴资料时请注意以下几点：

1、本年鉴资料的统计数据除第四部分以外，均不包括劳务分包建筑业企业数据。

2、本年鉴资料各项相加不等于总计均由于四舍五入的缘故。

3、本年鉴资料由国家统计局固定资产投资统计司编印并负责解释。

咨询电话：010-68782618，010-68782617，010-68782619

邮箱：tzjzc_gj@stats.gov.cn

由于编辑时间比较仓促，本书难免存在一些不妥之处，欢迎广大读者批评指正。

目录

一、综　合

二、按经济类型分组的建筑业企业

三、中央和地方建筑业企业

四、按资质等级分组的建筑业企业

五、各行业建筑业企业

一、综　合

1-1 历年建筑业企业概况

年 份	总 计	国有企业	集体企业	港澳台商投资企业	外商投资企业	其 他
企业单位数(个)						
1985	11150	3385	7765			
1989	13106	3927	9179			
1990	13327	4275	9052			
1995	24133	7531	15348	329	312	613
1996	41364	9109	29044	417	388	2406
1997	44017	9650	29872	491	454	3550
1998	45634	9458	28410	629	337	6800
1999	47234	9394	27197	664	341	9638
2000	47518	9030	24756	635	319	12778
2001	45893	8264	19096	622	274	17637
2002	47820	7536	13177	632	279	26196
2003	48688	6638	10425	535	287	30803
2004	59018	6513	8959	511	386	42649
2005	58750	6007	8090	516	388	43749
从业人员(万人)						
1985	911.5	576.7	334.8			
1989	1004.8	614.7	390.1			
1990	1010.7	621.0	389.7			
1995	1497.9	824.3	631.9	5.0	5.4	31.3
1996	2121.9	855.9	1171.4	8.7	8.6	77.3
1997	2101.5	828.6	1148.2	8.2	9.6	106.9
1998	2030.0	738.4	1057.3	9.3	5.1	219.9
1999	2020.1	690.6	993.1	11.5	6.1	318.9
2000	1994.3	635.6	887.5	8.2	4.4	458.6
2001	2110.7	590.7	739.9	7.7	4.3	768.1
2002	2245.2	543.8	579.2	7.4	4.5	1110.4
2003	2414.3	524.3	505.6	7.0	6.0	1371.3
2004	2500.3	467.4	386.4	6.8	8.1	1631.6
2005	2699.9	480.0	361.6	8.6	10.8	1838.9
建筑业总产值(亿元)						
1985	675.10	474.51	200.59			
1989	1282.98	878.57	404.41			
1990	1345.01	935.19	409.82			
1995	5793.75	3670.25	1899.47	33.60	33.19	157.24
1996	8282.25	4160.21	3695.68	46.85	50.51	329.00
1997	9126.48	4526.52	3925.81	63.72	70.49	539.94
1998	10061.99	4571.44	4012.01	91.94	62.52	1324.08
1999	11152.86	4861.38	4081.79	91.97	64.43	2053.29
2000	12497.60	5053.79	4035.84	99.18	67.49	3241.30
2001	15361.56	5362.81	3775.89	102.55	73.06	6047.25
2002	18527.18	5582.86	3338.50	113.87	91.38	9400.57
2003	23083.87	6060.23	3270.73	123.71	129.39	13499.81
2004	29021.45	7325.61	2756.12	137.03	202.46	18600.23
2005	34552.10	8432.03	2815.20	172.54	249.03	22883.30

注：1.本表1980年至1992年数据为全民和集体所有制建筑业企业数据；1993年至1995年数据为各种经济成分的建制镇以上建筑业企业数据；1996年至2001年数据为资质等级(旧资质)四级及四级以上建筑业企业数据；2002年及以后数据为所有具有资质等级的施工总承包、专业承包建筑业企业(不含劳务分包建筑业企业)数据。因此存在着与以前各年不可比因素，以下各表同。

2.从业人员数1993年至1997年为年平均人数。

1-2 各地区历年建筑业总产值

单位：万元

地 区	2000	2001	2002	2003	2004	2005
全国总计	**124975961**	**153615626**	**185271753**	**230838663**	**290214510**	**345520968**
北 京	7274774	8879099	10550535	12698521	16569591	18940436
天 津	2380991	2886808	4061628	5208402	6537068	7543702
河 北	4921005	6145010	7111712	7799313	10040393	12852931
山 西	2393974	3114390	4469457	5401279	7125750	8492165
内蒙古	1367309	1782561	2200194	2576575	3545091	3813045
辽 宁	5980933	7611747	8393428	10170794	12451481	14816528
吉 林	2391840	2740726	2926017	3469281	4111106	4855820
黑龙江	3340903	3723204	4079097	4401878	5159832	5728956
上 海	6223565	7215808	8222730	11958034	16888002	18892463
江 苏	15388416	18218039	21995164	27949354	36556163	43689494
浙 江	13837658	17684490	22829906	31272779	38956437	47187431
安 徽	3028240	4215500	5282183	6227073	7887558	9635410
福 建	2711420	3690460	4026874	5493441	6716323	8739771
江 西	1164115	1691530	2450718	3593356	4617693	5660408
山 东	8170949	9842204	11511730	14813618	19690062	25090992
河 南	3573425	4524908	5367328	6345217	8171347	10661498
湖 北	4541767	5290240	6365491	8729958	11121338	13493165
湖 南	3544202	4897879	5955616	8188402	10278915	12193493
广 东	8919834	11320549	13417808	15163242	19008399	21995888
广 西	1509158	1802891	2211684	2818466	3286644	4252101
海 南	302139	353453	415089	394053	585834	596925
重 庆	3486579	4368169	5006543	5862095	6902774	7835658
四 川	7138102	8228676	10725229	12253374	13093829	14690022
贵 州	1090571	1502008	1811244	2122907	2554529	2712254
云 南	3092645	3439350	3582375	3967957	4482520	5393669
西 藏	168178	186832	216949	293427	290802	406118
陕 西	2423046	2797388	3465727	4404362	5230766	6585112
甘 肃	1251202	1473057	1923798	2236860	2938853	3134016
青 海	447162	542130	733550	747325	886406	909337
宁 夏	562352	703722	839121	1080546	1111913	1129649
新 疆	2349506	2742800	3122828	3196774	3417093	3592513

1-3 各地区历年建筑业增加值

单位：万元

地区	2000	2001	2002	2003	2004	2005
全国总计	**33410864**	**40235718**	**38224156**	**46547067**	**56157837**	**68997130**
北京	1861649	2215886	1710390	1945971	2254726	2842418
天津	596889	665186	638907	795963	962170	1112972
河北	1255840	1595275	1495270	1688931	2090625	2224625
山西	659211	775992	784804	951478	1181453	1300114
内蒙古	415530	530331	508817	666669	951318	1086085
辽宁	1650483	2013803	1731074	1968475	2350859	3740812
吉林	648043	828044	573885	622364	773526	914531
黑龙江	901381	1012242	855445	959828	1056119	1111511
上海	1381463	1432718	1414863	2153664	2555131	3004728
江苏	3700633	4346794	4387544	5609752	7182840	9111895
浙江	3521692	4368676	4672740	6342032	7570554	9433162
安徽	837832	1195204	1185951	1359808	1642821	2059716
福建	710129	954305	815704	1063081	1352426	2058206
江西	324209	448780	553425	739617	896632	1156546
山东	2269464	2740505	2579653	3157332	4431309	5619079
河南	1006563	1184251	1070946	1273423	1757295	2400746
湖北	1346062	1438777	1423250	1914661	2031426	2391055
湖南	965511	1307676	1279692	1724388	2127828	2480593
广东	2509568	3212604	2932624	3281041	3951611	4757223
广西	495053	536363	524687	611761	702543	898093
海南	68036	78689	89284	88847	125703	129188
重庆	912266	1207981	1139108	1287202	1523812	1714340
四川	2073881	2442159	2528302	2678743	2678796	2901029
贵州	313945	411845	411619	486887	524574	552401
云南	819742	884943	761495	791021	840071	962823
西藏	45811	42524	58839	66508	74479	96805
陕西	591203	683851	622949	697852	812929	1059230
甘肃	402912	459363	483668	549941	638115	719034
青海	162241	161192	150146	158293	173105	202605
宁夏	173888	204157	191314	249257	276254	282562
新疆	789737	855600	647761	662277	666786	671702

注：2002年建筑业增加值是按2003年口径调整的数据，与2001年数据不可比。

1–4 各地区历年建筑业企业利税总额

单位：万元

地　区	2000	2001	2002	2003	2004	2005
全国总计	**5792206**	**7934252**	**9697797**	**12785260**	**16554384**	**20664572**
北　京	385714	465129	584471	699460	931362	1266684
天　津	96435	121086	191909	249833	323474	398120
河　北	224663	416927	381119	451764	606942	686111
山　西	93678	119342	178827	226472	315410	374024
内蒙古	58719	81525	113728	148628	261704	317599
辽　宁	255827	388175	406326	513813	695685	1119990
吉　林	88242	136570	128794	155079	177521	190965
黑龙江	134863	168938	176265	232212	223541	245188
上　海	342818	386166	480415	800563	1226833	1338429
江　苏	585377	740637	936746	1301495	1795798	2379509
浙　江	740235	1009064	1284708	1776998	2175151	2774163
安　徽	126076	217112	275184	331071	433945	513639
福　建	141997	236135	231295	306800	388138	509765
江　西	44866	72464	134489	192964	217852	352670
山　东	419264	561028	666717	876677	1253724	1660544
河　南	148742	202791	245271	297621	468077	625556
湖　北	216898	278040	390134	547484	667822	740222
湖　南	153028	255126	319042	451023	610514	731564
广　东	543688	800994	888679	1143533	1437161	1643901
广　西	64151	85386	125653	151935	165677	220868
海　南	14801	19191	30539	30446	49380	44174
重　庆	152870	236729	262773	329589	401924	454920
四　川	318422	415125	569936	662847	678693	774353
贵　州	47008	71097	95505	115146	130300	129803
云　南	160638	159381	167754	214679	235271	362133
西　藏	12805	16876	26030	31152	26312	44882
陕　西	84901	111932	144683	177073	236011	321776
甘　肃	67918	71882	103144	114195	161628	186053
青　海	18312	25542	36704	35963	32344	35497
宁　夏	29994	35175	37429	49889	51892	57696
新　疆	19257	28688	83528	168856	174299	163776

1-5 各地区历年建筑业企业劳动生产率

按建筑业增加值计算 单位：元/人

地 区	2000	2001	2002	2003	2004	2005
全国总计	**15929**	**17621**	**15715**	**17476**	**20887**	**23427**
北 京	22553	26435	19100	19916	20180	23803
天 津	21765	25736	18562	22475	25232	28472
河 北	13070	15023	13352	15169	18347	18719
山 西	16824	18118	13638	15705	20040	20803
内蒙古	11913	13509	12029	15802	23827	23317
辽 宁	15062	16867	14737	15966	19910	29271
吉 林	16594	21197	13709	13900	18141	20870
黑龙江	13991	15559	13157	14835	16745	17722
上 海	24375	23565	23005	27720	25671	28994
江 苏	16793	18823	17455	20185	23517	26624
浙 江	21228	23593	23291	25842	27910	30270
安 徽	11738	13259	13375	14501	17982	21109
福 建	17061	22417	19102	20956	23762	28397
江 西	11240	13428	13089	14578	16720	18762
山 东	12517	13555	12522	12943	18562	20673
河 南	12766	13628	11577	13257	17613	18768
湖 北	16268	17315	15535	17932	19852	21722
湖 南	12697	14987	14337	15700	18870	21511
广 东	19829	22559	19978	22056	25699	28617
广 西	15308	15449	14606	16816	20351	21270
海 南	11868	11821	12685	12482	17301	19038
重 庆	12859	14526	13636	15246	18571	20763
四 川	13118	14223	12897	13062	16022	16619
贵 州	14311	16162	15169	16548	18819	19889
云 南	15531	16089	14717	13803	16920	17469
西 藏	17105	16676	19987	16593	24731	27280
陕 西	14559	15160	13090	14769	18886	21881
甘 肃	11701	12594	10998	11520	14364	15680
青 海	15348	15508	12325	12930	16489	19532
宁 夏	13895	15211	13036	14177	17650	18603
新 疆	25209	26411	17966	19854	21197	21357

注：2002年建筑业企业劳动生产率数据随建筑业增加值数据作相应调整。

1-6 各地区历年建筑业企业利润总额

单位：万元

地区	2000	2001	2002	2003	2004	2005
全国总计	**1920635**	**2943904**	**3703532**	**5198716**	**7192468**	**9066623**
北京	163561	187424	251894	299739	379578	612127
天津	27993	37517	73614	97029	125943	170137
河北	67370	126382	146051	180629	246200	293377
山西	-514	17683	37332	47523	78450	93202
内蒙古	14561	19053	40988	55627	127165	162376
辽宁	66730	148186	127030	165123	293520	543863
吉林	17339	36912	29628	23497	42391	24960
黑龙江	31070	53572	45741	54530	44850	52342
上海	184252	191779	235432	409236	668703	669130
江苏	206569	258129	353159	547982	820677	1119457
浙江	318850	458497	606604	832163	997326	1324144
安徽	28127	72552	90671	110443	152987	180314
福建	25831	89109	91740	115820	157343	196898
江西	6157	15635	40478	58418	73777	155667
山东	182235	262288	312306	410531	647971	867836
河南	31281	58802	75985	94049	191762	255655
湖北	58425	88285	129633	190795	284090	266394
湖南	43938	86497	111240	154992	255705	287689
广东	203926	373276	373902	571518	689142	705824
广西	9147	22519	43171	47095	48715	67651
海南	3907	6709	14339	14343	30235	25874
重庆	49310	90786	99587	137489	180833	199481
四川	100995	150604	213687	259289	276323	276916
贵州	9855	17334	25997	45525	43502	38331
云南	58350	46654	46553	80134	90420	187724
西藏	7385	11402	14307	18879	17795	28184
陕西	14497	24786	34906	46895	69938	100824
甘肃	19977	19906	22434	33042	68473	86565
青海	3812	5249	13780	13601	6063	5797
宁夏	13722	13863	12354	15575	16779	21055
新疆	-48022	-47485	-11011	67205	65813	46830

1-7 按经济类型划分的建筑业企业主要经济指标

指标		合计	内资企业	#国有	#集体
企业个数	(个)	58750	57846	6007	8090
从业人员	(万人)	2699.92	2680.45	480.05	361.57
自有固定资产原价	(亿元)	7621.45	7531.95	2352.14	737.95
自有固定资产净价	(亿元)	5056.50	4999.99	1428.84	517.10
自有施工机械设备年末总台数	(万台)	879.85	872.16	152.34	143.63
自有施工机械设备年末净值	(亿元)	2503.77	2480.74	638.09	253.08
自有施工机械设备年末总功率	(万千瓦)	13765.56	13683.58	3442.34	1693.35
建筑业总产值	(亿元)	34552.10	34130.52	8432.03	2815.20
建筑业增加值	(亿元)	6899.71			
#本年固定资产折旧	(亿元)	445.28	439.27	144.44	33.50
主营业务应付工资	(亿元)	3772.16	3733.76	762.59	381.48
主营业务应付福利费	(亿元)	396.71	394.14	85.31	38.05
工程结算税金及附加	(亿元)	1101.40	1089.83	282.71	92.18
管理费用中的税金	(亿元)	58.40	57.71	12.96	7.49
住房公积金及住房补贴	(亿元)	53.50	53.09	28.00	2.54
房屋建筑施工面积	(万平方米)	352744.67	350765.50	56308.81	42257.41
房屋建筑竣工面积	(万平方米)	159406.20	158574.01	20505.72	21750.39
利润总额	(亿元)	906.66	891.34	141.43	80.70
税金总额	(亿元)	1159.79	1147.53	295.66	99.66
劳动生产率					
按总产值计算	(元/人)	117317	116894	154436	75922
按增加值计算	(元/人)	23427			
技术装备率	(元/人)	9273	9255	13292	7000
动力装备率	(千瓦/人)	5.1	5.1	7.2	4.7
房屋建筑面积竣工率	(%)	45.2	45.2	36.4	51.5
产值利润率	(%)	2.6	2.6	1.7	2.9
产值利税率	(%)	6.0	6.0	5.2	6.4

1-7 续表

指　　标		港澳台商投资企业	#港澳台商独资企业	外商投资企　业	#外商独资企业
企业个数	(个)	516	70	388	68
从业人员	(万人)	8.65	1.17	10.82	0.86
自有固定资产原价	(亿元)	40.06	5.73	49.45	3.59
自有固定资产净价	(亿元)	24.35	4.23	32.16	2.45
自有施工机械设备年末总台数	(万台)	3.59	0.27	4.11	0.20
自有施工机械设备年末净值	(亿元)	9.90	1.43	13.14	0.62
自有施工机械设备年末总功率	(万千瓦)	41.58	5.79	40.40	2.15
建筑业总产值	(亿元)	172.54	24.34	249.03	45.26
建筑业增加值	(亿元)				
#本年固定资产折旧	(亿元)	2.92	0.29	3.09	0.31
主营业务应付工资	(亿元)	13.92	1.60	24.48	3.10
主营业务应付福利费	(亿元)	0.85	0.12	1.72	0.20
工程结算税金及附加	(亿元)	4.62	0.55	6.94	1.07
管理费用中的税金	(亿元)	0.34	0.03	0.35	0.14
住房公积金及住房补贴	(亿元)	0.18	0.04	0.23	0.07
房屋建筑施工面积	(万平方米)	668.22	76.70	1310.94	212.60
房屋建筑竣工面积	(万平方米)	213.96	21.66	618.23	71.16
利润总额	(亿元)	3.62	1.00	11.70	2.33
税金总额	(亿元)	4.97	0.58	7.29	1.21
劳动生产率					
按总产值计算	(元/人)	161716	204538	169063	233299
按增加值计算	(元/人)				
技术装备率	(元/人)	11446	12241	12136	7264
动力装备率	(千瓦/人)	4.8	5.0	3.7	2.5
房屋建筑面积竣工率	(%)	32.0	28.2	47.2	33.5
产值利润率	(%)	2.1	4.1	4.7	5.1
产值利税率	(%)	5.0	6.5	7.6	7.8

1-8 建筑业企业主要经济指标完成情况

指　　标	计量单位	2005年	2004年	2005年比2004年增减(%)
建筑业总产值	亿元	34552.1	29021.5	19.1
建筑业增加值	亿元	6899.7	5615.8	22.9
#本年提取的固定资产折旧	亿元	445.3	380.4	17.1
主营业务应付工资	亿元	3772.2	3026.5	24.6
主营业务应付福利费	亿元	396.7	312.7	26.9
工程结算税金及附加	亿元	1101.4	894.1	23.2
管理费用中的税金	亿元	58.4	42.1	38.8
住房公积金及住房补贴	亿元	53.5	55.5	-3.6
房屋建筑施工面积	万平方米	352744.7	310985.7	13.4
房屋建筑竣工面积	万平方米	159406.2	147364.0	8.2
年末自有施工机械设备净值	亿元	2503.8	2324.5	7.7
年末自有施工机械设备总功率	万千瓦	13765.6	14584.1	-5.6
实收资本	亿元	8171.4	7774.7	5.1
资产合计	亿元	31485.7	28564.6	10.2
#流动资产	亿元	19336.4	20326.6	-4.9
固定资产	亿元	5787.7	5549.5	4.3
负债合计	亿元	20362.7	18240.5	11.6
#流动负债	亿元	19336.4	17231.0	12.2
长期负债	亿元	1026.3	1009.5	1.7
资产负债率	%	64.7	63.9	
税金总额	亿元	1159.8	936.2	23.9
利润总额	亿元	906.7	719.2	26.1
按建筑业总产值计算的劳动生产率	元/人	117317	107942	
按建筑业增加值计算的劳动生产率	元/人	23427	20887	
房屋建筑面积竣工率	%	45.2	47.4	
技术装备率	元/人	9273	9297	
动力装备率	千瓦/人	5.1	5.8	
产值利税率	%	6.0	5.7	
产值利润率	%	2.6	2.5	
人均利税	元/人	7016	6157	
建筑业企业个数	个	58750	59018	-0.5
计算建筑业劳动生产率的平均人数	万人	2945.2	2688.6	9.5

1-9 各地区建筑业企业签订合同情况

单位：万元

地 区	合同总额	上年结转合同额	本年新签合同额
全国总计	**559466764**	**195876588**	**363590176**
北 京	39096753	15874093	23222661
天 津	14091016	4931365	9159651
河 北	18040286	5806190	12234096
山 西	16462214	5734832	10727382
内蒙古	5308017	1754064	3553953
辽 宁	22074151	6570754	15503397
吉 林	8048089	3118827	4929262
黑龙江	7410680	2005863	5404817
上 海	36337341	13334597	23002745
江 苏	55670531	14892909	40777622
浙 江	77204230	29278664	47925567
安 徽	14659511	4314081	10345430
福 建	14380369	5167187	9213182
江 西	8698994	2841321	5857673
山 东	33297399	9622131	23675268
河 南	17173151	6273106	10900045
湖 北	25233550	8388874	16844676
湖 南	20780213	7828982	12951231
广 东	42842225	17673187	25169038
广 西	7136012	2955201	4180811
海 南	1088285	396322	691963
重 庆	10800870	3883418	6917452
四 川	22593784	7829730	14764055
贵 州	5127456	2400620	2726836
云 南	9465801	3702182	5763618
西 藏	392110	166725	225386
陕 西	13928034	4916929	9011105
甘 肃	3631700	1316270	2315430
青 海	2007374	904836	1102538
宁 夏	1629012	436027	1192985
新 疆	4857604	1557300	3300304

1-10 各地区建筑业企业承包工程完成情况

单位：万元

地 区	直接从建设单位承揽工程完成的产值	自行完成施工产值	分包出去工程的产值	从建设单位以外承揽工程完成的产值
全国总计	**341333798**	**331718759**	**9615039**	**13802209**
北 京	18819080	17996146	822934	944290
天 津	7679721	7234704	445018	308998
河 北	12747102	12622392	124710	230539
山 西	8497507	8317074	180433	175092
内蒙古	3765824	3739940	25884	73104
辽 宁	14733089	14616140	116949	200388
吉 林	4822077	4809864	12213	45956
黑龙江	5722191	5658198	63994	70758
上 海	19568118	16697715	2870403	2194748
江 苏	40634609	40116738	517871	3572755
浙 江	46534859	45991779	543079	1195651
安 徽	9467459	9304222	163237	331188
福 建	8666111	8570423	95687	169348
江 西	5605618	5440839	164779	219569
山 东	24769666	24498927	270739	592065
河 南	10621548	10436700	184847	224798
湖 北	13209729	13088603	121126	404562
湖 南	11843580	11798032	45547	395461
广 东	23100580	20946916	2153663	1048972
广 西	4067199	4059711	7488	192390
海 南	594073	592124	1949	4802
重 庆	7740758	7549602	191156	286056
四 川	14331205	14198160	133045	491862
贵 州	2683613	2671867	11746	40387
云 南	5330500	5309503	20998	84167
西 藏	385052	385052		21067
陕 西	6615923	6462497	153426	122614
甘 肃	3102655	3063941	38714	70075
青 海	917459	888851	28608	20485
宁 夏	1145313	1111313	34000	18337
新 疆	3611585	3540786	70799	51727

1-11 各地区建筑业总产值和竣工产值

单位：万元

地区	建筑业总产值	#装饰装修产值	#在外省完成的产值	按构成分组 建筑工程产值	安装工程产值	其他产值	竣工产值
全国总计	**345520968**	**20538176**	**86949411**	**294643840**	**38356612**	**12520517**	**238661411**
北京	18940436	3035979	5687149	17214672	1478306	247458	11611181
天津	7543702	257926	2464418	5760985	1143472	639244	4596374
河北	12852931	389087	3018756	10584910	1718556	549466	7550063
山西	8492165	281573	3536495	7383324	867411	241430	4331755
内蒙古	3813045	56416	184321	3271565	351668	189812	3035521
辽宁	14816528	912437	3131460	12107649	2241115	467765	10058037
吉林	4855820	96413	1214457	4268121	540133	47567	3423259
黑龙江	5728956	286200	970784	4533245	989039	206672	4474945
上海	18892463	1961316	3909738	14824181	3116308	951974	13641654
江苏	43689494	2040105	16006685	39142150	3883821	663523	34904194
浙江	47187431	2810098	17493020	41460039	4186319	1541073	33159221
安徽	9635410	453661	1933635	8263623	993979	377809	6593550
福建	8739771	605826	2645462	7450380	1039244	250148	6080122
江西	5660408	279892	1026615	4809075	522379	328954	4087996
山东	25090992	1407915	2466733	20519720	3437903	1133369	16292360
河南	10661498	359380	2213218	8932477	1398086	330936	6841064
湖北	13493165	485054	3895392	11330294	1224140	938730	8689359
湖南	12193493	618760	3402697	10117322	1032761	1043409	8729983
广东	21995888	2518943	2533778	18636517	2624915	734456	16679493
广西	4252101	174692	285674	3647529	503990	100581	2978207
海南	596925	33537	58792	530904	53495	12527	314656
重庆	7835658	360729	719122	6970274	636356	229029	5295654
四川	14690022	516890	3750922	12442178	1553438	694405	9934426
贵州	2712254	27018	588272	2194544	467312	50398	1657022
云南	5393669	200562	432038	4759740	502038	131892	3453977
西藏	406118	8979		374757	7554	23808	293228
陕西	6585112	141279	2610518	5888057	555581	141473	3490839
甘肃	3134016	88697	238651	2522862	531914	79240	2324095
青海	909337	15942	214973	742689	132550	34098	508210
宁夏	1129649	24794	77601	978686	135591	15372	1006905
新疆	3592513	88078	238038	2981373	487239	123901	2624062

1-12 各地区建筑业企业房屋建筑面积

地区	房屋建筑施工面积（万平方米）	#本年新开工	#实行投标承包面积	#本年新开工	房屋建筑竣工面积（万平方米）	房屋建筑面积竣工率（%）
全国总计	**352744.7**	**197743.1**	**287581.7**	**167083.7**	**159406.2**	**45.2**
北京	15417.6	6676.4	13414.9	5967.3	4862.4	31.5
天津	3940.6	2170.1	3580.0	1924.7	1484.4	37.7
河北	11261.4	6646.1	9780.8	5991.2	5744.2	51.0
山西	4048.5	2097.2	3564.7	1818.3	1638.5	40.5
内蒙古	2958.9	1989.7	2271.2	1683.7	1623.4	54.9
辽宁	10224.9	6768.8	9089.1	6069.0	5111.1	50.0
吉林	3165.9	2089.4	2811.3	1953.4	1744.7	55.1
黑龙江	4467.7	3063.0	3795.1	2577.2	2249.7	50.4
上海	14138.0	6475.7	10102.2	5083.1	5643.3	39.9
江苏	52242.2	31885.4	45874.8	27672.4	25391.9	48.6
浙江	59883.7	31658.7	51400.2	27596.6	24637.1	41.1
安徽	9873.7	6271.0	7983.8	5316.0	5081.3	51.5
福建	10268.3	5282.2	6975.3	3822.3	4191.4	40.8
江西	7281.2	4802.1	6362.4	4342.3	4030.5	55.4
山东	25449.9	15592.1	20707.0	13092.2	11883.1	46.7
河南	10813.2	6447.6	9171.4	5715.1	4787.1	44.3
湖北	12091.2	7304.8	9628.5	6010.2	6896.9	57.0
湖南	13774.9	7771.0	11364.5	6743.3	6846.0	49.7
广东	26886.0	12284.9	17039.5	8120.4	10027.9	37.3
广西	5518.1	2744.3	4291.9	2343.7	2209.7	40.0
海南	692.4	376.1	485.8	258.3	205.1	29.6
重庆	10722.6	5826.1	7666.9	4705.3	5155.2	48.1
四川	17924.4	10942.5	13886.1	8975.2	8692.2	48.5
贵州	3152.8	1500.3	2559.7	1386.6	1149.5	36.5
云南	4591.2	2596.6	3518.0	2087.5	2470.1	53.8
西藏	151.3	116.6	103.5	86.9	114.4	75.6
陕西	4563.9	2322.6	4005.8	2150.3	1892.9	41.5
甘肃	3008.5	1548.0	2337.5	1304.2	1455.2	48.4
青海	407.5	234.2	299.8	181.8	194.0	47.6
宁夏	1056.6	619.7	997.2	587.8	564.0	53.4
新疆	2767.6	1639.8	2512.8	1517.4	1429.4	51.6

1-13 各地区按主要用途分的建筑业企业房屋建筑竣工面积

单位：万平方米

地区	合计	厂房、仓库	住宅	办公用房	批发和零售用房	住宿和餐饮用房
全国总计	**159406.2**	**29648.1**	**89471.0**	**13574.8**	**4234.1**	**2786.4**
北京	4862.4	433.3	2931.0	710.6	105.9	105.7
天津	1484.4	374.9	728.6	100.0	58.5	16.7
河北	5744.2	641.5	3693.9	513.3	100.1	96.8
山西	1638.5	284.2	838.4	136.8	50.8	40.7
内蒙古	1623.4	128.2	999.0	191.7	53.2	20.9
辽宁	5111.1	840.4	3237.2	295.1	117.8	47.6
吉林	1744.7	211.6	1151.9	120.7	35.6	15.7
黑龙江	2249.7	234.4	1249.6	177.6	60.2	44.6
上海	5643.3	1657.0	3034.8	345.0	59.1	67.5
江苏	25391.9	6184.7	12962.2	2207.7	729.8	467.3
浙江	24637.1	6642.6	12289.6	2227.0	656.5	476.6
安徽	5081.3	674.0	3073.9	393.8	109.3	85.1
福建	4191.4	1012.4	2257.7	314.5	66.8	67.3
江西	4030.5	613.7	2435.9	293.7	124.6	57.7
山东	11883.1	2290.9	6996.3	887.1	292.0	202.7
河南	4787.1	455.0	2852.3	572.4	100.9	66.8
湖北	6896.9	1271.1	4116.2	460.7	166.2	83.8
湖南	6846.0	727.9	3531.1	869.1	262.7	209.1
广东	10027.9	2820.9	4663.6	719.0	178.4	214.2
广西	2209.7	141.1	1432.2	240.4	38.0	30.8
海南	205.1	9.6	114.4	14.3	15.6	6.8
重庆	5155.2	402.0	3750.2	306.4	142.6	52.9
四川	8692.2	834.1	5704.0	538.6	395.8	126.3
贵州	1149.5	123.1	593.6	141.8	30.2	38.0
云南	2470.1	227.2	1329.3	268.3	105.9	53.5
西藏	114.4	17.1	50.7	16.5	1.0	5.5
陕西	1892.9	139.5	1206.7	191.8	39.2	16.9
甘肃	1455.2	130.6	907.9	125.6	27.8	22.6
青海	194.0	8.9	124.2	22.5	2.2	1.7
宁夏	564.0	29.0	364.8	46.1	37.9	7.8
新疆	1429.4	87.2	849.9	126.3	69.5	36.9

1-13 续表

单位：万平方米

地区	居民服务业用房	教育用房	文化、体育和娱乐用房	卫生医疗用房	科研用房	其他用房
全国总计	**2223.3**	**8364.2**	**1836.9**	**1544.8**	**496.4**	**5226.3**
北京	56.3	176.3	88.5	41.3	34.5	179.1
天津	23.3	72.1	12.4	10.6	0.5	86.8
河北	84.8	292.5	45.5	52.7	12.5	210.6
山西	18.9	147.8	26.7	11.2	4.6	78.4
内蒙古	21.4	113.2	10.4	18.4	0.6	66.3
辽宁	83.8	229.7	47.0	41.2	16.2	155.1
吉林	32.3	86.8	11.4	20.3	2.8	55.5
黑龙江	62.9	214.8	51.6	35.8	12.8	105.4
上海	59.3	156.6	58.6	40.5	4.7	160.2
江苏	466.8	1006.2	388.9	209.2	99.1	670.0
浙江	256.9	934.5	277.6	154.4	89.1	632.5
安徽	88.9	381.4	63.5	60.7	12.4	138.4
福建	42.0	244.2	33.0	31.5	5.5	116.4
江西	53.9	232.6	56.1	53.1	6.6	102.4
山东	160.1	471.9	72.3	80.7	17.3	411.7
河南	47.4	387.6	52.4	75.2	17.3	159.9
湖北	59.3	414.0	42.7	66.9	23.6	192.3
湖南	141.8	505.5	83.0	144.9	47.0	324.0
广东	129.4	639.5	138.4	65.7	19.6	439.1
广西	15.7	167.8	26.0	25.4	7.7	84.5
海南	1.4	16.4	2.3	2.4	3.5	18.3
重庆	60.8	214.2	29.5	32.9	12.3	151.4
四川	115.9	468.2	81.1	90.5	20.7	317.1
贵州	10.8	131.7	13.4	24.7	2.4	39.9
云南	23.6	197.3	44.2	61.2	8.0	151.6
西藏	4.5	6.3	4.6	0.7	0.2	7.3
陕西	33.4	151.6	25.9	25.7	10.4	51.7
甘肃	24.6	132.3	8.4	30.9	1.3	43.3
青海	2.7	14.6	1.8	1.6	0.5	13.3
宁夏	6.2	45.0	7.2	9.0	0.9	10.1
新疆	34.3	111.6	32.6	25.3	2.0	53.9

1-14 各地区按主要用途分的建筑业企业房屋建筑竣工价值

单位：万元

地区	合计	厂房、仓库	住宅	办公用房	批发和零售用房	住宿和餐饮用房
全国总计	**129895895**	**23212697**	**68945769**	**13272887**	**3466319**	**2430521**
北京	6707761	611538	3531022	1287431	143670	120058
天津	1523858	337925	689217	119167	71857	17917
河北	4519971	613324	2636357	442424	79112	75830
山西	1488001	396458	600941	126143	46817	33499
内蒙古	1338643	150122	741561	174427	47844	18763
辽宁	4225289	790091	2432874	301084	104850	48232
吉林	1351376	190926	779552	113471	25210	8809
黑龙江	1951316	228091	962034	185244	67692	42861
上海	6215859	1773591	3042173	502562	81527	75000
江苏	21743565	4708318	10929087	2218687	608882	409682
浙江	21918587	4636002	11403737	2268532	563218	535709
安徽	3326443	515653	1884579	283256	72777	55897
福建	3234906	686777	1740539	291816	57629	56540
江西	2150986	342563	1210399	189200	72754	29325
山东	8844680	1545198	5008196	804529	237016	156364
河南	3161041	356871	1755080	433378	75006	48571
湖北	4651642	1081116	2424511	347501	106734	56442
湖南	5109722	596631	2344662	763287	208982	169558
广东	8347138	1820880	4018230	737760	144483	158395
广西	1536046	122664	921392	199459	21215	24851
海南	167924	7307	93629	13041	12652	4730
重庆	3616335	301382	2503785	259347	116694	44617
四川	5361453	596125	3316126	371512	259663	86332
贵州	772932	170103	318935	103345	23897	28879
云南	1916490	190928	973957	243542	68597	41457
西藏	112719	17185	47960	19471	747	3414
陕西	1624144	148576	980216	163000	28398	15232
甘肃	1156314	140907	664079	110524	18075	20079
青海	162838	7413	100461	21882	1746	1567
宁夏	448327	26802	253783	45122	41868	6462
新疆	1209588	101228	636697	132747	56711	35449

1-14 续表

单位：万元

地区	居民服务业用房	教育用房	文化、体育和娱乐用房	卫生医疗用房	科研用房	其他用房
全国总计	**1922263**	**7318921**	**2081452**	**1590247**	**554903**	**5099916**
北京	114357	267356	172112	82143	53395	324680
天津	26349	103925	16715	18409	723	121654
河北	63989	254398	36171	60774	19989	237605
山西	15571	146553	39317	9294	4794	68615
内蒙古	19231	98972	12048	26020	547	49109
辽宁	70886	212591	53920	43322	17654	149785
吉林	36439	80756	16749	16208	3092	80163
黑龙江	54304	203028	53699	36036	13664	104664
上海	81378	212380	116145	76435	6633	248035
江苏	426147	993237	414771	218431	106612	709711
浙江	247649	977566	375575	177787	99362	633451
安徽	51380	239819	71055	47283	10932	93811
福建	28136	220427	26720	37461	5915	82947
江西	27963	143193	37519	33453	5816	58800
山东	129818	397836	64569	99908	17238	384009
河南	30317	244049	39545	55806	12803	109616
湖北	40486	293911	47599	53059	21906	178379
湖南	96815	372353	80566	146228	67344	263297
广东	106504	651205	145101	70824	18504	475251
广西	10739	112330	23422	23304	8337	68332
海南	1029	14769	2670	2807	2930	12360
重庆	43340	159691	27216	32944	4894	122427
四川	72373	304077	59694	67047	22992	205513
贵州	6808	66044	15294	9949	1917	27762
云南	19638	155060	37746	49803	9067	126696
西藏	4798	6278	5118	720	306	6722
陕西	33924	133765	30548	25492	12310	52682
甘肃	24359	105914	6922	30466	953	34035
青海	2831	11056	1054	1732	509	12588
宁夏	5654	41297	6858	9076	1163	10242
新疆	29053	95088	45013	28028	2601	46975

1-15 各地区建筑业企业施工机械设备情况

地 区	年末自有施工机械设备总台数(台)	年末自有施工机械设备总功率(千瓦)	年末自有施工机械设备净值(万元)	技术装备率(元/人)	动力装备率(千瓦/人)
全国总计	**8798527**	**137655574**	**25037702**	**9273**	**5.1**
北 京	255804	4470084	793434	11878	6.7
天 津	100010	2459543	694258	26049	9.2
河 北	477019	7164328	975515	9025	6.6
山 西	243159	3954906	714124	12877	7.1
内蒙古	133168	2040951	310744	11812	7.8
辽 宁	320817	6447726	1311446	14426	7.1
吉 林	103320	2609166	362546	9398	6.8
黑龙江	165903	3419535	679666	15771	7.9
上 海	165880	3129113	853164	11856	4.3
江 苏	859275	13869283	2581452	7598	4.1
浙 江	696671	8882287	2040232	6539	2.8
安 徽	384176	4697580	889587	8949	4.7
福 建	207165	3068010	630339	8856	4.3
江 西	160075	2326308	412132	6845	3.9
山 东	663329	11190692	1827861	7324	4.5
河 南	446710	6277520	1064058	8518	5.0
湖 北	513404	7782001	1355518	11858	6.8
湖 南	438731	5748154	954884	8051	4.8
广 东	709852	12478657	1787736	10756	7.5
广 西	194780	2548975	374008	8723	5.9
海 南	26086	619761	38491	5760	9.3
重 庆	172883	2577595	623514	7518	3.1
四 川	459474	6724911	1345255	7790	3.9
贵 州	72607	1226418	226746	7450	4.0
云 南	218066	3046374	631793	11164	5.4
西 藏	9206	161785	49816	14428	4.7
陕 西	172246	2584331	506397	11994	6.1
甘 肃	242190	2515717	382388	9015	5.9
青 海	47756	921445	151828	17726	10.8
宁 夏	39509	816418	142672	18930	10.8
新 疆	99256	1896000	326098	16715	9.7

1-16 各地区建筑业企业建筑材料消耗情况

地 区	钢 材 (吨)	木 材 (立方米)	水 泥 (吨)	玻 璃		铝 材 (吨)
				重量箱	平方米	
全国总计	**179392784**	**80003356**	**662031806**	**46354544**	**334023131**	**8643184**
北 京	14203275	3117818	14244272	1203782	6206234	135697
天 津	2484889	534862	7110219	744911	3418496	231185
河 北	12060122	1610867	26600480	1062992	11368486	317294
山 西	8875496	1029395	14517254	373477	3025872	133578
内蒙古	1520512	494189	5697412	450786	2950003	87002
辽 宁	6506090	2549399	20818546	2210320	12361548	291684
吉 林	2032801	5670119	7244636	326493	2524744	18035
黑龙江	2660909	1286432	7740203	557974	20220372	53311
上 海	8690633	2353562	20243617	937477	8811890	220285
江 苏	19365741	6895600	82523173	5807113	36750579	722611
浙 江	26701644	11834325	132166396	12251259	72392790	1392421
安 徽	4371106	2057465	17287114	674940	8863256	395473
福 建	7123809	6868359	23890557	1319427	12375810	321860
江 西	2910245	2651688	14145398	522986	5168378	95102
山 东	8659892	3859511	40029154	2745050	22335676	285976
河 南	4597460	2338452	21739880	1433456	9738452	573688
湖 北	6827540	2881204	33958203	645991	14189871	640625
湖 南	5938287	3746726	32713139	1706390	15914905	360836
广 东	11290667	7825859	39842851	3218625	19467256	1008981
广 西	2351795	2422789	11159695	725754	4297025	115482
海 南	259368	224623	737813	70533	565446	362817
重 庆	3548053	1061939	16790012	794055	7568210	59924
四 川	5809783	2591629	27248192	3570510	15274172	255102
贵 州	1107502	373228	4877448	524515	2935796	101875
云 南	2260786	759850	9324157	644055	5401118	49038
西 藏	89526	50583	388902	34398	54746	4806
陕 西	3535814	1059968	13405246	834465	2474106	247541
甘 肃	1468272	512396	6506225	142358	2022775	84030
青 海	201775	74116	1102965	149475	364861	20451
宁 夏	519128	127347	2118478	272291	1134228	17118
新 疆	1419864	1139056	5860169	398686	3846030	39356

1-17 各地区建筑业企业主要生产效益指标

地 区	建筑业企业个数(个)	计算建筑业劳动生产率的平均人数(人)	按总产值计算的劳动生产率(元/人)	人均竣工产值(元/人)	人均施工面积(平方米/人)	人均竣工面积(平方米/人)
全国总计	**58750**	**29451807**	**117317**	**81035**	**119.8**	**54.1**
北 京	2613	1194162	158609	97233	129.1	40.7
天 津	1077	390894	192986	117586	100.8	38.0
河 北	2007	1188460	108148	63528	94.8	48.3
山 西	1403	624968	135882	69312	64.8	26.2
内蒙古	658	465790	81862	65169	63.5	34.9
辽 宁	3053	1277987	115936	78702	80.0	40.0
吉 林	889	438208	110811	78120	72.2	39.8
黑龙江	1725	627178	91345	71350	71.2	35.9
上 海	2386	1036342	182299	131633	136.4	54.5
江 苏	5909	3422398	127658	101988	152.6	74.2
浙 江	3941	3116309	151421	106405	192.2	79.1
安 徽	1923	975741	98750	67575	101.2	52.1
福 建	1703	724789	120584	83888	141.7	57.8
江 西	1230	616435	91825	66317	118.1	65.4
山 东	5591	2718133	92310	59940	93.6	43.7
河 南	2458	1279202	83345	53479	84.5	37.4
湖 北	2072	1100759	122581	78940	109.8	62.7
湖 南	1753	1153163	105740	75705	119.5	59.4
广 东	4129	1662365	132317	100336	161.7	60.3
广 西	994	422236	100704	70534	130.7	52.3
海 南	122	67857	87968	46370	102.0	30.2
重 庆	2198	825661	94902	64138	129.9	62.4
四 川	3500	1745580	84156	56912	102.7	49.8
贵 州	580	277746	97652	59660	113.5	41.4
云 南	1528	551171	97858	62666	83.3	44.8
西 藏	168	35486	114445	82632	42.6	32.2
陕 西	784	484094	136030	72111	94.3	39.1
甘 肃	776	458556	68345	50683	65.6	31.7
青 海	372	103732	87662	48993	39.3	18.7
宁 夏	473	151890	74373	66292	69.6	37.1
新 疆	735	314515	114224	83432	88.0	45.4

1-18 各地区建筑业企业营业额

单位：万元

地 区	企业营业额	在境外完成的营业额	企业总产值	#建筑业总产值
全国总计	**371939797**	**6579167**	**365360629**	**345520968**
北 京	21723473	1671205	20052268	18940436
天 津	8334942	116736	8218206	7543702
河 北	13516389	300886	13215504	12852931
山 西	9161743	25930	9135813	8492165
内蒙古	3875665	7126	3868539	3813045
辽 宁	15450996	206434	15244562	14816528
吉 林	4996199	75073	4921126	4855820
黑龙江	6063462	53172	6010290	5728956
上 海	23088055	176317	22911738	18892463
江 苏	47697858	1419914	46277944	43689494
浙 江	49248655	435453	48813202	47187431
安 徽	10157624	163498	9994126	9635410
福 建	9013832	83650	8930182	8739771
江 西	5835633	90581	5745052	5660408
山 东	26654822	433453	26221369	25090992
河 南	11344879	129893	11214986	10661498
湖 北	14761034	147712	14613323	13493165
湖 南	12950632	151081	12799551	12193493
广 东	23082639	120709	22961930	21995888
广 西	4493939	104127	4389811	4252101
海 南	606417	5251	601166	596925
重 庆	8067715	15974	8051741	7835658
四 川	15315546	147603	15167943	14690022
贵 州	2801090	6118	2794972	2712254
云 南	5589478	72515	5516963	5393669
西 藏	435924		435924	406118
陕 西	7916409	145845	7770563	6585112
甘 肃	3684620	40402	3644218	3134016
青 海	962383	34061	928322	909337
宁 夏	1202264	3510	1198754	1129649
新 疆	3905483	194943	3710540	3592513

1-19 各地区建筑业企业资产构成

单位：万元

地 区	资产合计	#流动资产小计	#长期投资	#固定资产小计	#无形及递延资产
全国总计	**314857308**	**228268068**	**20793732**	**57876731**	**6508957**
北 京	32714956	22101293	7658254	2526673	254439
天 津	7384760	5423150	344396	1425897	90999
河 北	9764736	6759659	377531	2282900	301470
山 西	8504544	5950281	566402	1831019	122038
内蒙古	3441532	2367209	111567	843853	108475
辽 宁	12539488	9166384	300983	2752977	290855
吉 林	4857475	3620957	112056	1014809	94236
黑龙江	7038066	4799360	444540	1674139	95407
上 海	20777866	16988395	1364930	2150641	164245
江 苏	32095807	25444589	1064577	4903494	580144
浙 江	25943721	20490153	1229892	3814643	350762
安 徽	7716162	5312957	203021	1890340	282575
福 建	7725253	5995063	334158	1271563	97363
江 西	4486360	2991078	197990	1107301	168475
山 东	23373281	17147844	845395	4576764	685614
河 南	9230042	6138981	220741	2490358	337926
湖 北	11400957	7346810	566550	2953061	470035
湖 南	8213667	5417361	275936	2229265	257520
广 东	25926241	19719394	1494689	4131685	454463
广 西	4555245	2835274	481822	1116241	112274
海 南	598574	398429	11595	169446	17808
重 庆	6668558	4843338	291899	1368539	142528
四 川	14464214	9545324	1239551	3264389	374037
贵 州	2858639	2032844	122168	583557	81713
云 南	6360032	4360647	359782	1474328	146724
西 藏	441492	217963	31113	172961	17352
陕 西	5830474	4143833	192928	1253798	160232
甘 肃	3409364	2243816	72146	1040081	39807
青 海	1123283	679821	42028	364194	28109
宁 夏	1627824	1133992	78942	378362	30530
新 疆	3784693	2651871	156151	819453	150802

1-20 各地区建筑业企业流动资产、无形及递延资产

单位：万元

地 区	流动资产	#存货	无形及递延资产	#无形资产
全国总计	**228268068**	**60683304**	**6508957**	**5428657**
北 京	22101293	5205071	254439	189356
天 津	5423150	1294114	90999	80615
河 北	6759659	1660515	301470	264040
山 西	5950281	1122131	122038	78610
内蒙古	2367209	392588	108475	96819
辽 宁	9166384	1849080	290855	237749
吉 林	3620957	616806	94236	81835
黑龙江	4799360	1079631	95407	77411
上 海	16988395	4446975	164245	141090
江 苏	25444589	9167205	580144	493120
浙 江	20490153	6388606	350762	301891
安 徽	5312957	1197961	282575	243547
福 建	5995063	1977044	97363	78576
江 西	2991078	774287	168475	134809
山 东	17147844	4131568	685614	583478
河 南	6138981	1719432	337926	306797
湖 北	7346810	1979626	470035	396500
湖 南	5417361	1255615	257520	215961
广 东	19719394	5882281	454463	360779
广 西	2835274	723206	112274	95149
海 南	398429	53519	17808	15015
重 庆	4843338	1505144	142528	115658
四 川	9545324	2519934	374037	320084
贵 州	2032844	408263	81713	72497
云 南	4360647	1056500	146724	130079
西 藏	217963	37882	17352	9128
陕 西	4143833	968852	160232	100698
甘 肃	2243816	432508	39807	31406
青 海	679821	146830	28109	21354
宁 夏	1133992	314547	30530	29632
新 疆	2651871	375586	150802	124979

1-21 各地区建筑业企业固定资产情况

单位：万元

地区	固定资产小计	固定资产原价	#生产经营用	固定资产折旧	#本年折旧	在建工程
全国总计	**57876731**	**76214536**	**59632518**	**25649547**	**4452829**	**4916480**
北京	2526673	3640500	2856472	1339222	242658	192602
天津	1425897	2023084	1604733	750642	119754	134092
河北	2282900	3137933	2502159	1034459	181976	99140
山西	1831019	2473154	1903845	799089	148587	112490
内蒙古	843853	1091116	867187	371097	80597	67484
辽宁	2752977	3977240	3296884	1402923	220970	84824
吉林	1014809	1399655	1010227	445763	86564	28901
黑龙江	1674139	2305616	2005545	748715	116625	74639
上海	2150641	3179458	2506618	1658622	238689	280272
江苏	4903494	6491698	5249769	2194455	405106	439414
浙江	3814643	4843839	4035891	1471966	285741	367822
安徽	1890340	2427357	2005132	749800	141334	166884
福建	1271563	1594537	1174852	463955	93772	103893
江西	1107301	1455824	1125294	439881	71855	72119
山东	4576764	5815505	4519500	1828328	347645	399608
河南	2490358	3058713	2345001	937453	176270	180279
湖北	2953061	3910191	2708583	1318161	192837	223013
湖南	2229265	2735518	2144359	897395	152264	259012
广东	4131685	5275123	4199358	1977920	321671	555060
广西	1116241	1322804	871369	378163	55221	171600
海南	169446	177086	135755	25218	5461	13052
重庆	1368539	1838695	1415673	522990	89286	34961
四川	3264389	4143242	3187392	1370590	248554	379033
贵州	583557	729417	531856	216865	38661	56541
云南	1474328	1955560	1462615	634047	98570	120492
西藏	172961	203467	137797	60801	10999	7987
陕西	1253798	1661273	1295804	531325	98381	80888
甘肃	1040081	1249794	927901	360600	55454	71085
青海	364194	486846	337212	154819	30830	21886
宁夏	378362	499231	398941	147635	25311	24660
新疆	819453	1111059	868795	416649	71187	92749

1-22 各地区建筑业企业负债及所有者权益

单位：万元

地 区	负债合计	流动负债	长期负债	所有者权益	#实收资本
全国总计	**203627396**	**193364293**	**10263103**	**111225356**	**81713763**
北 京	21004385	19056002	1948383	11710571	7820466
天 津	5418780	5117210	301569	1965981	1484088
河 北	6022624	5802219	220405	3742112	2799853
山 西	6070051	5607898	462153	2429937	2207431
内蒙古	2087680	1916002	171678	1353852	1046422
辽 宁	7595359	7410394	184965	4944130	3759446
吉 林	3383705	3264419	119286	1473770	1157940
黑龙江	4261943	4122326	139617	2776123	2585760
上 海	15127301	14511606	615695	5650565	3821894
江 苏	21814002	21261237	552765	10281806	6904933
浙 江	16978766	16494150	484616	8964956	5670795
安 徽	4642443	4414894	227549	3073719	2133943
福 建	4859565	4726017	133549	2865688	2418191
江 西	2651878	2481690	170188	1834482	1464109
山 东	15475221	14805240	669981	7898060	6154949
河 南	5589234	5362518	226716	3640808	3174106
湖 北	6580053	6205695	374357	4820904	3202353
湖 南	4733123	4297663	435460	3480544	2611517
广 东	17652169	16668039	984130	8274072	5603049
广 西	2740057	2388505	351552	1815188	1373203
海 南	347913	235841	112072	250661	169935
重 庆	3577338	3360004	217334	3091220	2454361
四 川	8466658	8014346	452311	5997557	4452698
贵 州	1924725	1790267	134458	933914	741373
云 南	4005362	3831034	174328	2354670	1913017
西 藏	149062	136905	12158	292430	217226
陕 西	4075929	3913689	162240	1754545	1459539
甘 肃	2018895	1947528	71368	1390468	1063270
青 海	690155	666703	23452	433128	429558
宁 夏	1054913	1017249	37665	572911	492574
新 疆	2628108	2537003	91105	1156585	925765

1－23 各地区建筑业企业实收资本

单位：万元

地区	合计	国家资本	集体资本	法人资本	个人资本	港澳台资本	外商资本
全国总计	**81713763**	**18152182**	**7343091**	**25086480**	**30309085**	**424176**	**398750**
北京	7820466	3879864	304005	2546816	987470	54633	47678
天津	1484088	322356	103162	670331	354620	13275	20343
河北	2799853	432428	265985	844282	1255691	962	506
山西	2207431	928328	112981	735492	423755	5723	1152
内蒙古	1046422	223153	79776	258290	483445	440	1318
辽宁	3759446	1110481	445793	585556	1556829	17620	43167
吉林	1157940	368342	92777	384740	303860	4526	3695
黑龙江	2585760	568022	246796	647176	1112071	6317	5379
上海	3821894	859421	327802	1024320	1422520	73720	114112
江苏	6904933	677914	340576	2051090	3698908	71034	65411
浙江	5670795	248210	235732	1513188	3649720	9337	14607
安徽	2133943	497293	209434	696646	721692	7714	1164
福建	2418191	283463	158433	517935	1412751	27867	17742
江西	1464109	416914	227436	489548	321468	7616	1126
山东	6154949	786637	850705	2016374	2462927	19143	19162
河南	3174106	726009	300129	1046600	1091484	6734	3150
湖北	3202353	667867	300561	1291126	926547	10725	5527
湖南	2611517	588577	388930	851041	757472	16702	8796
广东	5603049	876984	699242	2358718	1594187	58932	14986
广西	1373203	485115	260373	358975	263039	421	5282
海南	169935	32199	17081	89148	31051	70	387
重庆	2454361	233337	175336	540373	1500973	3936	407
四川	4452698	1154176	328946	1149458	1814388	2444	3287
贵州	741373	355264	96255	103655	183548	2653	
云南	1913017	287021	244138	671340	709618	900	
西藏	217226	41721	52050	75235	48220		
陕西	1459539	347088	197921	613129	301401		
甘肃	1063270	315253	144574	355252	247881		310
青海	429558	126879	43744	156433	102286	161	56
宁夏	492574	130364	24165	120210	217774	60	
新疆	925765	181504	68255	324005	351489	512	

1-24 各地区建筑业企业收入情况

单位：万元

地区	工程结算收入	工程结算成本	工程结算税金及附加	工程结算利润	经营费用	其他业务收入	#其他业务利润
全国总计	**325105381**	**288564361**	**11013963**	**23726136**	**1800922**	**6879532**	**1102605**
北京	21621025	19396614	635516	1482238	106657	434037	83450
天津	7887793	7087997	219821	560008	19966	190160	10764
河北	10565232	9290610	367372	850278	56973	231272	25739
山西	8735626	7849954	266942	568286	50443	151768	30207
内蒙古	3660752	3145436	135740	361945	17632	60568	10998
辽宁	14488860	12567663	548344	1336784	36069	275908	35640
吉林	4636500	4148878	158465	313620	15537	41657	5558
黑龙江	5588548	5026675	183194	351603	27077	76418	13282
上海	21678701	19474649	651713	1501447	50892	572092	103562
江苏	33612188	29606028	1203950	2549072	253137	1348744	141643
浙江	40842915	36895411	1408550	2453607	85348	439123	65355
安徽	9144055	8149089	313051	621234	60680	164019	25046
福建	8553191	7710701	302975	511009	28505	105847	35703
江西	4845035	4257931	184863	382919	19322	44353	11054
山东	21734486	18735080	721998	2024603	252805	578992	83020
河南	10107640	8907754	334195	799155	66536	140660	27805
湖北	13286132	11689359	439683	1067512	89578	371071	41283
湖南	11255682	10007470	418032	768268	61912	105315	22927
广东	25197545	22455259	898556	1725119	118612	491771	128931
广西	3873745	3440444	144734	259468	29100	95856	19735
海南	518428	438343	17459	48242	14385	1297	876
重庆	7158474	6397279	243227	496175	21794	120078	17369
四川	13400458	11798318	473868	1007951	120320	256437	48925
贵州	2652641	2396348	87204	155012	14078	41002	20243
云南	5061525	4470333	164701	375287	51204	90775	18430
西藏	292085	227307	13748	47666	3364	2936	1642
陕西	6351496	5645911	211103	416940	77542	131703	24906
甘肃	2855796	2425510	91947	306017	32321	128885	11131
青海	857761	757809	27203	67820	4929	19388	5991
宁夏	1115498	996756	34614	80060	4068	48869	7775
新疆	3525569	3167445	111195	236793	10136	118532	23615

1-25 各地区建筑业企业费用情况

单位：万元

地 区	管理费用	#税金	#财产保险费	#差旅费	#工会经费	财务费用	#利息支出
全国总计	**14629062**	**583986**	**133317**	**733240**	**200916**	**1531001**	**1158181**
北 京	1167378	19041	4271	53075	9464	169727	112777
天 津	378710	8161	2044	14424	4461	32421	30143
河 北	526730	25362	3526	25027	7575	51335	35445
山 西	471929	13880	2099	23986	6905	34106	33537
内蒙古	160861	19483	2545	7141	2082	23786	17777
辽 宁	715811	27783	5154	32338	18253	44454	29787
吉 林	266893	7540	1316	11777	2693	12651	16919
黑龙江	323516	9651	2345	16409	4365	25076	19552
上 海	965751	17586	5076	36390		56103	49430
江 苏	1468271	56101	14078	82462	28032	131819	99897
浙 江	1050729	41469	11710	62489	14725	168660	166708
安 徽	424459	20274	3330	21246	6166	35812	26050
福 建	315423	9892	1537	15603	4006	26706	26704
江 西	221719	12140	1800	11167	2835	19313	13507
山 东	1058619	70709	14915	58224	15452	158965	104785
河 南	500858	35706	4318	30135	8912	53280	37846
湖 北	714725	34145	8425	36734	9958	79536	53147
湖 南	438798	25843	7210	28339	10496	59401	35243
广 东	1111688	39522	10292	43875	13301	77820	65139
广 西	195723	8483	1604	9820	2875	13142	11042
海 南	19788	840	78	1325	140	2380	68
重 庆	282318	12212	3519	15009	4594	34261	25254
四 川	725910	23569	5221	36436	9238	75970	42020
贵 州	127440	4269	1729	6369	1891	11610	10847
云 南	239138	9708	1905	12778	2783	33652	22172
西 藏	17221	2950	107	988	78	1545	948
陕 西	274201	9849	2512	16267	3630	46415	32511
甘 肃	152135	7541	3003	8821	1800	21746	13717
青 海	60093	2497	5863	2659	747	3889	3056
宁 夏	58156	2028	310	2340	653	7740	4686
新 疆	194071	5752	1477	9588	2806	17684	17468

1-26 各地区建筑业企业利润及税金情况

单位：万元

地区	利润总额	#应交所得税	税金总额	工程结算税金及附加	管理费用中的税金
全国总计	**9066623**	**2311965**	**11597949**	**11013963**	**583986**
北京	612127	111476	654557	635516	19041
天津	170137	44926	227982	219821	8161
河北	293377	83152	392734	367372	25362
山西	93202	28466	280823	266942	13880
内蒙古	162376	35111	155222	135740	19483
辽宁	543863	146181	576127	548344	27783
吉林	24960	20296	166005	158465	7540
黑龙江	52342	21329	192846	183194	9651
上海	669130	104739	669298	651713	17586
江苏	1119457	327067	1260052	1203950	56101
浙江	1324144	381513	1450019	1408550	41469
安徽	180314	47436	333325	313051	20274
福建	196898	67119	312868	302975	9892
江西	155667	28228	197003	184863	12140
山东	867836	227914	792707	721998	70709
河南	255655	57002	369901	334195	35706
湖北	266394	72995	473828	439683	34145
湖南	287689	70928	443875	418032	25843
广东	705824	171393	938077	898556	39522
广西	67651	19577	153217	144734	8483
海南	25874	2584	18300	17459	840
重庆	199481	54907	255439	243227	12212
四川	276916	81349	497437	473868	23569
贵州	38331	8940	91473	87204	4269
云南	187724	29326	174409	164701	9708
西藏	28184	3003	16698	13748	2950
陕西	100824	21517	220952	211103	9849
甘肃	86565	19056	99488	91947	7541
青海	5797	2314	29700	27203	2497
宁夏	21055	5381	36642	34614	2028
新疆	46830	16741	116946	111195	5752

1-27 各地区建筑业企业应收工程款及企业亏损情况

地　区	应收工程款（万元）		企业个数（个）		亏损企业的比重（%）
		#竣工工程		#亏损企业个数	
全国总计	**58994161**	**31446465**	**58750**	**11449**	**19.5**
北　京	5116825	2412502	2613	760	29.1
天　津	1855523	819364	1077	268	24.9
河　北	2399869	1380102	2007	312	15.5
山　西	1979396	883866	1403	329	23.4
内蒙古	805475	503660	658	67	10.2
辽　宁	2463332	1351253	3053	566	18.5
吉　林	1617390	904245	889	317	35.7
黑龙江	1611577	940586	1725	498	28.9
上　海	5113754	2105402	2386	345	14.5
江　苏	6092149	3837309	5909	872	14.8
浙　江	2922608	1565890	3941	352	8.9
安　徽	1633037	931015	1923	356	18.5
福　建	1628439	922528	1703	323	19.0
江　西	574915	223462	1230	244	19.8
山　东	5663091	3311217	5591	999	17.9
河　南	1127843	498751	2458	572	23.3
湖　北	2022503	908087	2072	295	14.2
湖　南	1616790	822667	1753	258	14.7
广　东	3681361	1979426	4129	800	19.4
广　西	742604	393702	994	260	26.2
海　南	83005	51404	122	31	25.4
重　庆	1061086	602449	2198	509	23.2
四　川	2152344	1205541	3500	688	19.7
贵　州	446883	219229	580	160	27.6
云　南	1116838	723463	1528	401	26.2
西　藏	48448	27194	168	18	10.7
陕　西	1115329	504934	784	129	16.5
甘　肃	753212	419976	776	142	18.3
青　海	156900	92178	372	147	39.5
宁　夏	356866	195408	473	143	30.2
新　疆	1034772	709657	735	288	39.2

1-28 各地区建筑业企业主要经济效益指标

地 区	产值利润率 (%)	产值利税率 (%)	资本利润率 (%)	资本利税率 (%)	人均利润 (元/人)	人均利税 (元/人)	资产负债率 (%)
全国总计	**2.6**	**6.0**	**11.1**	**25.3**	**3078**	**7016**	**64.7**
北 京	3.2	6.7	7.8	16.2	5126	10607	64.2
天 津	2.3	5.3	11.5	26.8	4353	10185	73.4
河 北	2.3	5.3	10.5	24.5	2469	5773	61.7
山 西	1.1	4.4	4.2	16.9	1491	5985	71.4
内蒙古	4.3	8.3	15.5	30.4	3486	6818	60.7
辽 宁	3.7	7.6	14.5	29.8	4256	8764	60.6
吉 林	0.5	3.9	2.2	16.5	570	4358	69.7
黑龙江	0.9	4.3	2.0	9.5	835	3909	60.6
上 海	3.5	7.1	17.5	35.0	6457	12915	72.8
江 苏	2.6	5.4	16.2	34.5	3271	6953	68.0
浙 江	2.8	5.9	23.4	48.9	4249	8902	65.4
安 徽	1.9	5.3	8.4	24.1	1848	5264	60.2
福 建	2.3	5.8	8.1	21.1	2717	7033	62.9
江 西	2.8	6.2	10.6	24.1	2525	5721	59.1
山 东	3.5	6.6	14.1	27.0	3193	6109	66.2
河 南	2.4	5.9	8.1	19.7	1999	4890	60.6
湖 北	2.0	5.5	8.3	23.1	2420	6725	57.7
湖 南	2.4	6.0	11.0	28.0	2495	6344	57.6
广 东	3.2	7.5	12.6	29.3	4246	9889	68.1
广 西	1.6	5.2	4.9	16.1	1602	5231	60.2
海 南	4.3	7.4	15.2	26.0	3813	6510	58.1
重 庆	2.5	5.8	8.1	18.5	2416	5510	53.6
四 川	1.9	5.3	6.2	17.4	1586	4436	58.5
贵 州	1.4	4.8	5.2	17.5	1380	4673	67.3
云 南	3.5	6.7	9.8	18.9	3406	6570	63.0
西 藏	6.9	11.1	13.0	20.7	7942	12648	33.8
陕 西	1.5	4.9	6.9	22.0	2083	6647	69.9
甘 肃	2.8	5.9	8.1	17.5	1888	4057	59.2
青 海	0.6	3.9	1.3	8.3	559	3422	61.4
宁 夏	1.9	5.1	4.3	11.7	1386	3799	64.8
新 疆	1.3	4.6	5.1	17.7	1489	5207	69.4

二、按经济类型分组的建筑业企业

2-1 各地区国有建筑业企业签订合同情况

单位：万元

地　区	合同总额	上年结转合同额	本年新签合同额
全国总计	**162537555**	**62971584**	**99565971**
北　京	16498492	7175832	9322660
天　津	5335646	1927482	3408164
河　北	6970403	2367265	4603137
山　西	7456669	1990764	5465905
内蒙古	444177	42008	402169
辽　宁	6469568	2210629	4258939
吉　林	2085022	797647	1287374
黑龙江	2203359	475833	1727526
上　海	10093724	3335824	6757900
江　苏	5263168	1913309	3349859
浙　江	3645641	1857954	1787687
安　徽	4440017	1430435	3009583
福　建	3503399	1478258	2025142
江　西	3320288	1120289	2199999
山　东	9055233	3447663	5607571
河　南	5812752	2316373	3496379
湖　北	11223178	4350615	6872563
湖　南	8623983	3674824	4949158
广　东	17146077	7248469	9897607
广　西	3711721	1666564	2045157
海　南	585611	231249	354363
重　庆	1838361	687463	1150898
四　川	8691182	3476283	5214899
贵　州	3729791	1894247	1835543
云　南	2841548	1142252	1699296
西　藏	59498	18541	40957
陕　西	6268161	2630257	3637904
甘　肃	1469249	597604	871645
青　海	1431583	655393	776190
宁　夏	624941	209153	415789
新　疆	1695117	601110	1094007

2-2 各地区国有建筑业企业承包工程完成情况

单位：万元

地　区	直接从建设单位承揽工程完成的产值	自行完成施工产值	分包出去工程的产值	从建设单位以外承揽工程完成的产值
全国总计	**86160262**	**81162039**	**4998223**	**3158251**
北　京	6521743	6244051	277693	262937
天　津	3006586	2763465	243121	64265
河　北	4488814	4474293	14521	44527
山　西	3662799	3504516	158283	132101
内蒙古	387582	387582		160
辽　宁	4149359	4056074	93285	68277
吉　林	1602880	1598037	4843	11550
黑龙江	1628309	1596195	32113	22401
上　海	4509151	3612905	896247	398103
江　苏	3636004	3352707	283298	255627
浙　江	2159259	1864090	295169	64450
安　徽	2674727	2546876	127851	132048
福　建	1952277	1873058	79219	54286
江　西	2047134	1935481	111653	92505
山　东	5319905	5141437	178469	140882
河　南	3346951	3276990	69961	85920
湖　北	5047162	4972453	74709	195498
湖　南	4112108	4091238	20870	79551
广　东	7920606	6397029	1523577	442709
广　西	1996022	1991296	4726	110971
海　南	339572	338800	772	2560
重　庆	1176186	1047617	128569	42573
四　川	4696328	4591909	104419	254464
贵　州	1854277	1845000	9277	31550
云　南	1393631	1378534	15097	11087
西　藏	51776	51776		10259
陕　西	3170866	3062631	108235	74978
甘　肃	1220985	1188557	32428	35383
青　海	508682	487695	20987	13724
宁　夏	399887	366347	33540	9463
新　疆	1178695	1123403	55292	13443

2-3 各地区国有建筑业总产值和竣工产值

单位：万元

地区	建筑业总产值	#装饰装修产值	#在外省完成的产值	按构成分组 建筑工程产值	安装工程产值	其他产值	竣工产值
全国总计	**84320290**	**2477027**	**27071226**	**68605167**	**12834643**	**2880480**	**52917564**
北京	6506988	673660	2893544	5785020	612174	109794	4074613
天津	2827730	47873	1400433	2327681	411974	88074	1836518
河北	4518820	90737	1575641	3471549	898319	148953	1762489
山西	3636616	62222	1245591	3084773	451896	99947	2134098
内蒙古	387742		24144	293076	22584	72082	352985
辽宁	4124351	72836	1362992	3071762	827687	224902	2498364
吉林	1609587	6174	352455	1425792	165743	18053	1074166
黑龙江	1618596	53429	342130	1045804	538385	34407	1210644
上海	4011008	222182	2056930	3127823	772385	110800	2741614
江苏	3608334	53929	1101610	2785850	721447	101036	2819528
浙江	1928540	17657	202851	1452965	378107	97468	1488390
安徽	2678924	44205	713097	2228410	365681	84834	1694653
福建	1927344	97371	434463	1721862	174160	31322	1367845
江西	2027986	80240	590339	1689150	253617	85219	1230188
山东	5282318	117991	1245710	4118443	939786	224090	3307575
河南	3362910	35473	1203383	2452595	830294	80020	1891175
湖北	5167951	36806	2508443	4294485	562176	311290	2791589
湖南	4170789	109916	1867903	3426324	535464	209002	2731113
广东	6839738	398724	1248891	6011509	668921	159307	5405215
广西	2102268	44152	176455	1855284	208883	38101	1352960
海南	341361	6946	11524	326615	8339	6407	147343
重庆	1090190	30966	158715	939044	135904	15242	889665
四川	4846373	66663	1896632	3750947	809251	286175	2743767
贵州	1876550	10504	504252	1462785	374681	39085	1094535
云南	1389621	24825	180964	1170231	192726	26664	735535
西藏	62035	1074		46082	3837	12116	37315
陕西	3137609	40841	1175204	2682666	357707	97235	1434717
甘肃	1223940	23804	188335	923134	275495	25311	821915
青海	501419	316	190619	380125	99174	22121	230342
宁夏	375810	996	31773	301035	72499	2276	339063
新疆	1136846	4515	186205	952349	165348	19149	677648

2-4 各地区国有建筑业企业房屋建筑面积

地 区	房屋建筑施工面积(万平方米)	#本年新开工	#实行投标承包面积	#本年新开工	房屋建筑竣工面积(万平方米)	房屋建筑面积竣工率(%)
全国总计	**56308.8**	**26402.1**	**48257.8**	**23554.8**	**20505.7**	**36.4**
北 京	5420.6	2232.0	4883.6	2079.7	1485.8	27.4
天 津	1296.4	669.2	1168.3	667.0	366.0	28.2
河 北	1943.0	860.0	1639.1	763.7	665.8	34.3
山 西	1686.4	701.9	1556.7	642.2	695.6	41.2
内蒙古	35.1	27.8	29.9	27.7	15.9	45.3
辽 宁	1531.8	918.6	1402.4	853.4	581.9	38.0
吉 林	975.7	607.0	912.2	590.5	519.1	53.2
黑龙江	781.3	604.7	686.8	498.7	397.7	50.9
上 海	2353.6	917.9	2176.3	878.4	693.1	29.4
江 苏	1447.2	833.2	1335.0	768.6	673.2	46.5
浙 江	448.2	157.9	410.8	143.0	151.2	33.7
安 徽	1994.8	1089.8	1727.5	1036.7	747.2	37.5
福 建	1862.8	774.1	1394.6	704.3	655.2	35.2
江 西	1468.1	857.5	1360.2	789.4	668.3	45.5
山 东	3375.8	1464.3	2985.7	1279.9	1191.1	35.3
河 南	1715.2	920.8	1420.8	829.7	709.9	41.4
湖 北	3499.0	1497.0	2858.1	1199.9	1683.6	48.1
湖 南	3242.5	1542.5	2924.0	1402.0	1220.4	37.6
广 东	7606.8	3347.9	5442.9	2452.2	2337.9	30.7
广 西	2168.3	972.5	1816.2	877.5	697.8	32.2
海 南	339.4	165.4	304.6	154.2	104.2	30.7
重 庆	1013.9	509.6	777.4	454.3	445.8	44.0
四 川	3845.4	2067.9	3512.3	1935.2	1522.6	39.6
贵 州	1776.4	735.6	1488.5	702.8	530.2	29.8
云 南	990.9	358.8	869.9	309.8	387.4	39.1
西 藏	18.7	17.6	14.0	13.4	17.7	94.5
陕 西	1887.0	835.8	1767.2	817.0	652.4	34.6
甘 肃	695.2	247.9	536.6	229.1	277.4	39.9
青 海	58.6	25.4	50.5	20.2	26.3	44.9
宁 夏	304.8	174.6	303.5	173.2	143.2	47.0
新 疆	526.0	266.9	502.4	261.1	241.8	46.0

2-5 各地区按主要用途分的国有建筑业企业房屋建筑竣工面积

单位：万平方米

地区	合计	厂房、仓库	住宅	办公用房	批发和零售用房	住宿和餐饮用房
全国总计	**20505.7**	**3689.2**	**10592.2**	**1981.7**	**612.1**	**400.9**
北京	1485.8	156.1	855.3	232.9	24.3	15.2
天津	366.0	89.3	186.1	24.4	11.6	1.3
河北	665.8	148.3	320.6	72.3	5.2	14.2
山西	695.6	168.3	299.5	48.2	22.4	18.7
内蒙古	15.9	9.2	5.5	0.8		
辽宁	581.9	76.1	387.5	27.3	11.1	3.0
吉林	519.1	100.5	310.5	42.7	4.8	1.8
黑龙江	397.7	49.8	149.5	13.0	4.7	21.1
上海	693.1	198.4	340.4	76.9	0.3	
江苏	673.2	291.6	187.2	55.3	26.4	21.0
浙江	151.2	48.1	82.6	10.1	1.2	0.2
安徽	747.2	210.2	351.1	67.5	10.3	6.3
福建	655.2	81.1	401.3	45.7	15.9	5.3
江西	668.3	121.1	338.6	85.1	6.6	19.3
山东	1191.1	236.6	653.6	102.5	41.7	23.4
河南	709.9	86.7	400.0	71.2	21.6	11.1
湖北	1683.6	310.3	955.8	96.8	90.0	31.9
湖南	1220.4	156.9	519.6	207.5	51.9	52.7
广东	2337.9	533.2	1039.8	206.3	78.2	69.8
广西	697.8	41.6	454.3	86.1	24.2	5.6
海南	104.2	2.3	51.6	6.5	15.2	4.5
重庆	445.8	76.1	224.3	51.7	3.0	2.0
四川	1522.6	227.9	810.4	118.7	91.2	21.2
贵州	530.2	87.9	233.8	84.2	16.5	29.3
云南	387.4	43.2	223.6	33.7	12.1	7.0
西藏	17.7	5.0	1.5	0.5	0.1	2.8
陕西	652.4	67.1	384.2	63.8	6.4	4.8
甘肃	277.4	40.7	174.8	11.5	0.8	0.9
青海	26.3	2.2	17.3	1.0		1.0
宁夏	143.2	11.5	80.7	17.0	5.3	1.1
新疆	241.8	11.9	151.7	20.4	9.0	4.4

2-5 续表 单位：万平方米

地　区	居民服务业用　房	教育用房	文化、体育和娱乐用房	卫生医疗用　房	科研用房	其他用房
全国总计	**294.4**	**1391.5**	**327.5**	**274.9**	**140.8**	**800.5**
北　京	29.9	84.0	32.0	8.4	15.9	31.7
天　津	7.5	16.5	3.8	2.9		22.6
河　北	21.5	34.4	2.4	12.7	3.4	30.8
山　西	5.2	82.7	15.9	2.6	2.6	29.4
内蒙古						0.5
辽　宁	4.4	22.3	13.8	4.4	3.3	28.7
吉　林	9.5	23.7	3.4	6.3	0.4	15.5
黑龙江	21.3	63.1	9.1	6.5	6.0	53.5
上　海	6.9	47.9	5.8	1.1		15.3
江　苏	9.3	22.2	15.6	7.0	8.1	29.6
浙　江	1.8	1.3	1.0			4.9
安　徽	4.5	41.5	20.6	11.7	1.6	21.9
福　建	2.2	59.3	5.5	8.2	0.5	30.1
江　西	4.0	51.2	14.9	10.7	2.8	14.1
山　东	11.6	48.2	7.6	7.7	5.3	53.0
河　南	7.4	59.0	10.6	15.1	4.1	23.1
湖　北	5.1	139.7	11.6	21.1	5.3	16.0
湖　南	21.9	74.8	19.2	41.1	24.4	50.5
广　东	44.8	199.4	36.9	15.8	11.4	102.1
广　西	4.5	36.6	11.6	8.4	2.7	22.2
海　南	0.5	5.1	0.3	0.8	3.5	13.8
重　庆	0.1	49.8	5.6	9.1	9.5	14.8
四　川	25.1	66.2	32.3	14.6	15.9	98.9
贵　州	2.6	32.5	7.7	15.2	1.5	18.9
云　南	1.1	18.8	7.7	16.5	3.7	20.0
西　藏	0.2	0.5	3.0	0.1		4.1
陕　西	22.6	55.1	11.1	9.8	8.0	19.6
甘　肃	13.3	21.0	0.9	8.5	0.5	4.5
青　海	0.6	1.1	0.1	0.1		3.0
宁　夏	0.7	16.7	1.5	5.2	0.2	3.4
新　疆	4.1	16.8	16.0	3.4	0.1	4.0

2-6 各地区按主要用途分的国有建筑业企业房屋建筑竣工价值

单位：万元

地 区	合 计	厂房、仓库	住 宅	办公用房	批发和零售用 房	住宿和餐饮用 房
全国总计	**19230768**	**4030644**	**8319934**	**2370684**	**544199**	**348307**
北 京	2277661	234890	1049763	511156	42363	24382
天 津	415397	87619	198055	28288	15241	1588
河 北	699660	212298	271443	73439	5656	9788
山 西	773866	295082	217443	47038	20785	19253
内蒙古	22226	17119	4292	464		
辽 宁	485503	62481	295665	29101	9491	1989
吉 林	406486	90874	198842	43698	2920	1197
黑龙江	361745	59821	112859	11682	4550	19890
上 海	842973	345246	280331	111887	1028	173
江 苏	645167	289271	163665	58593	23732	18930
浙 江	130391	29831	81859	9721	1103	220
安 徽	600326	233915	208260	53795	7125	4629
福 建	545554	60559	289888	63458	18761	6427
江 西	431029	77703	194854	68770	5683	9871
山 东	1107673	222993	486906	119233	34094	24482
河 南	546679	79131	289075	61625	18782	10660
湖 北	1065496	316843	444313	74501	60277	15307
湖 南	1180433	161800	422305	218579	54972	48274
广 东	2374480	449125	991455	314075	79796	54815
广 西	552728	46760	313707	85107	13386	7246
海 南	88133	1882	43071	5650	12241	3406
重 庆	350985	81917	151858	48437	1255	1089
四 川	1118813	219523	527954	88292	63607	20845
贵 州	457680	143112	140253	75356	16285	24478
云 南	376965	53990	184837	47042	8715	4855
西 藏	16103	4640	1449	202	55	2325
陕 西	728345	75328	431653	63724	7512	3695
甘 肃	254225	44177	136586	15739	474	610
青 海	22056	1349	14925	863		870
宁 夏	113720	14081	50251	15758	4085	1335
新 疆	238271	17287	122116	25413	10227	5680

2-6 续表 单位：万元

地　区	居民服务业用　房	教育用房	文化、体育和娱乐用房	卫生医疗用　房	科研用房	其他用房
全国总计	**310976**	**1371685**	**463253**	**327841**	**170824**	**972423**
北　京	70001	136336	96915	16420	24342	71095
天　津	9665	27411	3847	4187		39495
河　北	20903	39924	1608	14509	3298	46796
山　西	4953	99738	29544	2647	3122	34261
内蒙古						351
辽　宁	5495	22110	21566	4329	2880	30397
吉　林	9026	18108	4832	4993	259	31737
黑龙江	17773	58100	7805	6676	5228	57361
上　海	7695	58783	11087	1241		25501
江　苏	9549	24311	19398	7689	8735	21295
浙　江	1190	1185	1521			3763
安　徽	2391	30722	28357	11253	1487	18394
福　建	1522	61065	4927	11827	1195	25926
江　西	1772	39766	7920	10353	2828	11508
山　东	15065	50468	6248	31276	5868	111040
河　南	4348	38393	10826	11441	2861	19537
湖　北	3122	91043	24000	18441	3908	13740
湖　南	24811	57714	22503	63284	45984	60206
广　东	33324	234211	45697	16767	11260	143956
广　西	5351	30833	13425	10335	3302	23278
海　南	390	6380	532	1692	2920	9969
重　庆	32	31202	8037	11276	3424	12458
四　川	17417	56321	21213	13353	19602	70687
贵　州	1315	21466	12692	5253	1324	16148
云　南	1056	24394	8595	13173	5705	24602
西　藏	145	315	3076	70	50	3777
陕　西	23341	55304	18089	12798	10600	26300
甘　肃	14926	21961	838	11911	393	6612
青　海	560	858	19	156		2457
宁　夏	616	17198	1220	4999	187	3991
新　疆	3223	16069	26916	5495	60	5786

2-7 各地区国有建筑业企业施工机械设备情况

地　区	年末自有施工机械设备总台数（台）	年末自有施工机械设备总功率（千瓦）	年末自有施工机械设备净值（万元）	技术装备率（元/人）	动力装备率（千瓦/人）
全国总计	**1523411**	**34423398**	**6380891**	**13292**	**7.2**
北　京	39857	1246960	242500	13271	6.8
天　津	28704	938718	230140	26376	10.8
河　北	73449	1800156	240106	12886	9.7
山　西	57642	1487195	242858	14241	8.7
内蒙古	4313	125588	30886	19782	8.0
辽　宁	83683	2119520	392337	18980	10.3
吉　林	35387	1271341	146627	10419	9.0
黑龙江	45202	1153682	193503	19013	11.3
上　海	27379	783206	227194	17227	5.9
江　苏	86511	1829658	302953	12280	7.4
浙　江	28873	507422	156608	20583	6.7
安　徽	52287	1345810	347370	20837	8.1
福　建	20375	550763	114505	9153	4.4
江　西	46839	949233	153638	9166	5.7
山　东	78772	1787402	397192	11880	5.3
河　南	83099	1902253	344214	11968	6.6
湖　北	132050	3250389	488543	16241	10.8
湖　南	86869	1422441	246973	9330	5.4
广　东	143804	2721272	563276	14975	7.2
广　西	38082	877705	150911	8566	5.0
海　南	14452	414186	19089	5342	11.6
重　庆	17114	363358	71363	9816	5.0
四　川	86334	1539063	330489	10067	4.7
贵　州	29186	686430	133214	7484	3.9
云　南	25450	524943	100962	10483	5.5
西　藏	1290	16060	7462	16683	3.6
陕　西	32038	830632	180693	14010	6.4
甘　肃	82850	753683	121670	12741	7.9
青　海	13143	462778	77417	28950	17.3
宁　夏	8515	180438	35706	15040	7.6
新　疆	19862	581113	90494	14051	9.0

2-8 各地区国有建筑业企业主要生产效益指标

地 区	建筑业企业个数(个)	计算建筑业劳动生产率的平均人数(人)	按总产值计算的劳动生产率(元/人)	人均竣工产值(元/人)	人均施工面积(平方米/人)	人均竣工面积(平方米/人)
全国总计	**6007**	**5459943**	**154436**	**96920**	**103.1**	**37.6**
北 京	234	369285	176205	110338	146.8	40.2
天 津	139	123831	228354	148308	104.7	29.6
河 北	199	197273	229064	89343	98.5	33.8
山 西	196	194935	186555	109477	86.5	35.7
内蒙古	20	36647	105805	96320	9.6	4.3
辽 宁	339	277926	148397	89893	55.1	20.9
吉 林	203	138121	116535	77770	70.6	37.6
黑龙江	224	143646	112680	84280	54.4	27.7
上 海	162	201804	198758	135855	116.6	34.3
江 苏	337	245208	147154	114985	59.0	27.5
浙 江	137	82215	234573	181036	54.5	18.4
安 徽	190	173153	154714	97870	115.2	43.2
福 建	124	131244	146852	104222	141.9	49.9
江 西	201	184605	109855	66639	79.5	36.2
山 东	516	373893	141279	88463	90.3	31.9
河 南	296	312483	107619	60521	54.9	22.7
湖 北	345	290107	178139	96226	120.6	58.0
湖 南	245	277063	150536	98574	117.0	44.0
广 东	514	386443	176992	139871	196.8	60.5
广 西	151	168270	124934	80404	128.9	41.5
海 南	38	36210	94272	40691	93.7	28.8
重 庆	119	88623	123014	100388	114.4	50.3
四 川	310	356936	135777	76870	107.7	42.7
贵 州	131	156421	119968	69974	113.6	33.9
云 南	107	94612	146876	77742	104.7	40.9
西 藏	29	5149	120479	72471	36.4	34.4
陕 西	128	146621	213994	97852	128.7	44.5
甘 肃	133	105889	115587	77620	65.7	26.2
青 海	66	35741	140292	64448	16.4	7.4
宁 夏	76	43529	86336	77893	70.0	32.9
新 疆	98	82060	138538	82580	64.1	29.5

2-9 各地区国有建筑业企业营业额

单位：万元

地区	企业营业额	在境外完成的营业额	企业总产值	#建筑业总产值
全国总计	**94691094**	**3305660**	**91385433**	**84320290**
北京	8601022	1518547	7082475	6506988
天津	3001478	14897	2986581	2827730
河北	4691806	14252	4677555	4518820
山西	4066520	18177	4048343	3636616
内蒙古	388393		388393	387742
辽宁	4262461	22439	4240022	4124351
吉林	1630839	4524	1626315	1609587
黑龙江	1865526	22916	1842611	1618596
上海	5406602	25047	5381555	4011008
江苏	4342299	555538	3786761	3608334
浙江	2335673	33307	2302366	1928540
安徽	2899962	10768	2889194	2678924
福建	1962363	13397	1948966	1927344
江西	2116329	52125	2064204	2027986
山东	6049288	291104	5758184	5282318
河南	3596672	72041	3524631	3362910
湖北	5574359	45257	5529103	5167951
湖南	4294100	59132	4234969	4170789
广东	7164291	30495	7133796	6839738
广西	2260933	101348	2159585	2102268
海南	345150	3789	341361	341361
重庆	1134548		1134548	1090190
四川	5229054	135398	5093656	4846373
贵州	1930711	6008	1924703	1876550
云南	1460424	30536	1429888	1389621
西藏	79811		79811	62035
陕西	3970441		3970441	3137609
甘肃	1720430	28473	1691957	1223940
青海	550643	34061	516582	501419
宁夏	416762		416762	375810
新疆	1342205	162086	1180119	1136846

2-10 各地区国有建筑业企业资产构成

单位：万元

地　区	资产合计	#流动资产小计	#长期投资	#固定资产小计	#无形及递延资产
全国总计	**94024456**	**63779342**	**11582835**	**16473559**	**1490780**
北　京	17188833	9240541	6682799	1070067	76390
天　津	2855637	2087763	198735	485703	20027
河　北	3282952	2413433	161312	578465	104686
山　西	4357141	2973481	404933	903776	51539
内蒙古	226466	136707	8214	68155	13388
辽　宁	3557038	2575685	44391	866678	58931
吉　林	1793841	1325218	53658	382440	25196
黑龙江	1889408	1368691	39360	451348	20395
上　海	4650553	3355950	604840	609721	45687
江　苏	3806893	2953051	119348	667423	47122
浙　江	1723521	1336102	47718	307076	15335
安　徽	2318513	1533827	34281	641530	96369
福　建	2019766	1589061	123398	264698	32748
江　西	1858393	1300923	116192	383910	50415
山　东	5024441	3766474	147176	965859	88337
河　南	3184295	2232737	71199	787427	76083
湖　北	4458032	2966568	207579	1075728	174559
湖　南	2977562	2015919	109996	738296	85863
广　东	8439750	6199677	732960	1372972	79981
广　西	2332490	1356827	379031	559601	32146
海　南	178244	130402	3582	36484	7234
重　庆	1263180	918411	118332	194709	27126
四　川	5001410	3260009	760358	915228	52736
贵　州	1881926	1395087	61911	340312	47820
云　南	1366012	920761	108793	312787	21465
西　藏	111956	49066	1696	56698	4469
陕　西	2883619	2101167	136373	498094	82041
甘　肃	1211641	768295	21222	399676	15294
青　海	543350	348300	24667	156083	6705
宁　夏	458752	305802	37641	103580	6846
新　疆	1178845	853408	21139	279038	23851

2-11 各地区国有建筑业企业流动资产、无形及递延资产

单位：万元

地 区	流动资产	#存货	无形及递延资产	#无形资产
全国总计	**63779342**	**13420815**	**1490780**	**1150476**
北 京	9240541	1677505	76390	35362
天 津	2087763	479329	20027	16648
河 北	2413433	526312	104686	92349
山 西	2973481	459282	51539	20623
内蒙古	136707	10783	13388	11151
辽 宁	2575685	522612	58931	48217
吉 林	1325218	113064	25196	21114
黑龙江	1368691	311003	20395	15973
上 海	3355950	652153	45687	44466
江 苏	2953051	999768	47122	44373
浙 江	1336102	305145	15335	11030
安 徽	1533827	319406	96369	81379
福 建	1589061	439706	32748	29397
江 西	1300923	252304	50415	39961
山 东	3766474	672741	88337	73728
河 南	2232737	506589	76083	69694
湖 北	2966568	736603	174559	138524
湖 南	2015919	385318	85863	73166
广 东	6199677	1619767	79981	52144
广 西	1356827	278814	32146	26498
海 南	130402	4713	7234	5784
重 庆	918411	183781	27126	18449
四 川	3260009	573482	52736	39927
贵 州	1395087	254016	47820	42984
云 南	920761	197144	21465	19051
西 藏	49066	11302	4469	101
陕 西	2101167	528076	82041	30809
甘 肃	768295	148449	15294	12728
青 海	348300	68717	6705	5613
宁 夏	305802	67353	6846	6718
新 疆	853408	115577	23851	22519

2-12 各地区国有建筑业企业固定资产情况

单位：万元

地　区	固定资产小计	固定资产原价	#生产经营用	固定资产折旧	#本年折旧	在建工程
全国总计	**16473559**	**23521383**	**18580341**	**9233005**	**1444407**	**1225947**
北　京	1070067	1566112	1249795	568180	108012	57081
天　津	485703	782007	633002	331560	41810	33523
河　北	578465	953558	755117	402199	64457	18355
山　西	903776	1256921	942011	416490	72469	43426
内蒙古	68155	107545	97788	78179	7023	879
辽　宁	866678	1433347	1176143	619264	85202	17929
吉　林	382440	552889	402579	188856	27005	10705
黑龙江	451348	722635	670471	300155	40964	6218
上　海	609721	985061	816460	748145	98377	59554
江　苏	667423	995989	835680	391932	59939	34050
浙　江	307076	440206	359484	169843	29965	32468
安　徽	641530	918414	823889	315608	63190	27604
福　建	264698	379543	228019	131361	19429	12237
江　西	383910	581841	467420	217553	37293	17241
山　东	965859	1326010	1031629	483159	83210	83456
河　南	787427	1038059	843272	360761	64386	67486
湖　北	1075728	1521739	1123116	584682	70043	84997
湖　南	738296	941241	780256	359262	54536	109235
广　东	1372972	1858877	1589786	733699	106238	110619
广　西	559601	672230	415070	224659	27094	112030
海　南	36484	43401	29883	10204	1259	3118
重　庆	194709	284650	233254	99905	15827	8098
四　川	915228	1260769	982561	496121	91716	130077
贵　州	340312	465032	329123	157443	26796	27160
云　南	312787	445580	287834	153953	25069	17213
西　藏	56698	68460	52868	18135	4064	572
陕　西	498094	696214	510752	242617	48738	22138
甘　肃	399676	480419	352661	141380	24241	13402
青　海	156083	226896	163488	83544	17788	7112
宁　夏	103580	143299	100536	44943	5717	4432
新　疆	279038	372442	296398	159215	22552	53535

2-13 各地区国有建筑业企业负债及所有者权益

单位：万元

地区	负债合计	流动负债	长期负债	所有者权益	#实收资本
全国总计	**66854561**	**61613291**	**5241269**	**27169895**	**19745821**
北京	9844215	8256603	1587612	7344618	4484419
天津	2244721	2086561	158160	610916	510687
河北	2610889	2479591	131298	672063	546482
山西	3367774	3010444	357330	989368	996442
内蒙古	139568	125879	13689	86898	71977
辽宁	2566521	2482431	84090	990517	816384
吉林	1401499	1353119	48380	392342	391730
黑龙江	1399205	1346861	52344	490203	487208
上海	3634725	3357415	277310	1015829	648418
江苏	2760723	2613405	147318	1046170	707533
浙江	1227585	1187657	39928	495935	287653
安徽	1556097	1482881	73217	762416	449038
福建	1578610	1529955	48655	441155	321258
江西	1279299	1203202	76097	579094	444773
山东	3860105	3672434	187671	1164336	910524
河南	2344387	2288144	56243	839908	855771
湖北	3186180	2983225	202955	1271851	838055
湖南	2144393	1841141	303252	833168	649372
广东	6414565	5956351	458214	2025185	1448008
广西	1519061	1223594	295467	813429	580138
海南	126909	98056	28853	51335	45916
重庆	884889	808837	76052	378291	300166
四川	3571120	3358135	212985	1430290	939188
贵州	1422318	1317340	104978	459608	348608
云南	970965	924926	46040	395046	344742
西藏	42830	41163	1668	69126	47080
陕西	2265733	2172813	92920	617886	528846
甘肃	821412	796316	25096	390229	271085
青海	383279	375847	7432	160071	147324
宁夏	332219	321140	11079	126533	121599
新疆	952765	917827	34938	226080	205399

2-14 各地区国有建筑业企业实收资本

单位：万元

地区	合计	国家资本	集体资本	法人资本	个人资本	港澳台资本	外商资本
全国总计	**19745821**	**15076592**	**684**	**4668232**	**314**		
北京	4484419	3787406		697014			
天津	510687	248678		262010			
河北	546482	345606		200876			
山西	996442	815342		181101			
内蒙古	71977	69429		2548			
辽宁	816384	793281		23102			
吉林	391730	323058		68671			
黑龙江	487208	430205		57003			
上海	648418	546470		101948			
江苏	707533	529195		178338			
浙江	287653	187479		100174			
安徽	449038	369272		79766			
福建	321258	237450		83808			
江西	444773	343307		101466			
山东	910524	622152		288373			
河南	855771	604372		251399			
湖北	838055	539918		298137			
湖南	649372	470784		178588			
广东	1448008	761367		686641			
广西	580138	445325		134813			
海南	45916	32139		13777			
重庆	300166	204813		95353			
四川	939188	877072	32	62084			
贵州	348608	344717		3890			
云南	344742	246807	652	97284			
西藏	47080	35772		11308			
陕西	528846	289329		239517			
甘肃	271085	224368		46717			
青海	147324	100379		46631	314		
宁夏	121599	116068		5531			
新疆	205399	135032		70366			

2-15 各地区国有建筑业企业收入情况

单位：万元

地 区	工程结算收 入	工程结算成 本	工程结算税金及附加	工程结算利 润	经营费用	其他业务收 入	#其他业务利 润
全国总计	**87217494**	**78318044**	**2827069**	**5744448**	**327934**	**2635813**	**364783**
北 京	8075685	7347829	234739	467714	25403	195174	22099
天 津	2838716	2580905	82714	173984	1112	71972	4754
河 北	3396020	3000078	120546	262319	13078	132578	11121
山 西	3889952	3524014	117205	239380	9353	106446	23330
内蒙古	337812	300711	10669	25650	782	888	285
辽 宁	3999682	3465728	154562	374745	4647	169945	19258
吉 林	1503169	1347993	48014	104483	2679	16621	1122
黑龙江	1776093	1615446	61754	94744	4149	24893	3378
上 海	5035297	4563324	161533	300286	10154	186289	30077
江 苏	3608574	3209189	115720	266025	17641	420235	22143
浙 江	2192736	1876587	64682	247511	3957	21359	4425
安 徽	2661120	2396120	87807	170674	6518	93793	11686
福 建	2118219	1921101	70835	122344	3940	35315	11626
江 西	1756032	1563114	59352	129149	4418	19749	3218
山 东	5033626	4412017	173806	390326	57478	152368	22138
河 南	3275231	2932701	105047	227235	10249	81390	13597
湖 北	5123845	4575721	164412	365757	17955	188745	16294
湖 南	3794198	3415710	132817	236833	8838	60435	12380
广 东	9298783	8567349	286382	426209	18843	189688	48321
广 西	1931491	1764762	60708	99991	6030	57710	9305
海 南	280134	239431	9287	23431	7986	970	673
重 庆	1167718	1075402	34429	55499	2388	45045	5635
四 川	4731440	4257866	169476	281741	22356	138564	21780
贵 州	1825455	1666220	56611	96253	6370	23129	9498
云 南	1390732	1258637	43050	82695	6350	37758	7022
西 藏	49912	41018	3076	5175	643	1413	940
陕 西	2973507	2630776	104851	195302	42579	58772	11886
甘 肃	1073127	902018	30890	133447	6773	33225	3442
青 海	494259	427739	14978	47758	3785	17974	5316
宁 夏	403796	367350	12417	23690	339	10651	1780
新 疆	1181132	1071188	34702	74101	1141	42722	6256

2-16 各地区国有建筑业企业费用情况

单位：万元

地　区	管理费用	#税金	#财产保险费	#差旅费	#工会经费	财务费用	#利息支出
全国总计	**4544999**	**129563**	**34976**	**214703**	**64783**	**414917**	**328080**
北　京	403535	5985	1402	18095	3888	86873	43280
天　津	129691	3980	686	5645	2047	14667	12177
河　北	210555	5753	1000	8371	3282	20807	18309
山　西	226798	5711	493	11274	3242	16501	16577
内蒙古	11110	298	323	330	130	2198	1941
辽　宁	229919	7475	2037	9814	5451	16531	12394
吉　林	108570	2688	300	4930	852	4287	3579
黑龙江	109958	2503	1129	4535	1132	4045	3096
上　海	262394	5447	1452	12620		16279	15524
江　苏	210390	9330	1796	8585	4075	14386	10607
浙　江	111104	2930	795	5751	1708	4098	4832
安　徽	138058	3375	671	5736	2380	6312	5979
福　建	87987	1615	239	4636	1579	13924	16231
江　西	92102	3117	348	4175	1268	6891	5426
山　东	262700	15070	2652	13540	4996	28152	21166
河　南	181839	5959	1433	11154	2638	14246	11997
湖　北	300572	7446	2886	14332	4701	33521	28065
湖　南	164434	7476	1531	10667	2457	19174	13400
广　东	362578	10753	2365	14802	5733	14830	22487
广　西	92431	2212	688	4003	1488	7264	7058
海　南	8633	266	21	502	71	5	43
重　庆	46896	2227	703	2263	1041	2615	904
四　川	283142	4748	964	12657	3257	13671	11196
贵　州	91189	2399	1167	4609	1363	8660	8891
云　南	80010	1607	616	3779	1041	6394	3338
西　藏	2430	815	4	162	24	78	41
陕　西	133929	3194	786	8523	1826	25059	16789
甘　肃	69531	1991	414	3172	982	5848	5529
青　海	38870	903	5646	1792	572	1548	1271
宁　夏	20276	742	73	783	314	1319	1040
新　疆	73366	1550	356	3466	1245	4737	4915

2-17 各地区国有建筑业企业利润及税金情况

单位：万元

地区	利润总额	#应交所得税	税金总额	工程结算税金及附加	管理费用中的税金
全国总计	**1414286**	**343528**	**2956632**	**2827069**	**129563**
北京	341134	21068	240725	234739	5985
天津	37299	11548	86694	82714	3980
河北	45860	12496	126298	120546	5753
山西	22352	8168	122916	117205	5711
内蒙古	10559	1410	10966	10669	298
辽宁	125848	25689	162037	154562	7475
吉林	-18722	3707	50702	48014	2688
黑龙江	1188	3000	64257	61754	2503
上海	66540	9871	166980	161533	5447
江苏	61079	23196	125050	115720	9330
浙江	119757	42147	67612	64682	2930
安徽	34788	6645	91182	87807	3375
福建	25476	8850	72450	70835	1615
江西	34575	9189	62469	59352	3117
山东	125877	32985	188876	173806	15070
河南	40962	11911	111006	105047	5959
湖北	36038	18657	171857	164412	7446
湖南	50417	15758	140293	132817	7476
广东	109308	29647	297136	286382	10753
广西	8421	4442	62920	60708	2212
海南	14871	1261	9552	9287	266
重庆	12547	2968	36657	34429	2227
四川	41721	16447	174225	169476	4748
贵州	6609	3158	59010	56611	2399
云南	798	3774	44657	43050	1607
西藏	3357	1061	3892	3076	815
陕西	31765	6738	108045	104851	3194
甘肃	11195	2410	32880	30890	1991
青海	8998	1453	15881	14978	903
宁夏	3122	828	13159	12417	742
新疆	546	3047	36251	34702	1550

2-18 各地区国有建筑业企业应收工程款及企业亏损情况

地区	应收工程款(万元)	#竣工工程	企业个数(个)	#亏损企业个数	亏损企业的比重(%)
全国总计	**17419146**	**8107419**	**6007**	**1452**	**24.2**
北京	1758311	744674	234	60	25.6
天津	695512	273670	139	37	26.6
河北	807168	448775	199	57	28.6
山西	923319	453409	196	45	23.0
内蒙古	56005	34642	20		
辽宁	848788	441547	339	79	23.3
吉林	524524	328091	203	88	43.3
黑龙江	603172	402199	224	72	32.1
上海	776062	285668	162	25	15.4
江苏	657970	315736	337	71	21.1
浙江	211319	133529	137	12	8.8
安徽	484192	230207	190	38	20.0
福建	681922	257794	124	20	16.1
江西	336578	110405	201	44	21.9
山东	1257533	604418	516	142	27.5
河南	461444	203503	296	74	25.0
湖北	833046	303962	345	58	16.8
湖南	585927	198351	245	46	18.8
广东	1316831	587794	514	114	22.2
广西	315782	104297	151	38	25.2
海南	31674	25185	38	12	31.6
重庆	200606	123949	119	19	16.0
四川	989147	443731	310	82	26.5
贵州	296503	139196	131	45	34.4
云南	302851	180132	107	37	34.6
西藏	7793	3689	29	6	20.7
陕西	509835	197178	128	24	18.8
甘肃	320083	151854	133	37	27.8
青海	99711	51133	66	16	24.2
宁夏	127017	56730	76	21	27.6
新疆	398521	271969	98	33	33.7

2-19 各地区国有建筑业企业主要经济效益指标

地　区	产值利润率 (%)	产值利税率 (%)	资本利润率 (%)	资本利税率 (%)	人均利润 (元/人)	人均利税 (元/人)	资产负债率 (%)
全国总计	**1.7**	**5.2**	**7.2**	**22.1**	**2590**	**8005**	**71.1**
北　京	5.2	8.9	7.6	13.0	9238	15756	57.3
天　津	1.3	4.4	7.3	24.3	3012	10013	78.6
河　北	1.0	3.8	8.4	31.5	2325	8727	79.5
山　西	0.6	4.0	2.2	14.6	1147	7452	77.3
内蒙古	2.7	5.6	14.7	29.9	2881	5874	61.6
辽　宁	3.1	7.0	15.4	35.3	4528	10358	72.2
吉　林	-1.2	2.0	-4.8	8.2	-1355	2315	78.1
黑龙江	0.1	4.0	0.2	13.4	83	4556	74.1
上　海	1.7	5.8	10.3	36.0	3297	11572	78.2
江　苏	1.7	5.2	8.6	26.3	2491	7591	72.5
浙　江	6.2	9.7	41.6	65.1	14566	22790	71.2
安　徽	1.3	4.7	7.7	28.1	2009	7275	67.1
福　建	1.3	5.1	7.9	30.5	1941	7461	78.2
江　西	1.7	4.8	7.8	21.8	1873	5257	68.8
山　东	2.4	6.0	13.8	34.6	3367	8418	76.8
河　南	1.2	4.5	4.8	17.8	1311	4863	73.6
湖　北	0.7	4.0	4.3	24.8	1242	7166	71.5
湖　南	1.2	4.6	7.8	29.4	1820	6883	72.0
广　东	1.6	5.9	7.5	28.1	2829	10518	76.0
广　西	0.4	3.4	1.5	12.3	500	4240	65.1
海　南	4.4	7.2	32.4	53.2	4107	6745	71.2
重　庆	1.2	4.5	4.2	16.4	1416	5552	70.1
四　川	0.9	4.5	4.4	23.0	1169	6050	71.4
贵　州	0.4	3.5	1.9	18.8	422	4195	75.6
云　南	0.1	3.3	0.2	13.2	84	4804	71.1
西　藏	5.4	11.7	7.1	15.4	6520	14078	38.3
陕　西	1.0	4.5	6.0	26.4	2166	9535	78.6
甘　肃	0.9	3.6	4.1	16.3	1057	4162	67.8
青　海	1.8	5.0	6.1	16.9	2518	6961	70.5
宁　夏	0.8	4.3	2.6	13.4	717	3740	72.4
新　疆		3.2	0.3	17.9	67	4484	80.8

2-20 各地区集体建筑业企业签订合同情况

单位：万元

地区	合同总额	上年结转合同额	本年新签合同额
全国总计	**36752952**	**10859729**	**25893223**
北京	1673981	566653	1107328
天津	531761	145814	385946
河北	846486	169616	676870
山西	340718	73397	267321
内蒙古	35298	2915	32382
辽宁	1609064	221385	1387679
吉林	210150	17385	192765
黑龙江	532785	108468	424316
上海	941277	310064	631214
江苏	4315938	1013831	3302107
浙江	2651419	1005424	1645995
安徽	1039395	243646	795749
福建	1319660	507045	812615
江西	1735016	520153	1214863
山东	4519268	1098292	3420976
河南	1429788	428472	1001316
湖北	1082977	270527	812451
湖南	1884548	627886	1256662
广东	3788953	1607517	2181436
广西	1023960	436001	587959
海南	113324	48394	64930
重庆	613056	196703	416354
四川	1814036	415001	1399035
贵州	259322	101980	157343
云南	856893	258509	598384
西藏	93017	30784	62233
陕西	756702	254139	502563
甘肃	528059	146079	381980
青海	58910	11607	47303
宁夏	39685	5517	34168
新疆	107510	16527	90983

2-21　各地区集体建筑业企业承包工程完成情况

单位：万元

地　区	直接从建设单位承揽工程完成的产值	自行完成施工产值	分包出去工程的产值	从建设单位以外承揽工程完成的产值
全国总计	**27551714**	**27390276**	**161438**	**761676**
北　京	1238235	1212037	26199	27704
天　津	404248	396675	7573	13632
河　北	680827	677774	3053	27008
山　西	275656	272826	2830	16591
内蒙古	30967	30967		
辽　宁	1375810	1375292	518	11998
吉　林	208395	205220	3175	3203
黑龙江	464948	464905	43	12376
上　海	711422	707794	3628	76644
江　苏	3481440	3470655	10785	161479
浙　江	1724861	1705669	19192	72118
安　徽	783124	778547	4577	37273
福　建	856878	856245	632	7409
江　西	1279985	1278935	1050	7834
山　东	3733287	3718038	15249	74167
河　南	1079820	1050066	29754	15587
湖　北	832913	829321	3592	16306
湖　南	1371494	1366966	4528	32239
广　东	2415270	2402580	12690	44528
广　西	627065	626529	536	12369
海　南	71314	70772	542	482
重　庆	503212	501723	1489	12836
四　川	1411392	1405940	5452	41694
贵　州	171812	171617	195	1565
云　南	625285	623162	2124	13690
西　藏	109760	109760		
陕　西	463018	462708	310	3925
甘　肃	444621	444606	14	2455
青　海	48174	47350	824	65
宁　夏	36916	36916		307
新　疆	89566	88683	883	14193

2-22 各地区集体建筑业总产值和竣工产值

单位：万元

地区	建筑业总产值	#装饰装修产值	#在外省完成的产值	按构成分组			竣工产值
				建筑工程产值	安装工程产值	其他产值	
全国总计	**28151952**	**1307057**	**2981029**	**24217226**	**2956467**	**978260**	**22221466**
北京	1239741	132183	28503	1024766	198640	16334	951896
天津	410307	22623	12024	247751	135939	26618	356380
河北	704782	28837	76513	594861	77742	32178	541342
山西	289417	10857	5423	210139	70256	9022	195429
内蒙古	30967			21964	6425	2579	21766
辽宁	1387290	39958	31891	1057763	296364	33163	1237881
吉林	208423	6194	4679	160348	42473	5602	174351
黑龙江	477282	34032	15443	354017	89890	33375	391226
上海	784438	71773	22262	627392	79451	77595	583399
江苏	3632134	154533	1240510	3368162	207617	56354	3164091
浙江	1777788	88344	538140	1459206	298871	19710	1298598
安徽	815820	47837	80772	598784	173967	43069	639608
福建	863654	22273	141940	801178	51701	10775	635744
江西	1286768	60118	93754	1142185	67617	76967	1210854
山东	3792205	138796	102777	3219974	415331	156901	2681893
河南	1065652	59357	31693	926999	90462	48191	783557
湖北	845627	48936	37005	754014	47823	43790	692860
湖南	1399205	68811	172052	1205190	96772	97243	1105166
广东	2447108	133285	72777	2231643	159568	55897	1847304
广西	638898	14759	2964	613609	13001	12288	498444
海南	71254	5641	609	59533	6874	4848	56048
重庆	514558	30543	27929	445836	50193	18529	373944
四川	1447634	37884	213317	1291916	116185	39533	1181690
贵州	173182	2530	340	155994	14214	2974	130622
云南	636852	22048	5275	570887	50873	15092	509753
西藏	109760	1099		98539	666	10555	91195
陕西	466633	9582	3573	446325	17672	2636	361366
甘肃	447062	12648	7682	391944	42662	12456	352370
青海	47415	380	1879	42818	3369	1228	41209
宁夏	37223	290	7059	31205	4476	1542	34435
新疆	102876	907	2245	62286	29374	11216	77047

2-23 各地区集体建筑业企业房屋建筑面积

地 区	房屋建筑施工面积(万平方米)	#本年新开工	#实行投标承包面积	#本年新开工	房屋建筑竣工面积(万平方米)	房屋建筑面积竣工率(%)
全国总计	**42257.4**	**25924.1**	**32329.8**	**21040.0**	**21750.4**	**51.5**
北 京	1067.3	487.2	560.8	315.1	428.4	40.1
天 津	324.0	205.1	293.8	192.3	214.7	66.3
河 北	891.6	654.0	824.8	568.1	542.5	60.8
山 西	359.2	258.9	318.2	205.8	174.7	48.6
内蒙古	24.9	23.4	24.6	23.1	24.0	96.4
辽 宁	1245.8	994.7	1097.3	879.4	695.0	55.8
吉 林	152.6	127.4	138.7	117.0	115.1	75.4
黑龙江	571.1	424.7	519.2	391.6	309.9	54.3
上 海	771.7	424.5	365.8	245.7	407.5	52.8
江 苏	5585.2	3663.5	4881.4	3099.4	2925.7	52.4
浙 江	2279.1	1216.8	1617.4	900.6	967.8	42.5
安 徽	933.3	631.1	745.5	537.7	553.9	59.3
福 建	1657.5	724.5	1122.5	554.3	643.8	38.8
江 西	2666.1	1705.5	2364.7	1575.9	1530.4	57.4
山 东	5081.7	3317.8	3893.9	2784.5	2775.4	54.6
河 南	1803.0	1225.5	1546.6	1101.2	943.1	52.3
湖 北	1459.1	948.7	1009.0	749.0	862.8	59.1
湖 南	2644.4	1550.8	2187.0	1326.5	1442.8	54.6
广 东	5128.6	2548.5	3008.5	1548.4	2195.8	42.8
广 西	1517.0	859.0	1044.0	676.2	675.9	44.6
海 南	124.7	79.0	103.5	67.3	56.0	44.9
重 庆	745.1	476.4	505.3	367.5	427.8	57.4
四 川	2362.5	1583.7	1899.1	1326.4	1283.1	54.3
贵 州	421.5	224.0	359.1	203.8	220.3	52.3
云 南	770.3	474.6	519.3	337.5	506.2	65.7
西 藏	47.5	41.9	31.5	28.6	41.3	87.0
陕 西	808.9	498.5	685.8	439.0	343.5	42.5
甘 肃	684.9	458.1	564.8	400.0	371.9	54.3
青 海	46.8	39.0	34.5	27.0	29.2	62.4
宁 夏	38.8	29.0	36.0	27.8	20.5	52.8
新 疆	43.1	28.6	27.2	23.3	21.5	49.8

2-24 各地区按主要用途分的集体建筑业企业房屋建筑竣工面积

单位：万平方米

地　区	合　计	厂房、仓库	住　宅	办公用房	批发和零售用　房	住宿和餐饮用　房
全国总计	**21750.4**	**3444.1**	**12902.3**	**1739.2**	**473.0**	**352.0**
北　京	428.4	29.1	321.3	33.0	2.9	10.9
天　津	214.7	66.7	102.3	18.7	0.7	0.1
河　北	542.5	58.5	362.6	49.4	15.8	9.7
山　西	174.7	14.4	114.3	14.2	4.2	5.2
内蒙古	24.0	1.6	15.1	1.7		1.0
辽　宁	695.0	103.7	475.4	39.6	5.3	6.2
吉　林	115.1	8.0	83.1	4.1	2.1	1.8
黑龙江	309.9	27.3	194.3	36.5	15.5	3.1
上　海	407.5	204.6	167.5	8.8	0.5	1.0
江　苏	2925.7	712.2	1575.0	282.3	57.2	42.6
浙　江	967.8	271.8	467.8	72.2	33.4	9.4
安　徽	553.9	51.8	334.6	44.1	16.8	13.7
福　建	643.8	79.6	427.3	33.2	13.4	22.1
江　西	1530.4	92.5	1111.5	92.7	30.6	18.1
山　东	2775.4	457.9	1712.5	214.0	53.4	37.6
河　南	943.1	93.3	526.4	135.9	20.1	13.1
湖　北	862.8	95.8	579.8	63.5	14.9	10.2
湖　南	1442.8	107.9	833.7	142.7	57.5	32.7
广　东	2195.8	667.8	967.7	131.0	22.9	55.5
广　西	675.9	34.1	441.1	63.2	7.3	10.6
海　南	56.0	4.7	33.7	4.6		0.4
重　庆	427.8	28.7	299.0	31.6	13.5	1.2
四　川	1283.1	116.7	840.8	78.8	49.2	18.4
贵　州	220.3	12.6	129.7	15.4	6.8	1.6
云　南	506.2	56.9	264.7	50.0	12.1	10.5
西　藏	41.3	4.6	25.4	4.2		2.3
陕　西	343.5	19.1	228.2	31.3	4.3	3.6
甘　肃	371.9	13.1	230.4	33.2	11.2	7.5
青　海	29.2	4.1	16.5	3.2	0.1	
宁　夏	20.5	2.4	10.0	3.9	1.3	0.6
新　疆	21.5	2.4	10.5	2.1	0.1	1.4

2-24 续表

单位：万平方米

地　区	居民服务业用　房	教育用房	文化、体育和娱乐用房	卫生医疗用　房	科研用房	其他用房
全国总计	**322.3**	**1344.8**	**224.4**	**197.7**	**40.2**	**710.5**
北　京	3.4	8.3		2.0	2.8	14.6
天　津	11.2	8.4	1.4	0.2	0.1	4.8
河　北	7.9	19.7	7.5	2.0		9.3
山　西	3.1	9.0	2.8	2.4	0.2	4.8
内蒙古	0.2	1.9				2.5
辽　宁	5.3	29.9	12.0	5.1	0.8	11.7
吉　林	1.0	3.8	0.4	0.8		10.0
黑龙江	6.0	16.0	1.2	1.2	0.1	8.6
上　海	0.9	6.0	0.5	0.5		17.3
江　苏	49.3	107.7	23.0	20.3	14.2	42.0
浙　江	10.6	44.3	16.4	5.8	0.7	35.4
安　徽	9.5	55.3	5.2	8.1		14.8
福　建	1.1	49.9	3.0	3.5	1.3	9.4
江　西	16.3	91.9	27.5	11.4	3.2	34.7
山　东	39.9	122.2	15.9	17.4	2.5	102.3
河　南	14.8	85.9	9.4	19.6	1.6	23.0
湖　北	6.9	54.3	3.8	9.0	2.0	22.7
湖　南	47.6	125.1	14.2	17.9	2.9	60.7
广　东	25.2	137.9	43.9	14.9	1.5	127.3
广　西	1.5	74.1	4.4	7.5	0.1	32.1
海　南	0.8	7.5	0.2	1.1		2.9
重　庆	4.7	30.4	8.2	0.5		9.9
四　川	29.4	89.6	7.3	12.1	2.3	38.5
贵　州	0.5	38.2	2.9	5.3	0.2	7.1
云　南	10.0	45.4	7.0	14.6	1.2	33.7
西　藏	1.4	1.9	0.1	0.1	0.2	1.1
陕　西	8.7	32.3	2.1	5.0	1.4	7.5
甘　肃	2.8	42.7	4.1	8.8	0.6	17.3
青　海	0.8	3.5		0.3		0.7
宁　夏	1.1	0.4		0.1		0.7
新　疆	0.2	1.4	0.1	0.2		3.1

2-25 各地区按主要用途分的集体建筑业企业房屋建筑竣工价值

单位：万元

地区	合计	厂房、仓库	住宅	办公用房	批发和零售用房	住宿和餐饮用房
全国总计	**14883835**	**2273162**	**8667816**	**1291249**	**326281**	**252011**
北京	471667	30249	350197	40685	3055	9235
天津	180707	55845	84918	16380	699	80
河北	383711	44051	251876	34456	11960	6507
山西	119586	8055	76798	10214	3470	4344
内蒙古	18896	834	12151	1522		676
辽宁	520719	95947	325667	34624	4282	6188
吉林	78979	7235	53038	3447	1790	800
黑龙江	247592	25170	143923	29959	21171	2724
上海	342047	154583	146168	8589	304	893
江苏	2314767	477013	1286480	232774	44898	35808
浙江	785314	175002	416530	56921	24518	9236
安徽	332571	33624	198830	26784	9455	8766
福建	470626	49480	307655	24894	9581	17049
江西	773956	46623	539096	53104	18053	8731
山东	1935259	288263	1202081	166989	37773	28223
河南	561501	58452	299642	88505	14413	7216
湖北	513247	59457	337354	39800	7895	6284
湖南	843652	75898	462747	92316	31286	21453
广东	1469017	379968	660648	102647	13493	39984
广西	381884	23211	234643	39955	4589	6383
海南	40650	2717	25699	3563		285
重庆	263263	22686	165496	22569	11582	962
四川	751537	72576	468454	52209	29935	11295
贵州	103492	7360	60683	7282	3282	745
云南	372282	42423	186455	38969	8683	8043
西藏	39145	4408	24803	4663		657
陕西	248177	14195	157786	22933	3088	2707
甘肃	263098	10376	160453	25735	5985	5050
青海	21186	3068	11645	2490	110	
宁夏	15076	1945	6679	3475	826	417
新疆	20233	2448	9224	2797	107	1272

2-25 续表

单位：万元

地　区	居民服务业用　房	教育用房	文化、体育和娱乐用房	卫生医疗用　房	科研用房	其他用房
全国总计	**225306**	**952258**	**187259**	**145546**	**33386**	**529562**
北　京	4277	11233		1826	1306	19604
天　津	9605	6648	1178	234	97	5024
河　北	5776	14599	6213	1287		6985
山　西	2557	5732	2746	2147	205	3320
内蒙古	200	1754				1760
辽　宁	3738	23344	11533	5303	812	9281
吉　林	998	2955	396	712		7608
黑龙江	4659	12571	511	962	180	5762
上　海	1487	11704	571	1230		16517
江　苏	40683	103722	19362	20000	13998	40030
浙　江	9568	41413	21374	5340	758	24653
安　徽	5442	32038	3224	5236		9173
福　建	1286	44374	3621	3400	1079	8207
江　西	9402	52918	18092	6242	2586	19110
山　东	26229	90763	12256	12604	2034	68046
河　南	7982	48761	6248	14115	1249	14920
湖　北	3472	33819	1465	4993	1958	16751
湖　南	25676	75676	8833	10630	1717	37420
广　东	17323	97971	44312	12110	1020	99542
广　西	724	42729	2858	4299	72	22422
海　南	639	5117	104	819	10	1697
重　庆	3376	24588	4186	242		7577
四　川	16689	56303	6184	6682	1868	29343
贵　州	218	16393	1366	2683	88	3392
云　南	9614	34132	5338	11164	713	26749
西　藏	921	2119	93	171	257	1054
陕　西	9040	23808	2155	3559	1020	7888
甘　肃	2069	31231	2986	7060	360	11794
青　海	479	2389		245		760
宁　夏	946	286		80		422
新　疆	232	1170	56	172		2756

2-26 各地区集体建筑业企业施工机械设备情况

地 区	年末自有施工机械设备总台数(台)	年末自有施工机械设备总功率(千瓦)	年末自有施工机械设备净值(万元)	技术装备率(元/人)	动力装备率(千瓦/人)
全国总计	**1436250**	**16933496**	**2530819**	**7000**	**4.7**
北 京	27321	373194	46628	7638	6.1
天 津	17503	225319	26399	9866	8.4
河 北	41493	529935	68351	5968	4.6
山 西	62807	272454	40231	8255	5.6
内蒙古	5658	38500	5135	16083	12.1
辽 宁	52161	861791	133472	8920	5.8
吉 林	12771	136366	32679	10635	4.4
黑龙江	18223	300233	52473	11871	6.8
上 海	10565	110367	21775	5308	2.7
江 苏	89577	1190651	221506	6521	3.5
浙 江	45699	441685	103576	6552	2.8
安 徽	49967	514590	74952	5577	3.8
福 建	33540	392422	64536	7685	4.7
江 西	42914	484967	78108	4242	2.6
山 东	153713	2109045	293102	5612	4.0
河 南	72916	711864	106330	6048	4.0
湖 北	67218	710217	99159	6744	4.8
湖 南	118275	1146248	149105	7072	5.4
广 东	169179	2508025	292547	8473	7.3
广 西	76449	768803	90134	9683	8.3
海 南	5833	119046	8659	5833	8.0
重 庆	19476	284853	54197	6557	3.4
四 川	71160	831663	153384	6029	3.3
贵 州	14525	132875	23050	6357	3.7
云 南	45575	529986	111561	11411	5.4
西 藏	2604	30224	13268	12852	2.9
陕 西	44474	523458	73902	9349	6.6
甘 肃	53587	461753	60261	5653	4.3
青 海	5399	69826	10021	9531	6.6
宁 夏	2942	65810	9270	25953	18.4
新 疆	2726	57326	13046	24769	10.9

2-27 各地区集体建筑业企业主要生产效益指标

地区	建筑业企业个数(个)	计算建筑业劳动生产率的平均人数(人)	按总产值计算的劳动生产率(元/人)	人均竣工产值(元/人)	人均施工面积(平方米/人)	人均竣工面积(平方米/人)
全国总计	**8090**	**3707985**	**75922**	**59929**	**114.0**	**58.7**
北京	292	89814	138034	105985	118.8	47.7
天津	133	37241	110176	95695	87.0	57.6
河北	211	118433	59509	45709	75.3	45.8
山西	170	55347	52291	35310	64.9	31.6
内蒙古	14	4754	65139	45784	52.5	50.6
辽宁	455	193298	71769	64040	64.5	36.0
吉林	113	34704	60057	50239	44.0	33.2
黑龙江	232	62245	76678	62853	91.8	49.8
上海	200	51759	151556	112715	149.1	78.7
江苏	561	329602	110198	95997	169.5	88.8
浙江	202	153110	116112	84815	148.9	63.2
安徽	272	129502	62997	49390	72.1	42.8
福建	200	87318	98909	72808	189.8	73.7
江西	304	178590	72052	67801	149.3	85.7
山东	1010	567314	66845	47274	89.6	48.9
河南	389	170253	62592	46023	105.9	55.4
湖北	304	141012	59968	49135	103.5	61.2
湖南	410	188295	74309	58693	140.4	76.6
广东	594	331160	73895	55783	154.9	66.3
广西	297	105327	60659	47324	144.0	64.2
海南	33	13710	51972	40881	91.0	40.9
重庆	235	71828	71638	52061	103.7	59.6
四川	524	242480	59701	48734	97.4	52.9
贵州	143	34071	50830	38338	123.7	64.6
云南	280	93661	67995	54425	82.2	54.0
西藏	55	9674	113459	94268	49.1	42.7
陕西	195	80224	58166	45045	100.8	42.8
甘肃	154	108884	41059	32362	62.9	34.2
青海	43	10787	43956	38203	43.4	27.1
宁夏	28	6001	62028	57383	64.7	34.2
新疆	37	7587	135595	101551	56.9	28.3

2-28 各地区集体建筑业企业营业额

单位：万元

地 区	企业营业额	在境外完成的营业额	企业总产值	#建筑业总产值
全国总计	**29484099**	**148188**	**29335910**	**28151952**
北 京	1255012		1255012	1239741
天 津	427558		427558	410307
河 北	716023	8440	707583	704782
山 西	294710	2	294708	289417
内蒙古	31943		31943	30967
辽 宁	1422355		1422355	1387290
吉 林	209564		209564	208423
黑龙江	478037		478037	477282
上 海	857981	17652	840329	784438
江 苏	4098809	43246	4055563	3632134
浙 江	2010118	2914	2007204	1777788
安 徽	849300	10884	838416	815820
福 建	885230	6050	879180	863654
江 西	1293089	220	1292868	1286768
山 东	3866425	1155	3865270	3792205
河 南	1091819	16886	1074933	1065652
湖 北	871330	7106	864224	845627
湖 南	1527289	10834	1516455	1399205
广 东	2477026	4533	2472493	2447108
广 西	645076	181	644896	638898
海 南	74817	1462	73355	71254
重 庆	535140		535140	514558
四 川	1477970	5057	1472913	1447634
贵 州	178836		178836	173182
云 南	650052	8017	642035	636852
西 藏	120522		120522	109760
陕 西	474985	2214	472771	466633
甘 肃	465276	200	465076	447062
青 海	48089		48089	47415
宁 夏	40198	1136	39062	37223
新 疆	109521		109521	102876

2-29 各地区集体建筑业企业资产构成

单位：万元

地 区	资产合计	#流动资产小计	#长期投资	#固定资产小计	#无形及递延资产
全国总计	**24561922**	**17163690**	**752224**	**5922109**	**643442**
北 京	1548659	1326931	41392	165599	9624
天 津	425114	344613	17349	58457	3340
河 北	547010	331514	5918	196489	12551
山 西	323204	213930	8922	92609	6415
内蒙古	30243	15173	3106	10932	661
辽 宁	1275858	904102	37623	298294	32467
吉 林	202891	133942	3774	63082	2009
黑龙江	495829	332123	8813	146424	8300
上 海	741898	642966	16131	72532	2807
江 苏	2441656	1934491	61414	403770	34823
浙 江	1392030	1125341	47928	209654	8115
安 徽	757457	524356	36783	177284	17748
福 建	862879	663333	27064	157765	11107
江 西	881574	566927	19605	226577	62974
山 东	3350421	2341345	125293	748679	123983
河 南	726524	420527	7738	259793	37497
湖 北	623012	325896	17532	246924	30557
湖 南	959008	550506	23748	340533	39642
广 东	2517305	1828378	99658	537118	48243
广 西	687947	376669	20089	253843	35806
海 南	64668	35043	1138	26620	1690
重 庆	451187	313957	8222	121183	7233
四 川	1184132	738008	34223	360210	45589
贵 州	222584	131143	5363	72651	13136
云 南	636879	365773	30357	219572	19770
西 藏	72608	32997	3046	31058	4613
陕 西	477316	272737	8434	177793	12945
甘 肃	401897	214489	15386	165432	3943
青 海	78209	46212	1427	25812	4603
宁 夏	71922	38998	6159	25973	699
新 疆	110001	71272	8591	29449	555

2-30 各地区集体建筑业企业流动资产、无形及递延资产

单位：万元

地　区	流动资产	#存货	无形及递延资产	#无形资产
全国总计	**17163690**	**5836611**	**643442**	**514699**
北　京	1326931	607218	9624	7753
天　津	344613	115764	3340	3212
河　北	331514	115813	12551	11720
山　西	213930	50191	6415	5277
内蒙古	15173	3356	661	625
辽　宁	904102	207162	32467	25749
吉　林	133942	20036	2009	1963
黑龙江	332123	98994	8300	7618
上　海	642966	222181	2807	2612
江　苏	1934491	687373	34823	30832
浙　江	1125341	404278	8115	6632
安　徽	524356	143575	17748	16014
福　建	663333	290441	11107	8221
江　西	566927	209834	62974	48403
山　东	2341345	759384	123983	97405
河　南	420527	127962	37497	30047
湖　北	325896	100011	30557	25600
湖　南	550506	145269	39642	32091
广　东	1828378	756459	48243	31454
广　西	376669	125064	35806	29147
海　南	35043	8125	1690	552
重　庆	313957	110134	7233	6493
四　川	738008	257468	45589	39526
贵　州	131143	29286	13136	10611
云　南	365773	85987	19770	18756
西　藏	32997	2436	4613	973
陕　西	272737	73427	12945	10089
甘　肃	214489	56429	3943	3488
青　海	46212	7851	4603	620
宁　夏	38998	8797	699	675
新　疆	71272	6307	555	543

2−31 各地区集体建筑业企业固定资产情况

单位：万元

地 区	固定资产小计	固定资产原价	#生产经营用	固定资产折旧	#本年折旧	在建工程
全国总计	**5922109**	**7379468**	**5523681**	**2208467**	**335028**	**481401**
北 京	165599	230192	163438	87667	12669	21182
天 津	58457	78382	56137	25778	3626	4121
河 北	196489	228588	184160	52964	9967	12639
山 西	92609	120129	96794	35975	5879	4445
内蒙古	10932	15291	12777	4635	1012	1
辽 宁	298294	428743	345019	140091	20995	3935
吉 林	63082	85423	65569	27565	6120	1196
黑龙江	146424	197424	169102	58073	6144	5943
上 海	72532	87138	55534	29576	4623	12888
江 苏	403770	563522	441403	203255	31605	27925
浙 江	209654	277525	228217	82824	12459	7328
安 徽	177284	219965	163428	70480	10058	21652
福 建	157765	186874	142351	52577	8858	16320
江 西	226577	262876	192254	60945	8538	17145
山 东	748679	918389	722210	305497	52220	92595
河 南	259793	296579	200830	76335	13787	13652
湖 北	246924	298985	198005	78042	10931	14653
湖 南	340533	394754	278959	113879	17734	35198
广 东	537118	675385	507558	222819	29591	53383
广 西	253843	280131	189718	61033	10299	34744
海 南	26620	25277	11487	3198	263	4405
重 庆	121183	168600	122279	50787	6975	1705
四 川	360210	444688	319650	128614	16336	24711
贵 州	72651	72655	51411	14340	1788	10604
云 南	219572	279715	217303	82031	11183	14960
西 藏	31058	34751	23989	6935	1358	1408
陕 西	177793	211699	163650	51994	8951	11095
甘 肃	165432	189023	128851	47521	6004	5956
青 海	25812	34434	19758	10085	1450	1075
宁 夏	25973	29071	20971	6959	953	3559
新 疆	29449	43263	30869	15995	2654	981

2-32 各地区集体建筑业企业负债及所有者权益

单位：万元

地　区	负债合计	流动负债	长期负债	所有者权益	#实收资本
全国总计	**14520948**	**13972170**	**548778**	**10040974**	**7551387**
北　京	1144085	1135114	8971	404574	277589
天　津	287975	285599	2376	137139	101726
河　北	246606	235158	11448	300404	213034
山　西	197619	193966	3653	125585	106697
内蒙古	14828	13833	995	15415	14822
辽　宁	746733	735171	11562	529126	403989
吉　林	120153	118923	1230	82737	66407
黑龙江	296237	291881	4356	199592	178755
上　海	514021	510735	3286	227877	164442
江　苏	1538508	1514663	23845	903148	604496
浙　江	990772	980191	10581	401259	267826
安　徽	456244	441405	14840	301213	230628
福　建	549313	539002	10312	313566	259739
江　西	504563	449106	55458	377011	300014
山　东	2107211	2030806	76404	1243210	889782
河　南	316472	297270	19202	410053	322826
湖　北	226619	203000	23620	396393	305250
湖　南	465410	438670	26741	493598	387898
广　东	1670289	1552914	117375	847016	641045
广　西	335207	319104	16103	352740	276407
海　南	31548	29128	2420	33120	27321
重　庆	219615	206323	13292	231572	188734
四　川	557420	529478	27942	626712	472906
贵　州	120203	114298	5905	102382	85806
云　南	296567	277408	19159	340312	269284
西　藏	15103	10158	4945	57506	48432
陕　西	236286	217940	18346	241031	192283
甘　肃	177910	168280	9630	223987	161587
青　海	40827	36816	4011	37382	34534
宁　夏	32544	32418	126	39378	25540
新　疆	64063	63416	647	45938	31588

2-33 各地区集体建筑业企业实收资本

单位：万元

地 区	合 计	国家资本	集体资本	法人资本	个人资本	港澳台资本	外商资本
全国总计	**7551387**	**28415**	**5088275**	**1601079**	**832888**	**731**	
北 京	277589		151692	67370	58527		
天 津	101726		77502	9742	14481		
河 北	213034		131866	59247	21921		
山 西	106697		75022	26185	5490		
内蒙古	14822	98	1493	2643	10589		
辽 宁	403989	920	334586	21665	46216	602	
吉 林	66407	605	51040	13512	1250		
黑龙江	178755		149812	20192	8752		
上 海	164442	3013	126206	10973	24251		
江 苏	604496	3401	245315	186709	169070		
浙 江	267826		153130	50941	63755		
安 徽	230628	482	141172	55923	33050		
福 建	259739	1276	106142	38508	113814		
江 西	300014	3000	210140	78406	8467		
山 东	889782	4104	622013	195813	67853		
河 南	322826	1200	209316	77458	34724	128	
湖 北	305250	477	204839	74604	25329		
湖 南	387898	1088	302016	68405	16389		
广 东	641045	610	515511	112282	12642		
广 西	276407	107	232725	39664	3911		
海 南	27321	60	16601	9021	1640		
重 庆	188734		125241	63494			
四 川	472906	3239	283105	123177	63385		
贵 州	85806		85806				
云 南	269284	1059	167192	91824	9208		
西 藏	48432		38730	8703	1000		
陕 西	192283	2092	149038	35691	5462		
甘 肃	161587	279	103463	47732	10113		
青 海	34534		31375	2735	424		
宁 夏	25540		21499	4041			
新 疆	31588	1305	24689	4419	1175		

2–34 各地区集体建筑业企业收入情况

单位：万元

地 区	工程结算收入	工程结算成本	工程结算税金及附加	工程结算利润	经营费用	其他业务收入	#其他业务利润
全国总计	**24605597**	**21453155**	**921790**	**1990331**	**240321**	**296121**	**64910**
北 京	1285796	1118059	40906	112119	14712	7417	4034
天 津	411632	357063	14200	39045	1323	3732	1477
河 北	600062	517605	22547	55771	4138	2816	276
山 西	279174	240540	10473	23680	4481	4199	1136
内蒙古	34854	30950	1123	2596	186	39	31
辽 宁	1339930	1150614	49314	135616	4387	23877	5056
吉 林	199389	170860	7436	19957	1137	1457	530
黑龙江	418170	369395	13698	32630	2447	1235	407
上 海	841785	771005	23879	45705	1196	8336	3699
江 苏	2472103	2164705	98982	185591	22825	36975	6763
浙 江	1597627	1447336	56239	93097	956	7850	3021
安 徽	766061	672331	26326	57048	10356	17017	3198
福 建	868959	797802	32150	37423	1585	4686	2996
江 西	996338	884845	43027	64422	4043	10364	2607
山 东	2986432	2521291	104795	319548	40798	43236	8554
河 南	972411	839208	32402	86457	14344	6426	1893
湖 北	809944	675297	32285	94076	8286	10991	1842
湖 南	1275450	1119482	53167	86674	16128	7082	1912
广 东	2155559	1879661	89119	161597	25181	16627	687
广 西	653644	561732	33963	47900	10050	3587	2013
海 南	62343	54620	2728	3302	1694	65	65
重 庆	439322	393790	17444	26617	1472	16374	1440
四 川	1293581	1118042	47109	105384	23046	12730	3355
贵 州	150480	134761	6070	8305	1344	2841	898
云 南	589148	518932	20442	41553	8221	3564	1689
西 藏	63889	48438	3496	11147	808	361	240
陕 西	457452	392233	17860	38431	8928	18878	3198
甘 肃	404241	340449	14991	43861	4941	19013	503
青 海	40077	36574	1121	2147	235	439	98
宁 夏	37655	33542	1250	2381	482	1008	585
新 疆	102090	91992	3252	6253	593	2900	712

2-35 各地区集体建筑业企业费用情况

单位：万元

地区	管理费用	#税金	#财产保险费	#差旅费	#工会经费	财务费用	#利息支出
全国总计	**1126604**	**74857**	**14471**	**49878**	**16963**	**114876**	**61510**
北京	65410	997	372	1899	450	2364	1502
天津	28375	663	298	540	296	830	698
河北	27433	1727	112	1649	306	2300	895
山西	17848	914	122	846	320	1015	447
内蒙古	2021	71	1	76	13	96	67
辽宁	78619	3083	421	2158	2142	2505	1231
吉林	15540	813	154	643	229	383	198
黑龙江	27107	1192	232	960	276	903	426
上海	31450	1104	135	737		928	795
江苏	107598	4527	1858	3960	2368	9998	7777
浙江	52215	1510	473	2854	995	6078	6930
安徽	41462	3078	1025	2255	717	2429	1286
福建	27057	843	52	927	301	1303	896
江西	35426	3232	540	1353	250	3445	1628
山东	147035	13166	2657	6986	2234	23605	14404
河南	37426	6562	350	1954	656	4300	1742
湖北	44818	5561	750	1698	533	6212	1959
湖南	50123	4382	1215	3515	1481	7724	3088
广东	96609	7224	1068	3551	899	11071	4210
广西	28330	2966	322	1340	284	3111	1321
海南	2387	367	2	242	8	146	32
重庆	16901	925	228	797	275	1522	1019
四川	59866	3526	860	3646	918	8582	3616
贵州	7502	761	96	305	97	590	177
云南	21953	1556	265	1523	385	3867	1778
西藏	3533	724	22	214	25	298	55
陕西	24082	1702	578	1363	252	4019	1299
甘肃	17725	1335	196	1413	162	4762	1627
青海	1990	84	11	129	11	249	169
宁夏	2559	109	4	82	36	198	194
新疆	6203	154	52	263	45	43	45

2-36 各地区集体建筑业企业利润及税金情况

单位：万元

地区	利润总额	#应交所得税	税金总额	工程结算税金及附加	管理费用中的税金
全国总计	**807038**	**205871**	**996647**	**921790**	**74857**
北京	49814	16018	41902	40906	997
天津	11382	4235	14864	14200	663
河北	22489	6729	24274	22547	1727
山西	5655	1073	11388	10473	914
内蒙古	527	365	1194	1123	71
辽宁	55760	13876	52397	49314	3083
吉林	3450	1141	8249	7436	813
黑龙江	5412	2314	14890	13698	1192
上海	19965	4608	24982	23879	1104
江苏	78719	20989	103509	98982	4527
浙江	40697	15054	57748	56239	1510
安徽	17602	5489	29404	26326	3078
福建	13799	6916	32992	32150	843
江西	27749	5225	46260	43027	3232
山东	146055	35780	117961	104795	13166
河南	40923	7635	38964	32402	6562
湖北	25449	5929	37846	32285	5561
湖南	33477	6055	57549	53167	4382
广东	59043	17563	96343	89119	7224
广西	16439	4353	36929	33963	2966
海南	852	133	3095	2728	367
重庆	7266	2519	18369	17444	925
四川	37337	9864	50636	47109	3526
贵州	1109	412	6831	6070	761
云南	41567	4584	21998	20442	1556
西藏	6583	533	4220	3496	724
陕西	13690	2718	19561	17860	1702
甘肃	22407	2776	16326	14991	1335
青海	187	215	1205	1121	84
宁夏	254	395	1359	1250	109
新疆	1379	376	3406	3252	154

2-37 各地区集体建筑业企业应收工程款及企业亏损情况

地区	应收工程款(万元)	#竣工工程	企业个数(个)	#亏损企业个数	亏损企业的比重(%)
全国总计	**3840654**	**2689704**	**8090**	**1298**	**16.0**
北京	151835	101554	292	72	24.7
天津	52293	41502	133	28	21.1
河北	123170	91010	211	31	14.7
山西	74768	47122	170	35	20.6
内蒙古	6466	5454	14	4	28.6
辽宁	207349	144873	455	80	17.6
吉林	39568	28490	113	37	32.7
黑龙江	66684	43365	232	53	22.8
上海	95563	45714	200	35	17.5
江苏	390236	290147	561	58	10.3
浙江	102250	68413	202	19	9.4
安徽	180269	143116	272	42	15.4
福建	85161	55614	200	36	18.0
江西	59621	28760	304	52	17.1
山东	693239	486574	1010	129	12.8
河南	52727	25341	389	68	17.5
湖北	98129	66780	304	20	6.6
湖南	183853	120047	410	47	11.5
广东	296512	231543	594	90	15.2
广西	161927	106989	297	54	18.2
海南	6009	3701	33	4	12.1
重庆	69771	47875	235	48	20.4
四川	218068	158835	524	83	15.8
贵州	39170	32434	143	31	21.7
云南	129554	100402	280	61	21.8
西藏	8009	4728	55	3	5.5
陕西	120812	78568	195	26	13.3
甘肃	81430	59425	154	14	9.1
青海	10756	8677	43	15	34.9
宁夏	9196	7302	28	6	21.4
新疆	26260	15351	37	17	45.9

2-38 各地区集体建筑业企业主要经济效益指标

地　区	产值利润率(%)	产值利税率(%)	资本利润率(%)	资本利税率(%)	人均利润(元/人)	人均利税(元/人)	资产负债率(%)
全国总计	**2.9**	**6.4**	**10.7**	**23.9**	**2176**	**4864**	**59.1**
北　京	4.0	7.4	17.9	33.0	5546	10212	73.9
天　津	2.8	6.4	11.2	25.8	3056	7048	67.7
河　北	3.2	6.6	10.6	22.0	1899	3948	45.1
山　西	2.0	5.9	5.3	16.0	1022	3079	61.1
内蒙古	1.7	5.6	3.6	11.6	1109	3620	49.0
辽　宁	4.0	7.8	13.8	26.8	2885	5595	58.5
吉　林	1.7	5.6	5.2	17.6	994	3371	59.2
黑龙江	1.1	4.3	3.0	11.4	869	3262	59.7
上　海	2.5	5.7	12.1	27.3	3857	8684	69.3
江　苏	2.2	5.0	13.0	30.1	2388	5529	63.0
浙　江	2.3	5.5	15.2	36.8	2658	6430	71.2
安　徽	2.2	5.8	7.6	20.4	1359	3630	60.2
福　建	1.6	5.4	5.3	18.0	1580	5359	63.7
江　西	2.2	5.8	9.2	24.7	1554	4144	57.2
山　东	3.9	7.0	16.4	29.7	2574	4654	62.9
河　南	3.8	7.5	12.7	24.7	2404	4692	43.6
湖　北	3.0	7.5	8.3	20.7	1805	4489	36.4
湖　南	2.4	6.5	8.6	23.5	1778	4834	48.5
广　东	2.4	6.3	9.2	24.2	1783	4692	66.4
广　西	2.6	8.4	5.9	19.3	1561	5067	48.7
海　南	1.2	5.5	3.1	14.4	622	2879	48.8
重　庆	1.4	5.0	3.9	13.6	1012	3569	48.7
四　川	2.6	6.1	7.9	18.6	1540	3628	47.1
贵　州	0.6	4.6	1.3	9.3	326	2330	54.0
云　南	6.5	10.0	15.4	23.6	4438	6787	46.6
西　藏	6.0	9.8	13.6	22.3	6805	11167	20.8
陕　西	2.9	7.1	7.1	17.3	1706	4145	49.5
甘　肃	5.0	8.7	13.9	24.0	2058	3557	44.3
青　海	0.4	2.9	0.5	4.0	174	1290	52.2
宁　夏	0.7	4.3	1.0	6.3	423	2688	45.2
新　疆	1.3	4.7	4.4	15.1	1817	6306	58.2

2-39 各地区私营建筑业企业签订合同情况

单位：万元

地区	合同总额	上年结转合同额	本年新签合同额
全国总计	**94826105**	**27822617**	**67003487**
北京	1978111	594447	1383663
天津	678689	171670	507019
河北	2098764	606424	1492340
山西	775091	174365	600726
内蒙古	987137	273225	713912
辽宁	3940359	1009099	2931261
吉林	475265	59797	415468
黑龙江	936020	310303	625717
上海	7865989	2537469	5328521
江苏	13195048	2716133	10478915
浙江	25926004	8340453	17585551
安徽	2843283	821299	2021984
福建	3324791	1044777	2280014
江西	856149	243165	612984
山东	4981432	1023913	3957519
河南	2119117	636118	1482998
湖北	2736599	739414	1997185
湖南	1700976	613438	1087538
广东	6139745	2342518	3797226
广西	725299	292124	433175
海南	86638	25561	61077
重庆	2875629	984500	1891129
四川	3848293	1191847	2656445
贵州	185981	63490	122491
云南	1470546	399410	1071136
西藏	40493	14285	26209
陕西	616160	224643	391517
甘肃	401077	136857	264220
青海	127671	49835	77836
宁夏	361398	76218	285181
新疆	528353	105822	422532

2-40 各地区私营建筑业企业承包工程完成情况

单位：万元

地　区	直接从建设单位承揽工程完成的产值	自行完成施工产值	分包出去工程的产值	从建设单位以外承揽工程完成的产值
全国总计	**65684121**	**65015631**	**668490**	**2967278**
北　京	1438431	1417503	20928	130497
天　津	512950	501507	11442	48881
河　北	1590872	1567267	23605	20617
山　西	614485	608576	5909	13064
内蒙古	768629	750460	18169	9086
辽　宁	3103216	3100332	2884	23250
吉　林	420787	420273	513	2367
黑龙江	773965	747896	26069	12046
上　海	4759550	4542673	216877	514720
江　苏	9899604	9832965	66638	865914
浙　江	16436283	16374079	62204	511696
安　徽	1953918	1937253	16665	63183
福　建	2151286	2144355	6932	63546
江　西	592284	584520	7764	56352
山　东	4024264	4007840	16425	120436
河　南	1562007	1557953	4054	20717
湖　北	1926467	1918169	8299	70556
湖　南	1095669	1093733	1936	24084
广　东	3760618	3656352	104266	195198
广　西	434481	432949	1532	17024
海　南	57778	57578	200	22
重　庆	2183719	2162407	21312	70314
四　川	2920420	2911785	8636	52000
贵　州	114962	114887	75	2070
云　南	1053026	1051462	1564	22992
西　藏	29767	29767		6300
陕　西	391717	379114	12603	6232
甘　肃	291292	290947	345	13165
青　海	82198	82068	130	5796
宁　夏	288128	288128		1832
新　疆	451348	450833	515	3324

2-41 各地区私营建筑业总产值和竣工产值

单位：万元

地区	建筑业总产值	#装饰装修产值	#在外省完成的产值	按构成分组			竣工产值
				建筑工程产值	安装工程产值	其他产值	
全国总计	**67982909**	**6328052**	**11826930**	**59358760**	**5868935**	**2755215**	**49910383**
北京	1548000	590156	119794	1357838	181570	8592	948294
天津	550388	76719	27576	309038	166755	74595	400499
河北	1587884	93411	77501	1370999	128507	88378	1215475
山西	621640	90233	45396	484692	102813	34135	410711
内蒙古	759546	16346	16952	689590	52120	17836	637994
辽宁	3123582	315887	280697	2726487	316902	80193	2289928
吉林	422640	58248	65646	385376	30725	6539	366153
黑龙江	759943	92948	75961	653617	63392	42933	562550
上海	5057394	545985	300320	4178782	618657	259955	3468012
江苏	10698879	748416	2750170	9998879	600806	99194	8728491
浙江	16885775	1222987	5622289	15221472	1043223	621080	12397514
安徽	2000435	167957	264608	1711804	185333	103298	1426256
福建	2207901	284192	851819	1797482	302569	107850	1481125
江西	640872	79405	43845	515869	43477	81526	494578
山东	4128275	360462	154482	3350890	539777	237608	2810110
河南	1578670	104389	100412	1411571	90246	76852	1086812
湖北	1988725	122614	150786	1587662	171622	229441	1410158
湖南	1117817	73101	89076	912873	56223	148721	871468
广东	3851550	705270	277324	3190543	530861	130146	2725573
广西	449973	42549	8246	387226	52028	10718	330462
海南	57600	1859	1925	42636	13898	1066	13938
重庆	2232721	125416	131506	2009164	163426	60131	1504687
四川	2963784	184367	343787	2621161	195128	147496	2179082
贵州	116957	6667	300	102230	12378	2349	76823
云南	1074454	107689	5354	962715	81119	30620	823015
西藏	36067	1857		32593	2874	601	25082
陕西	385346	28169	130	346066	29798	9482	300031
甘肃	304112	23673	15218	256885	36458	10769	232199
青海	87864	5421	63	78232	5871	3761	68093
宁夏	289961	21684	5392	268778	13696	7487	258494
新疆	454157	29978	357	395610	36684	21862	366776

2-42 各地区私营建筑业企业房屋建筑面积

地区	房屋建筑施工面积(万平方米)	#本年新开工	#实行投标承包面积	#本年新开工	房屋建筑竣工面积(万平方米)	房屋建筑面积竣工率(%)
全国总计	**84204.4**	**51120.3**	**64494.7**	**40680.3**	**41503.2**	**49.3**
北京	447.8	179.1	308.2	121.9	222.5	49.7
天津	245.3	164.0	160.6	105.9	138.3	56.4
河北	2203.3	1418.2	1791.7	1236.6	1232.3	55.9
山西	434.1	309.9	354.1	266.8	227.8	52.5
内蒙古	953.6	683.3	718.4	585.8	533.8	56.0
辽宁	2766.4	1986.9	2437.9	1796.0	1478.5	53.4
吉林	274.2	194.1	219.5	162.2	163.7	59.7
黑龙江	771.7	497.7	666.7	428.9	358.4	46.4
上海	4715.7	2342.4	3169.8	1600.3	2018.9	42.8
江苏	13199.2	8603.4	11163.0	7021.0	6814.1	51.6
浙江	23318.3	13391.1	18747.8	10873.8	10548.6	45.2
安徽	2609.2	1726.2	2042.2	1363.2	1407.4	53.9
福建	2485.2	1365.7	1461.5	830.6	1187.3	47.8
江西	1160.7	853.0	961.3	752.3	690.8	59.5
山东	4821.4	3293.6	3656.9	2636.2	2482.1	51.5
河南	2525.8	1583.6	2193.0	1408.9	1112.3	44.0
湖北	2474.7	1756.3	1970.1	1458.8	1595.4	64.5
湖南	1742.7	1043.0	1269.9	822.4	947.7	54.4
广东	4493.2	2168.3	2313.9	1245.0	1955.9	43.5
广西	692.6	307.8	592.1	249.0	272.0	39.3
海南	93.4	51.8	50.2	23.2	9.9	10.6
重庆	3346.6	1875.1	1996.1	1354.7	1749.1	52.3
四川	5067.3	3134.9	3647.1	2519.4	2502.9	49.4
贵州	281.9	157.8	199.4	142.1	111.8	39.7
云南	1260.5	843.1	913.2	664.2	758.9	60.2
西藏	37.0	24.0	25.2	20.5	21.1	57.0
陕西	597.4	359.2	455.2	306.6	294.6	49.3
甘肃	374.7	247.6	310.8	181.4	202.1	53.9
青海	107.4	64.6	65.7	46.6	45.9	42.7
宁夏	297.9	192.4	272.5	179.6	166.5	55.9
新疆	405.1	302.3	360.6	276.5	252.6	62.4

2-43 各地区按主要用途分的私营建筑业企业房屋建筑竣工面积

单位：万平方米

地区	合计	厂房、仓库	住宅	办公用房	批发和零售用房	住宿和餐饮用房
全国总计	**41503.2**	**9507.7**	**23085.8**	**3130.5**	**1121.6**	**610.7**
北京	222.5	30.0	139.6	20.2	5.6	0.5
天津	138.3	61.5	51.8	5.0	4.0	5.8
河北	1232.3	120.7	849.4	115.2	15.7	14.4
山西	227.8	26.3	143.1	19.2	9.3	1.6
内蒙古	533.8	24.0	338.1	73.4	11.2	6.1
辽宁	1478.5	258.0	918.0	97.7	60.3	13.6
吉林	163.7	6.2	134.2	9.0	4.9	3.8
黑龙江	358.4	29.5	226.8	25.9	7.2	3.2
上海	2018.9	628.5	1185.4	80.4	23.6	12.7
江苏	6814.1	2100.4	3328.1	456.8	177.1	80.5
浙江	10548.6	3475.4	4984.5	825.6	234.5	190.0
安徽	1407.4	167.9	908.0	99.0	34.8	28.2
福建	1187.3	413.1	526.6	94.7	13.7	27.3
江西	690.8	201.6	308.1	38.4	58.4	6.1
山东	2482.1	503.5	1496.6	171.5	44.9	33.3
河南	1112.3	95.8	704.9	153.2	19.6	12.6
湖北	1595.4	268.2	1000.6	111.5	28.8	17.0
湖南	947.7	77.3	519.5	103.9	48.0	42.8
广东	1955.9	603.4	931.5	164.7	27.7	18.5
广西	272.0	18.7	188.7	25.9	3.2	4.5
海南	9.9		9.0	0.3		
重庆	1749.1	121.0	1349.3	85.5	58.3	11.5
四川	2502.9	168.9	1759.7	141.5	130.4	36.5
贵州	111.8	2.2	70.3	8.8	4.7	3.5
云南	758.9	64.4	370.9	107.8	49.0	19.2
西藏	21.1	2.8	12.1	2.9		0.4
陕西	294.6	15.4	199.2	28.3	8.7	3.4
甘肃	202.1	12.4	123.8	28.0	5.0	5.7
青海	45.9	0.6	31.4	6.7	0.1	
宁夏	166.5	6.1	116.5	10.6	12.5	2.5
新疆	252.6	4.0	160.1	18.8	20.6	5.5

2-43 续表 单位：万平方米

地　区	居民服务业用　房	教育用房	文化、体育和娱乐用房	卫生医疗用　房	科研用房	其他用房
全国总计	**439.6**	**1701.8**	**332.5**	**306.2**	**64.1**	**1202.7**
北　京	0.7	8.4	0.9	1.2		15.4
天　津	0.6	3.2	0.8			5.6
河　北	6.5	47.3	11.3	8.5	0.1	43.3
山　西	1.3	13.6	2.3	2.8	0.3	8.1
内蒙古	3.2	33.2	3.8	13.7		27.2
辽　宁	26.7	52.8	7.9	15.2	0.8	27.7
吉　林	3.0	1.1	0.3	1.1		0.2
黑龙江	9.0	26.5	11.6	5.5	0.4	12.9
上　海	3.5	19.9	15.7	4.4	1.2	43.6
江　苏	89.1	245.9	89.9	44.4	10.9	191.1
浙　江	99.9	323.2	62.2	56.5	27.6	269.2
安　徽	13.1	96.9	16.7	6.6	4.7	31.4
福　建	13.1	55.3	3.6	5.9	1.5	32.4
江　西	18.5	34.8	3.3	9.7	0.4	11.5
山　东	22.5	72.9	17.3	14.4	3.3	101.9
河　南	5.1	67.6	4.9	10.3	2.0	36.3
湖　北	15.2	91.6	12.4	13.1	2.1	34.8
湖　南	20.1	71.7	7.4	10.4	1.3	45.2
广　东	22.5	104.6	13.2	8.9	1.5	59.4
广　西	2.3	16.1	3.8	1.4		7.3
海　南		0.5				
重　庆	21.2	46.1	2.1	6.1	1.5	46.6
四　川	28.8	108.7	19.6	34.8	2.0	72.1
贵　州	0.4	15.7	1.6	1.0		3.5
云　南	4.3	66.8	13.3	15.0	1.6	46.7
西　藏	0.5	1.2	0.6	0.1		0.4
陕　西	0.4	24.2	0.6	5.6		8.9
甘　肃	1.9	16.3	0.5	2.4	0.2	6.0
青　海		4.0	1.7		0.5	0.9
宁　夏	1.2	11.5	0.8	1.0		3.7
新　疆	5.0	20.0	2.5	6.3	0.4	9.4

2-44 各地区按主要用途分的私营建筑业企业房屋建筑竣工价值

单位：万元

地区	合计	厂房、仓库	住宅	办公用房	批发和零售用房	住宿和餐饮用房
全国总计	**30632493**	**6241083**	**17145317**	**2573116**	**844362**	**535036**
北京	254817	24164	155514	31341	6777	547
天津	100911	36663	41548	5141	4563	5418
河北	868389	93658	571289	92014	13153	11767
山西	168207	19319	104736	15069	9739	1128
内蒙古	442710	21920	264444	62713	13496	4725
辽宁	1223435	247869	696803	92474	45583	14224
吉林	128106	5186	104296	7338	3225	3472
黑龙江	343137	26108	206603	33128	6708	3780
上海	1983636	525454	1235617	89274	27438	13980
江苏	5086541	1346796	2544594	409037	136539	63248
浙江	8112386	2112618	4132334	702540	186815	205458
安徽	877050	100219	560807	69741	23809	17907
福建	910338	292645	420223	78142	11254	22115
江西	345111	113264	141667	19418	29201	3131
山东	1676395	315110	1018738	120278	35481	28917
河南	722655	59360	437471	113196	16281	10067
湖北	1118394	188669	658966	89605	19878	15185
湖南	635933	51287	336563	67487	36784	30836
广东	1496094	385603	796723	105890	17906	12075
广西	212864	16130	143334	26000	1277	2879
海南	9697		8278	765		
重庆	1100910	68575	822294	72131	42132	7987
四川	1482652	110795	993969	103377	84291	22982
贵州	53778	1190	32731	4937	2812	1742
云南	545316	42412	262052	84194	32267	14162
西藏	14945	1579	7646	3078		433
陕西	204626	14477	132258	16092	5694	3142
甘肃	155873	11495	88982	23590	4328	6423
青海	42064	919	27432	8322	50	
宁夏	123979	4165	82080	10635	10718	1948
新疆	191547	3434	115329	16168	16165	5361

2-44 续表

单位：万元

地区	居民服务业用房	教育用房	文化、体育和娱乐用房	卫生医疗用房	科研用房	其他用房
全国总计	**332568**	**1392669**	**275657**	**278853**	**61088**	**952743**
北京	624	11555	1154	1542		21601
天津	623	3802	545			2609
河北	5658	36248	8984	8470	64	27083
山西	1070	9485	1460	1510	276	4416
内蒙古	2863	29130	4725	21707		16988
辽宁	28243	46272	5505	16951	642	28869
吉林	2661	734	265	769		161
黑龙江	8427	29363	9602	5703	428	13287
上海	4485	19049	14936	4676	1105	47622
江苏	67151	232176	74648	41821	9515	161016
浙江	88616	301376	60376	60822	31708	229722
安徽	6363	58319	11527	4265	3909	20183
福建	5844	49486	2062	5058	1114	22396
江西	9382	16618	1484	4921	192	5834
山东	14640	52345	7844	12951	2556	67536
河南	2572	47962	3543	6785	1464	23955
湖北	10689	73657	8013	10205	2544	40983
湖南	10809	49259	8742	7143	610	36413
广东	15511	99217	13345	9259	744	39821
广西	1541	9993	3093	1112		7504
海南		654				
重庆	14362	33369	1121	4387	805	33746
四川	19504	66501	15003	22990	1141	42099
贵州	326	7138	688	442		1772
云南	3352	49338	10743	12413	1072	33311
西藏	520	612	699	30		348
陕西	340	19321	718	4664		7921
甘肃	1826	11887	396	2401	200	4345
青海		2992	1035		509	807
宁夏	1088	8786	691	853		3016
新疆	3479	16028	2709	5004	491	7380

2-45 各地区私营建筑业企业施工机械设备情况

地区	年末自有施工机械设备总台数(台)	年末自有施工机械设备总功率(千瓦)	年末自有施工机械设备净值(万元)	技术装备率(元/人)	动力装备率(千瓦/人)
全国总计	**2172312**	**27858184**	**5500342**	**8482**	**4.3**
北京	49951	537745	106336	10887	5.5
天津	13315	219866	50390	14582	6.4
河北	90620	1267206	169687	7810	5.8
山西	48592	602512	132693	15965	7.2
内蒙古	36345	419683	73234	12097	6.9
辽宁	81206	1375750	347191	16520	6.5
吉林	9109	233027	43578	12021	6.4
黑龙江	23990	347774	100839	20560	7.1
上海	60830	961814	175899	5936	3.2
江苏	242837	3590123	745355	7440	3.6
浙江	323366	3890623	899296	7080	3.1
安徽	106578	980645	158776	6404	4.0
福建	69189	874703	200654	11024	4.8
江西	21039	227617	54706	7495	3.1
山东	150164	2243901	334502	6442	4.3
河南	94493	926579	168890	6882	3.8
湖北	114197	1123134	219585	9604	4.9
湖南	54414	633606	106592	7440	4.4
广东	157717	2315495	301120	9249	7.1
广西	29517	294212	47306	6921	4.3
海南	1190	25746	3195	5270	4.2
重庆	55420	729851	219542	7945	2.6
四川	133337	1633463	316991	6977	3.6
贵州	9212	74869	16216	6779	3.1
云南	80348	872421	204847	13487	5.7
西藏	1720	15027	6712	13689	3.1
陕西	30746	337080	90107	18924	7.1
甘肃	33737	371006	68384	10226	5.5
青海	12147	157364	21244	13016	9.6
宁夏	16223	298513	54525	28366	15.5
新疆	20763	276829	61956	22770	10.2

2-46 各地区私营建筑业企业主要生产效益指标

地　区	建筑业企业个数(个)	计算建筑业劳动生产率的平均人数(人)	按总产值计算的劳动生产率(元/人)	人　均竣工产值(元/人)	人　均施工面积(平方米/人)	人　均竣工面积(平方米/人)
全国总计	**22422**	**6856719**	**99148**	**72790**	**122.8**	**60.5**
北　京	1134	138481	111784	68478	32.3	16.1
天　津	434	43607	126216	91843	56.3	31.7
河　北	622	248367	63933	48939	88.7	49.6
山　西	546	92208	67417	44542	47.1	24.7
内蒙古	218	117653	64558	54227	81.1	45.4
辽　宁	1287	315689	98945	72537	87.6	46.8
吉　林	212	46535	90822	78683	58.9	35.2
黑龙江	420	80738	94125	69676	95.6	44.4
上　海	1170	351703	143797	98606	134.1	57.4
江　苏	2683	943730	113368	92489	139.9	72.2
浙　江	2382	1251761	134896	99041	186.3	84.3
安　徽	670	234503	85305	60820	111.3	60.0
福　建	747	195601	112878	75722	127.1	60.7
江　西	297	81506	78629	60680	142.4	84.8
山　东	1919	566828	72831	49576	85.1	43.8
河　南	776	251758	62706	43169	100.3	44.2
湖　北	599	223807	88859	63008	110.6	71.3
湖　南	320	132575	84316	65734	131.5	71.5
广　东	1505	331834	116069	82137	135.4	58.9
广　西	278	57678	78015	57294	120.1	47.2
海　南	18	7445	77367	18721	125.5	13.3
重　庆	1003	267894	83343	56167	124.9	65.3
四　川	1290	457542	64776	47626	110.7	54.7
贵　州	107	22553	51859	34063	125.0	49.6
云　南	734	147453	72868	55815	85.5	51.5
西　藏	29	4967	72613	50498	74.5	42.5
陕　西	180	65178	59122	46033	91.7	45.2
甘　肃	189	68725	44251	33787	54.5	29.4
青　海	118	18870	46563	36085	56.9	24.3
宁　夏	248	44541	65100	58035	66.9	37.4
新　疆	287	44989	100948	81526	90.1	56.1

2-47 各地区私营建筑业企业营业额

单位：万元

地 区	企业营业额	在境外完成的营业额	企业总产值	#建筑业总产值
全国总计	**71004422**	**617641**	**70386781**	**67982909**
北 京	1605038	1227	1603811	1548000
天 津	593301	13995	579307	550388
河 北	1600817	4462	1596355	1587884
山 西	643538	4569	638969	621640
内蒙古	766920	6649	760271	759546
辽 宁	3187207	18658	3168549	3123582
吉 林	488497	65000	423497	422640
黑龙江	763772		763772	759943
上 海	5564721	63690	5501031	5057394
江 苏	11575593	106623	11468971	10698879
浙 江	17301885	129116	17172769	16885775
安 徽	2074929	59799	2015129	2000435
福 建	2338454	37027	2301427	2207901
江 西	650159	391	649768	640872
山 东	4262211	52727	4209484	4128275
河 南	1607694	2121	1605573	1578670
湖 北	2120740	17631	2103109	1988725
湖 南	1137323	6399	1130924	1117817
广 东	4115952	11710	4104242	3851550
广 西	461919	98	461821	449973
海 南	59739		59739	57600
重 庆	2269293		2269293	2232721
四 川	3011100		3011100	2963784
贵 州	119728	15	119713	116957
云 南	1103125	4761	1098364	1074454
西 藏	37335		37335	36067
陕 西	387287	130	387157	385346
甘 肃	315517	10455	305062	304112
青 海	88396		88396	87864
宁 夏	291018		291018	289961
新 疆	461214	386	460828	454157

2-48 各地区私营建筑业企业资产构成

单位：万元

地 区	资产合计	#流动资产小计	#长期投资	#固定资产小计	#无形及递延资产
全国总计	**56255706**	**41189416**	**1927892**	**11815266**	**1132083**
北 京	1843476	1442499	93111	284348	19953
天 津	604793	432354	18223	147298	6383
河 北	1328793	853821	50897	393531	27139
山 西	746127	453818	24404	257796	8491
内蒙古	728354	468357	27670	208771	21983
辽 宁	2649077	1833727	59197	674216	75005
吉 林	392670	248024	9996	126929	4920
黑龙江	904900	651643	23363	219789	6434
上 海	4773269	4003898	215842	490446	31186
江 苏	8930400	7087819	234047	1443683	144999
浙 江	9885672	7783346	408689	1556518	115395
安 徽	1384528	972609	30442	338789	38140
福 建	1736254	1251159	72527	388934	18531
江 西	452382	277227	9951	149580	15116
山 东	3579346	2494420	108626	868926	96397
河 南	1233324	765168	26626	405472	29204
湖 北	1467565	855694	45445	492155	62739
湖 南	725878	461637	20348	214169	27187
广 东	4378674	3412176	161023	693093	83097
广 西	525170	376049	29021	95645	23830
海 南	63552	51401	2538	8744	732
重 庆	1863468	1306058	63599	451015	37672
四 川	2563739	1665485	74830	715647	100315
贵 州	159561	95450	4494	53939	5162
云 南	1252077	708769	44241	458618	36814
西 藏	61643	27638	4320	27676	2010
陕 西	533411	281903	15315	195978	38587
甘 肃	350584	192156	2633	151697	3289
青 海	140618	77819	1787	54353	6466
宁 夏	452685	294281	16644	130892	10139
新 疆	543720	363014	28043	116621	34768

2-49 各地区私营建筑业企业流动资产、无形及递延资产

单位：万元

地　区	流动资产	#存货	无形及递延资产	#无形资产
全国总计	**41189416**	**12464483**	**1132083**	**920224**
北　京	1442499	387415	19953	16185
天　津	432354	124892	6383	4427
河　北	853821	243594	27139	22861
山　西	453818	120660	8491	6861
内蒙古	468357	92321	21983	18565
辽　宁	1833727	375931	75005	68535
吉　林	248024	44710	4920	3093
黑龙江	651643	155771	6434	5830
上　海	4003898	997814	31186	18205
江　苏	7087819	2824500	144999	100688
浙　江	7783346	2528322	115395	92778
安　徽	972609	216581	38140	33580
福　建	1251159	382251	18531	14065
江　西	277227	83421	15116	10319
山　东	2494420	669938	96397	77759
河　南	765168	217705	29204	23967
湖　北	855694	257410	62739	52160
湖　南	461637	116205	27187	20167
广　东	3412176	960635	83097	66774
广　西	376049	101919	23830	20989
海　南	51401	9932	732	592
重　庆	1306058	465337	37672	28760
四　川	1665485	540994	100315	86972
贵　州	95450	32518	5162	4186
云　南	708769	191774	36814	31440
西　藏	27638	4603	2010	1865
陕　西	281903	82840	38587	37704
甘　肃	192156	60488	3289	2634
青　海	77819	27741	6466	5223
宁　夏	294281	82037	10139	9671
新　疆	363014	64224	34768	33372

2-50 各地区私营建筑业企业固定资产情况

单位：万元

地区	固定资产小计	固定资产原价	#生产经营用	固定资产折旧	#本年折旧	在建工程
全国总计	**11815266**	**14146918**	**10919565**	**3788810**	**819281**	**1044972**
北京	284348	363463	270052	115824	26148	34439
天津	147298	168672	128011	41169	11548	16611
河北	393531	473195	370330	108498	22187	15271
山西	257796	285213	224842	63362	17220	30605
内蒙古	208771	238472	205363	50724	12393	17012
辽宁	674216	818356	701003	198267	41555	17341
吉林	126929	161678	111432	44427	11474	1889
黑龙江	219789	261638	236899	60803	13445	10596
上海	490446	590725	404813	176105	39214	61639
江苏	1443683	1832301	1410581	562681	118344	141493
浙江	1556518	1971346	1609515	566747	122420	134395
安徽	338789	394305	308213	97831	19296	35673
福建	388934	435228	336614	105079	30816	46298
江西	149580	165980	109574	32970	7606	14197
山东	868926	1030052	765888	270747	59869	68353
河南	405472	448195	335986	117409	22165	20291
湖北	492155	538950	397247	109886	27793	34542
湖南	214169	237770	175299	65312	16961	23483
广东	693093	844768	639230	293211	62908	114071
广西	95645	110179	85275	23489	5053	8955
海南	8744	10667	6118	3031	661	891
重庆	451015	573727	438032	133073	25348	6022
四川	715647	826299	621174	210650	39679	73039
贵州	53939	52250	39518	9884	2332	9008
云南	458618	544537	409424	141802	24568	42040
西藏	27676	25353	6939	8944	1999	416
陕西	195978	216535	164651	43970	9055	18959
甘肃	151697	160154	115554	34703	7044	22744
青海	54353	59430	36852	11576	2064	3761
宁夏	130892	161289	140056	43657	9110	12663
新疆	116621	146194	115080	42981	9010	8275

2-51 各地区私营建筑业企业负债及所有者权益

单位：万元

地区	负债合计	流动负债	长期负债	所有者权益	#实收资本
全国总计	**30008985**	**28930409**	**1078577**	**26246721**	**20343742**
北京	969512	958216	11296	873965	736172
天津	314666	296062	18603	290128	253695
河北	523782	510353	13429	805011	585374
山西	285135	272935	12200	460992	383435
内蒙古	347995	310074	37921	380359	246328
辽宁	1213465	1178019	35446	1435612	1117172
吉林	185596	177084	8512	207074	161835
黑龙江	409150	395454	13696	495750	433470
上海	2931382	2890716	40666	1841887	1352396
江苏	6054820	5949621	105199	2875581	1990003
浙江	6033855	5846025	187830	3851817	2646916
安徽	711947	681145	30802	672581	514697
福建	737690	702863	34827	998564	905362
江西	167608	156419	11189	284775	230540
山东	1871058	1787064	83994	1708288	1656451
河南	455640	437006	18634	777684	686600
湖北	553355	499908	53447	914210	689860
湖南	305616	292023	13594	420262	309235
广东	2326967	2202231	124736	2051707	1350705
广西	303598	290607	12992	221572	192561
海南	31275	30875	400	32276	23224
重庆	756938	705076	51862	1106530	914118
四川	1084177	1014208	69969	1479563	1202307
贵州	67872	65361	2511	91689	82561
云南	456758	428648	28110	795319	676199
西藏	12910	11005	1905	48733	40121
陕西	207550	191094	16456	325861	283571
甘肃	119936	108956	10979	230648	193222
青海	55995	55075	920	84623	81843
宁夏	226273	213815	12458	226412	193315
新疆	286469	272474	13995	257251	210455

2－52　各地区私营建筑业企业实收资本

单位：万元

地　区	合　计	国家资本	集体资本	法人资本	个人资本	港澳台资本	外商资本
全国总计	**20343742**		**776**	**5075674**	**15267293**		
北　京	736172			190883	545289		
天　津	253695			70410	183285		
河　北	585374			153374	432000		
山　西	383435			113487	269948		
内蒙古	246328			73093	173236		
辽　宁	1117172			210537	906634		
吉　林	161835			53358	108478		
黑龙江	433470			83881	349590		
上　海	1352396			336082	1016314		
江　苏	1990003			481279	1508723		
浙　江	2646916			490174	2156742		
安　徽	514697			181574	333123		
福　建	905362			152854	752508		
江　西	230540			70657	159884		
山　东	1656451			378057	1278394		
河　南	686600			236869	449730		
湖　北	689860			238885	450975		
湖　南	309235			121878	187357		
广　东	1350705			525060	825645		
广　西	192561			34698	157863		
海　南	23224			12050	11174		
重　庆	914118				914118		
四　川	1202307			301198	901109		
贵　州	82561			15874	66687		
云　南	676199		776	210991	464432		
西　藏	40121			17085	23036		
陕　西	283571			121950	161621		
甘　肃	193222			89003	104219		
青　海	81843			26738	55104		
宁　夏	193315			38959	154355		
新　疆	210455			44737	165719		

2-53 各地区私营建筑业企业收入情况

单位：万元

地区	工程结算收入	工程结算成本	工程结算税金及附加	工程结算利润	经营费用	其他业务收入	#其他业务利润
全国总计	**60324442**	**52613350**	**2129375**	**5111117**	**470601**	**571742**	**132748**
北京	1585039	1320965	47628	186349	30097	21803	9543
天津	543443	465777	17887	52640	7139	16605	1496
河北	1469151	1265883	51409	138782	13077	4188	1121
山西	598106	493215	20132	72885	11875	4125	839
内蒙古	753645	624818	26674	99391	2762	4774	1026
辽宁	3020149	2594787	111416	303903	10044	11862	2036
吉林	418134	367242	15095	32949	2848	2048	288
黑龙江	655466	588342	20797	39466	6860	6028	1387
上海	5219012	4602050	154227	450322	12413	52508	12787
江苏	8178672	7130524	285803	672817	89528	146764	24953
浙江	14368191	12858043	519787	952389	37973	82828	16584
安徽	1819714	1604197	63898	132067	19553	15639	2883
福建	2004216	1772110	73757	147359	10990	32494	7907
江西	496207	421384	26114	45358	3350	3948	2418
山东	3355420	2819407	117552	370705	47756	31578	5119
河南	1308451	1153100	44305	97958	13089	7158	3144
湖北	1829336	1566388	66282	177865	18801	4770	1333
湖南	1073410	930073	43268	89374	10696	2471	983
广东	4199598	3615753	151990	402515	29340	45635	18478
广西	374147	324002	13391	31539	5215	13080	3691
海南	59611	48903	1939	6976	1794	37	17
重庆	1951179	1712294	73202	157356	8327	7083	2968
四川	2531285	2199905	92431	207374	31575	32081	5467
贵州	107708	92156	4382	9366	1803	743	145
云南	956879	807146	35269	93640	20824	6887	2002
西藏	31129	24183	1568	4601	778	658	135
陕西	363903	304015	11655	41124	7109	981	262
甘肃	276164	228090	11480	30239	6355	1553	246
青海	73002	65632	2560	4423	387	199	73
宁夏	271410	235278	8771	24678	2682	7000	1966
新疆	432665	377689	14704	34709	5563	4216	1451

2-54 各地区私营建筑业企业费用情况

单位：万元

地　区	管理费用	#税金	#财产保险费	#差旅费	#工会经费	财务费用	#利息支出
全国总计	**2537723**	**122907**	**28647**	**147295**	**27237**	**321884**	**224967**
北　京	152029	2777	719	6277	380	4872	4293
天　津	41502	756	288	1031	71	3870	2382
河　北	58846	3959	535	3109	983	8602	4716
山　西	32771	1469	559	2981	385	5148	3853
内蒙古	26168	1809	222	1265	186	6224	5237
辽　宁	132603	6580	781	6085	3689	9213	5670
吉　林	17285	1145	83	1885	87	1759	1328
黑龙江	33072	1296	186	1700	222	2051	1367
上　海	200512	4280	1363	8235		15555	10448
江　苏	339597	14181	4426	22086	4273	38381	28474
浙　江	400196	19457	5139	28845	4965	84895	68087
安　徽	78539	4303	751	5313	910	7664	4407
福　建	72763	3659	670	4852	821	6732	4124
江　西	23719	1882	184	1955	107	3067	2261
山　东	167452	14598	3213	9896	1734	29149	17767
河　南	52360	4858	740	3800	1409	7089	2836
湖　北	87799	5564	1074	4728	837	11550	6763
湖　南	39326	3044	1267	2042	829	6671	3622
广　东	226253	8074	2087	8840	1542	15670	10989
广　西	24973	978	278	1700	224	913	849
海　南	1530	54	37	131	29	-13	5
重　庆	84694	3867	1046	4301	1013	10911	8298
四　川	110811	5314	1422	8053	1741	17922	11274
贵　州	5635	237	44	284	53	723	395
云　南	49768	3628	604	2765	268	7289	3760
西　藏	3251	480	70	127	10	119	58
陕　西	18906	1862	283	1260	200	5981	4942
甘　肃	13226	1147	273	1531	74	2855	1679
青　海	4454	192	52	226	29	373	194
宁　夏	14708	557	128	753	50	3231	1516
新　疆	22976	902	123	1242	119	3420	3373

2-55 各地区私营建筑业企业利润及税金情况

单位：万元

地 区	利润总额	#应交所得税	税金总额	工程结算税金及附加	管理费用中的税金
全国总计	**2394448**	**612331**	**2252282**	**2129375**	**122907**
北 京	38858	17244	50406	47628	2777
天 津	9307	3465	18643	17887	756
河 北	69015	19297	55368	51409	3959
山 西	34536	10764	21601	20132	1469
内蒙古	65945	13299	28483	26674	1809
辽 宁	158668	46003	117997	111416	6580
吉 林	13512	3661	16240	15095	1145
黑龙江	7777	3659	22094	20797	1296
上 海	273267	37343	158507	154227	4280
江 苏	322886	88967	299983	285803	14181
浙 江	485098	137403	539244	519787	19457
安 徽	48597	13356	68201	63898	4303
福 建	67945	21814	77416	73757	3659
江 西	16713	3749	27996	26114	1882
山 东	176710	48396	132151	117552	14598
河 南	40560	10704	49163	44305	4858
湖 北	72922	17302	71847	66282	5564
湖 南	45635	8666	46312	43268	3044
广 东	176509	39942	160064	151990	8074
广 西	8801	3122	14369	13391	978
海 南	4767	828	1993	1939	54
重 庆	66704	19285	77069	73202	3867
四 川	81257	23536	97745	92431	5314
贵 州	3778	1083	4619	4382	237
云 南	52178	8246	38897	35269	3628
西 藏	6031	293	2048	1568	480
陕 西	15675	3832	13516	11655	1862
甘 肃	12494	2445	12627	11480	1147
青 海	-554	248	2751	2560	192
宁 夏	8580	1999	9328	8771	557
新 疆	10280	2382	15607	14704	902

2–56 各地区私营建筑业企业应收工程款及企业亏损情况

地 区	应收工程款(万元)	#竣工工程	企业个数(个)	#亏损企业个数	亏损企业的比重(%)
全国总计	**8992499**	**5529745**	**22422**	**4652**	**20.7**
北 京	271805	150161	1134	361	31.8
天 津	105859	70266	434	123	28.3
河 北	254364	163778	622	100	16.1
山 西	131603	76246	546	146	26.7
内蒙古	137383	105672	218	16	7.3
辽 宁	451879	291190	1287	218	16.9
吉 林	69206	49667	212	72	34.0
黑龙江	160748	94368	420	130	31.0
上 海	595228	262019	1170	161	13.8
江 苏	1959380	1329908	2683	453	16.9
浙 江	1031177	576983	2382	225	9.4
安 徽	250435	165429	670	145	21.6
福 建	193910	116955	747	157	21.0
江 西	39892	20473	297	66	22.2
山 东	704588	436337	1919	388	20.2
河 南	161192	70128	776	206	26.5
湖 北	345221	148117	599	102	17.0
湖 南	191428	131340	320	47	14.7
广 东	664933	398400	1505	320	21.3
广 西	72193	43354	278	109	39.2
海 南	15255	5026	18	6	33.3
重 庆	263698	177016	1003	249	24.8
四 川	336199	231116	1290	275	21.3
贵 州	21016	13139	107	38	35.5
云 南	226149	170704	734	198	27.0
西 藏	10964	4499	29	2	6.9
陕 西	61612	35544	180	22	12.2
甘 肃	69837	53828	189	37	19.6
青 海	18983	13832	118	56	47.5
宁 夏	76399	56397	248	85	34.3
新 疆	99965	67853	287	139	48.4

2-57 各地区私营建筑业企业主要经济效益指标

地 区	产值利润率 (%)	产值利税率 (%)	资本利润率 (%)	资本利税率 (%)	人均利润 (元/人)	人均利税 (元/人)	资产负债率 (%)
全国总计	**3.5**	**6.8**	**11.8**	**22.8**	**3492**	**6777**	**53.3**
北 京	2.5	5.8	5.3	12.1	2806	6446	52.6
天 津	1.7	5.1	3.7	11.0	2134	6409	52.0
河 北	4.3	7.8	11.8	21.2	2779	5008	39.4
山 西	5.6	9.0	9.0	14.6	3745	6088	38.2
内蒙古	8.7	12.4	26.8	38.3	5605	8026	47.8
辽 宁	5.1	8.9	14.2	24.8	5026	8764	45.8
吉 林	3.2	7.0	8.3	18.4	2904	6393	47.3
黑龙江	1.0	3.9	1.8	6.9	963	3700	45.2
上 海	5.4	8.5	20.2	31.9	7770	12277	61.4
江 苏	3.0	5.8	16.2	31.3	3421	6600	67.8
浙 江	2.9	6.1	18.3	38.7	3875	8183	61.0
安 徽	2.4	5.8	9.4	22.7	2072	4981	51.4
福 建	3.1	6.6	7.5	16.1	3474	7432	42.5
江 西	2.6	7.0	7.2	19.4	2050	5485	37.1
山 东	4.3	7.5	10.7	18.6	3118	5449	52.3
河 南	2.6	5.7	5.9	13.1	1611	3564	36.9
湖 北	3.7	7.3	10.6	21.0	3258	6468	37.7
湖 南	4.1	8.2	14.8	29.7	3442	6935	42.1
广 东	4.6	8.7	13.1	24.9	5319	10143	53.1
广 西	2.0	5.1	4.6	12.0	1526	4017	57.8
海 南	8.3	11.7	20.5	29.1	6402	9079	49.2
重 庆	3.0	6.4	7.3	15.7	2490	5367	40.6
四 川	2.7	6.0	6.8	14.9	1776	3912	42.3
贵 州	3.2	7.2	4.6	10.2	1675	3723	42.5
云 南	4.9	8.5	7.7	13.5	3539	6177	36.5
西 藏	16.7	22.4	15.0	20.1	12143	16266	20.9
陕 西	4.1	7.6	5.5	10.3	2405	4479	38.9
甘 肃	4.1	8.3	6.5	13.0	1818	3655	34.2
青 海	-0.6	2.5	-0.7	2.7	-294	1164	39.8
宁 夏	3.0	6.2	4.4	9.3	1926	4020	50.0
新 疆	2.3	5.7	4.9	12.3	2285	5754	52.7

2-58 各地区联营建筑业企业签订合同情况

单位：万元

地 区	合同总额	上年结转合同额	本年新签合同额
全国总计	**1063271**	**393261**	**670010**
北 京	1228	63	1165
天 津	9183	708	8475
河 北	10323	1298	9025
山 西	494		494
内蒙古	3793	1100	2693
辽 宁	8345	2012	6333
吉 林	8263		8263
黑龙江	24033	3835	20198
上 海	89672	43240	46432
江 苏	31894	8302	23592
浙 江	15003	5390	9612
安 徽	201049	63257	137792
福 建	14958	4647	10311
江 西	30192	6815	23378
山 东	5677	1399	4277
河 南	20918	1861	19057
湖 北	10168	1868	8300
湖 南	19788	3686	16102
广 东	447699	200823	246877
广 西			
海 南			
重 庆	14535	3717	10818
四 川	55150	25745	29405
贵 州	1733	306	1427
云 南	4113	769	3344
西 藏	12296	7446	4850
陕 西	22197	4959	17238
甘 肃			
青 海			
宁 夏			
新 疆	570	15	555

2-59 各地区联营建筑业企业承包工程完成情况

单位：万元

地 区	直接从建设单位承揽工程完成的产值	自行完成施工产值	分包出去工程的产值	从建设单位以外承揽工程完成的产值
全国总计	**675425**	**661953**	**13472**	**29879**
北 京	1228	1228		
天 津	7140	7140		
河 北	10150	10150		
山 西	494	494		
内蒙古	2693	2693		
辽 宁	6226	6226		
吉 林	8263	8263		
黑龙江	11813	11813		
上 海	55819	55819		22332
江 苏	30183	30183		1528
浙 江	9565	9565		
安 徽	123160	123160		
福 建	10440	10440		1455
江 西	27822	27822		
山 东	4248	4248		
河 南	20339	20339		
湖 北	8800	8800		
湖 南	15093	15093		72
广 东	227780	214307	13472	3464
广 西				
海 南				
重 庆	12629	12629		978
四 川	56994	56994		
贵 州	2833	2833		
云 南	1821	1821		
西 藏	5519	5519		
陕 西	13833	13833		50
甘 肃				
青 海				
宁 夏				
新 疆	542	542		

2–60 各地区联营建筑业总产值和竣工产值

单位：万元

地　区	建筑业总产值	#装饰装修产值	#在外省完成的产值	按构成分组			竣工产值
				建筑工程产值	安装工程产值	其他产值	
全国总计	**691832**	**53114**	**62768**	**626400**	**46974**	**18458**	**582967**
北　京	1228	1187		1218	7	3	1228
天　津	7140		176	3473	1622	2044	5888
河　北	10150		4189	9950	201		11209
山　西	494				494		
内蒙古	2693			2693			2441
辽　宁	6226	1067	898	3361	2866		5063
吉　林	8263			8263			8263
黑龙江	11813		6400	11813			5157
上　海	78151	9571	4376	66636	5376	6139	65232
江　苏	31711	3293	15104	28458	2347	906	29763
浙　江	9565	240	214	6274	2822	469	9153
安　徽	123160	3000	8600	113745	4297	5119	101945
福　建	11895	917	362	6420	4938	538	10794
江　西	27822	812	2000	25336	1878	608	25848
山　东	4248	1310		2853	60	1335	4248
河　南	20339		6813	18725	1615		19189
湖　北	8800	236		8564	236		9405
湖　南	15165			13565	1400	200	12279
广　东	217771	18583	9564	204501	12971	300	168254
广　西							
海　南							
重　庆	13607	779	3726	13302	305		17994
四　川	56994	11179		53273	3269	453	47017
贵　州	2833			2696	137		1461
云　南	1821	400	345	1476		345	1490
西　藏	5519			5519			6364
陕　西	13883			13748	135		12741
甘　肃							
青　海							
宁　夏							
新　疆	542	542		542			542

2-61 各地区联营建筑业企业房屋建筑面积

地　区	房屋建筑施工面积(万平方米)	#本年新开工	#实行投标承包面积	#本年新开工	房屋建筑竣工面积(万平方米)	房屋建筑面积竣工率(%)
全国总计	**694.4**	**399.4**	**521.6**	**334.1**	**397.2**	**57.2**
北　京						
天　津	0.6	0.6	0.5	0.5	0.1	21.3
河　北	9.9	6.9	9.9	6.9	9.9	99.5
山　西						
内蒙古	0.7	0.7	0.7	0.7	0.7	100.0
辽　宁	0.3	0.3	0.3	0.3		
吉　林	11.0	11.0	11.0	11.0	11.0	100.0
黑龙江	24.9	22.9	4.9	0.1	4.6	18.5
上　海	58.6	22.0	34.6	16.4	46.9	80.0
江　苏	27.2	24.7	23.5	15.7	20.7	
浙　江						
安　徽	231.8	126.6	226.3	125.8	122.3	52.7
福　建	4.8	1.8	3.0		1.8	37.6
江　西	45.9	23.1	35.2	23.1	30.4	66.3
山　东	3.2	1.9	3.2	1.9	3.2	100.0
河　南	32.7	25.9	27.9	25.6	24.7	75.6
湖　北	26.4	16.5	16.8	8.7	17.4	66.1
湖　南	15.0	12.0	13.0	11.0	15.0	100.0
广　东	65.3	41.7	45.8	31.1	29.0	44.4
广　西						
海　南						
重　庆	36.8	24.6	24.6	24.6	34.9	94.8
四　川	72.5	16.9	20.8	16.7	14.1	19.4
贵　州	4.5	2.5	2.6	2.0	1.6	35.4
云　南	1.8	1.7	1.2	1.2	0.5	26.3
西　藏	4.6	3.9	0.2		1.1	25.1
陕　西	15.9	11.3	15.9	10.9	7.4	46.5
甘　肃						
青　海						
宁　夏						
新　疆						

2-62 各地区按主要用途分的联营建筑业企业房屋建筑竣工面积

单位：万平方米

地 区	合 计	厂房、仓库	住 宅	办公用房	批发和零售用 房	住宿和餐饮用 房
全国总计	**397.2**	**87.6**	**227.2**	**29.1**	**15.0**	**2.8**
北 京						
天 津	0.1					
河 北	9.9	0.5	9.4			
山 西						
内蒙古	0.7	0.7				
辽 宁						
吉 林	11.0	0.1	7.6	1.9		
黑龙江	4.6	1.0	0.9		2.5	
上 海	46.9	39.8	1.5	5.6		
江 苏	20.7	9.8	4.6	0.2	4.6	1.0
浙 江						
安 徽	122.3	12.1	83.5	8.8	5.3	
福 建	1.8		1.1	0.5		
江 西	30.4	3.4	16.0	2.5		0.6
山 东	3.2		3.2			
河 南	24.7	3.5	13.7	5.6		0.7
湖 北	17.4	1.5	11.5	1.8		0.3
湖 南	15.0		15.0			
广 东	29.0	4.0	20.7	0.1		
广 西						
海 南						
重 庆	34.9	9.9	21.2	0.4	0.9	
四 川	14.1		13.8			
贵 州	1.6		0.3	0.4		0.2
云 南	0.5	0.4				
西 藏	1.1	0.4	0.3	0.4		
陕 西	7.4	0.6	3.2	0.8	1.7	
甘 肃						
青 海						
宁 夏						
新 疆						

2-62 续表 单位：万平方米

地　区	居民服务业用　房	教育用房	文化、体育和娱乐用房	卫生医疗用　房	科研用房	其他用房
全国总计	**3.2**	**20.7**	**1.9**	**6.3**		**3.4**
北　京						
天　津						0.1
河　北						
山　西						
内蒙古						
辽　宁						
吉　林		0.8		0.6		
黑龙江						0.1
上　海						
江　苏				0.5		
浙　江						
安　徽	2.3	9.5	0.2			0.5
福　建				0.2		
江　西	0.9		1.7	4.0		1.3
山　东						
河　南		1.2		0.1		
湖　北		1.7				0.7
湖　南						
广　东		3.0		0.9		0.3
广　西						
海　南						
重　庆		2.5				
四　川						0.3
贵　州		0.8				
云　南		0.1				
西　藏						0.1
陕　西		1.1				
甘　肃						
青　海						
宁　夏						
新　疆						

2-63 各地区按主要用途分的联营建筑业企业房屋建筑竣工价值

单位：万元

地 区	合 计	厂房、仓库	住 宅	办公用房	批发和零售用 房	住宿和餐饮用 房
全国总计	**281126**	**73955**	**145212**	**22369**	**13341**	**2202**
北 京						
天 津	98					
河 北	11030	591	10439			
山 西						
内蒙古	441	441				
辽 宁						
吉 林	8263	90	5218	1760		
黑龙江	4647	500	442		3400	
上 海	54639	44733	2294	7612		
江 苏	13932	6712	3480	170	2724	473
浙 江						
安 徽	81557	6914	54721	5156	4624	
福 建	1367		918	297		
江 西	19456	1287	10737	2286		529
山 东	1403		1403			
河 南	15544	1468	10113	2339		867
湖 北	9239	710	5994	1035		240
湖 南	5800		5800			
广 东	19421	1265	15582	76		
广 西						
海 南						
重 庆	17239	8026	7336	165	675	
四 川	7902		7767			
贵 州	685		121	151		94
云 南	357	288				
西 藏	1439	460	315	619		
陕 西	6669	470	2534	704	1918	
甘 肃						
青 海						
宁 夏						
新 疆						

2-63 续表

单位：万元

地区	居民服务业用房	教育用房	文化、体育和娱乐用房	卫生医疗用房	科研用房	其他用房
全国总计	**1650**	**14457**	**2871**	**2670**		**2397**
北京						
天津						98
河北						
山西						
内蒙古						
辽宁						
吉林		750		445		
黑龙江						305
上海						
江苏				373		
浙江						
安徽	1244	8215	262			422
福建				152		
江西	406		2609	1153		449
山东						
河南		695		62		
湖北		740				520
湖南						
广东		1589		485		424
广西						
海南						
重庆		1037				
四川						135
贵州		318				
云南		69				
西藏						45
陕西		1044				
甘肃						
青海						
宁夏						
新疆						

2–64 各地区联营建筑业企业施工机械设备情况

地 区	年末自有施工机械设备总台数(台)	年末自有施工机械设备总功率(千瓦)	年末自有施工机械设备净值(万元)	技术装备率(元/人)	动力装备率(千瓦/人)
全国总计	**33547**	**303299**	**68043**	**9892**	**4.4**
北 京	6	200	10	306	0.6
天 津	511	13827	1427	24696	23.9
河 北	532	3218	702	8427	3.9
山 西	23	36	109	51857	1.7
内蒙古	10952	2817	213	5715	7.6
辽 宁	198	3074	591	11474	6.0
吉 林	361	6955	1089	7835	5.0
黑龙江	115	363	5118	48144	0.3
上 海	346	5055	1426	2741	1.0
江 苏	1870	21457	5415	11066	4.4
浙 江	446	7583	1101	10740	7.4
安 徽	3821	30429	8388	5533	2.0
福 建	635	11286	1981	18123	10.3
江 西	815	13561	838	2613	4.2
山 东	147	327	363	4704	0.4
河 南	3499	22733	3596	8890	5.6
湖 北	1776	13360	1119	4527	5.4
湖 南	235	9337	499	7492	14.0
广 东	3362	101040	25022	16862	6.8
广 西					
海 南					
重 庆	372	4297	1993	9256	2.0
四 川	937	12357	2638	5103	2.4
贵 州	210	2098	482	5713	2.5
云 南	419	8062	1550	47407	24.7
西 藏	47	2567	933	11186	3.1
陕 西	1904	6826	1395	14718	7.2
甘 肃					
青 海					
宁 夏					
新 疆	8	434	47	9400	8.7

2-65 各地区联营建筑业企业主要生产效益指标

地　区	建筑业企业个数(个)	计算建筑业劳动生产率的平均人数(人)	按总产值计算的劳动生产率(元/人)	人均竣工产值(元/人)	人均施工面积(平方米/人)	人均竣工面积(平方米/人)
全国总计	**149**	**69509**	**99531**	**83869**	**99.9**	**57.1**
北　京	3	328	37427	37427		
天　津	2	576	123957	102226	9.9	2.1
河　北	2	1807	56173	62031	55.0	54.7
山　西	1	21	235381			
内蒙古	2	372	72379	65605	19.4	19.4
辽　宁	6	641	97136	78992	3.9	
吉　林	1	2540	32531	32531	43.2	43.2
黑龙江	4	936	126205	55094	265.8	49.2
上　海	14	4913	159069	132774	119.3	95.5
江　苏	14	3697	85774	80506	73.6	55.9
浙　江	5	984	97200	93018		
安　徽	11	15983	77057	63783	145.0	76.5
福　建	9	1130	105265	95521	42.6	16.0
江　西	7	3118	89231	82899	147.1	97.5
山　东	5	764	55605	55605	41.9	41.9
河　南	5	4005	50784	47913	81.7	61.8
湖　北	5	2429	36227	38720	108.5	71.7
湖　南	4	954	158958	128714	157.2	157.2
广　东	23	13110	166111	128340	49.8	22.1
广　西						
海　南						
重　庆	4	2364	57560	76115	155.5	147.4
四　川	9	5327	106990	88262	136.1	26.4
贵　州	4	737	38441	19821	60.7	21.5
云　南	2	306	59500	48693	60.3	15.8
西　藏	3	898	61459	70869	50.9	12.8
陕　西	3	1520	91337	83824	104.8	48.7
甘　肃						
青　海						
宁　夏						
新　疆	1	49	110612	110612		

2-66 各地区联营建筑业企业营业额

单位：万元

地 区	企业营业额	在境外完成的营业额	企业总产值	#建筑业总产值
全国总计	**706301**	**7024**	**699277**	**691832**
北 京	1264		1264	1228
天 津	7165		7165	7140
河 北	14339	4189	10150	10150
山 西	494		494	494
内蒙古	2693		2693	2693
辽 宁	6515		6515	6226
吉 林	8263		8263	8263
黑龙江	11813		11813	11813
上 海	78465		78465	78151
江 苏	31911		31911	31711
浙 江	12491	2835	9656	9565
安 徽	125108		125108	123160
福 建	12066		12066	11895
江 西	27822		27822	27822
山 东	4248		4248	4248
河 南	20339		20339	20339
湖 北	11168		11168	8800
湖 南	15165		15165	15165
广 东	218481		218481	217771
广 西				
海 南				
重 庆	13607		13607	13607
四 川	56994		56994	56994
贵 州	2876		2876	2833
云 南	1821		1821	1821
西 藏	5519		5519	5519
陕 西	15134		15134	13883
甘 肃				
青 海				
宁 夏				
新 疆	542		542	542

2-67 各地区联营建筑业企业资产构成

单位：万元

地 区	资产合计	#流动资产小计	#长期投资	#固定资产小计	#无形及递延资产
全国总计	**735616**	**544063**	**8081**	**157850**	**20732**
北 京	1678	1155	3	520	
天 津	10399	7374		3026	
河 北	9304	7242	20	2039	3
山 西	519	115	275	129	
内蒙古	18814	18158	410	246	
辽 宁	8753	7833	10	905	5
吉 林	9666	8488		1161	16
黑龙江	21599	10768	13	7680	941
上 海	73400	62459	7	10727	204
江 苏	28916	21047	732	6468	669
浙 江	9878	7892		1986	1
安 徽	128043	107187	486	17911	2460
福 建	23367	19165	299	3595	289
江 西	22717	11930	20	8521	2246
山 东	8399	4044	80	4276	
河 南	10916	4108	92	6195	521
湖 北	11942	6971	911	3908	152
湖 南	8475	5274	506	1868	39
广 东	264172	201987	2907	51717	6402
广 西					
海 南					
重 庆	7965	2225	1	5283	456
四 川	20032	10758	3	7989	1201
贵 州	3140	1419	466	1234	20
云 南	4190	1476	80	2566	67
西 藏	20282	8370	759	5501	5030
陕 西	8034	5752		2263	
甘 肃					
青 海					
宁 夏					
新 疆	1016	867	1	136	12

2-68 各地区联营建筑业企业流动资产、无形及递延资产

单位：万元

地　区	流动资产	#存货	无形及递延资产	#无形资产
全国总计	**544063**	**137717**	**20732**	**16437**
北　京	1155	160		
天　津	7374	197		
河　北	7242	5430	3	3
山　西	115	104		
内蒙古	18158	12		
辽　宁	7833	1627	5	5
吉　林	8488	579	16	16
黑龙江	10768	933	941	941
上　海	62459	11688	204	203
江　苏	21047	6256	669	501
浙　江	7892	1303	1	1
安　徽	107187	32104	2460	2365
福　建	19165	5115	289	21
江　西	11930	2694	2246	925
山　东	4044	1692		
河　南	4108	709	521	
湖　北	6971	820	152	152
湖　南	5274	1295	39	3
广　东	201987	61285	6402	5754
广　西				
海　南				
重　庆	2225	793	456	456
四　川	10758	1594	1201	50
贵　州	1419	294	20	12
云　南	1476	68	67	
西　藏	8370	163	5030	5030
陕　西	5752	677		
甘　肃				
青　海				
宁　夏				
新　疆	867	130	12	

2-69 各地区联营建筑业企业固定资产情况

单位：万元

地 区	固定资产小计	固定资产原价	#生产经营用	固定资产折旧	#本年折旧	在建工程
全国总计	**157850**	**201370**	**162182**	**74173**	**8613**	**22873**
北 京	520	769	746	249	54	
天 津	3026	5750	2548	2724	288	
河 北	2039	3032	2268	993	186	
山 西	129	266	266	137	11	
内蒙古	246	516	472	270	50	
辽 宁	905	1366	1147	696	144	
吉 林	1161	2183	2183	1022	110	
黑龙江	7680	8833	8378	3087	110	1934
上 海	10727	7614	3618	3062	379	6174
江 苏	6468	9429	7399	3186	583	183
浙 江	1986	2936	2922	1707	218	757
安 徽	17911	22558	21234	8310	755	207
福 建	3595	4900	4720	1685	130	380
江 西	8521	7336	5928	1971	376	3056
山 东	4276	4493	4190	779	272	
河 南	6195	9212	5150	3208	361	90
湖 北	3908	5170	3322	1262	235	
湖 南	1868	2999	2441	1561	633	200
广 东	51717	77149	63843	33305	3252	7871
广 西						
海 南						
重 庆	5283	5790	5052	507	53	
四 川	7989	7489	5455	1399	170	1117
贵 州	1234	1619	955	412	51	
云 南	2566	2684	1608	139	27	
西 藏	5501	4247	3396	1687	94	723
陕 西	2263	2723	2635	641	71	182
甘 肃						
青 海						
宁 夏						
新 疆	136	307	307	171	3	

2-70 各地区联营建筑业企业负债及所有者权益

单位：万元

地 区	负债合计	流动负债	长期负债	所有者权益	#实收资本
全国总计	**392973**	**378680**	**14293**	**342643**	**207600**
北 京	667	636	31	1011	1129
天 津	10667	10490	177	-268	6083
河 北	5942	5942		3362	3346
山 西	272	272		248	100
内蒙古	14390	14390		4424	4424
辽 宁	3907	3907		4846	4445
吉 林	7629	7517	112	2037	2037
黑龙江	5414	5066	348	16185	16060
上 海	35047	35044	3	38353	12473
江 苏	14587	14108	480	14329	10000
浙 江	4681	4681		5198	3800
安 徽	43007	41925	1082	85036	19601
福 建	14481	14481		8886	8535
江 西	8740	8608	132	13977	8966
山 东	2779	2733	46	5621	4927
河 南	3306	3019	287	7610	4955
湖 北	3810	3588	222	8133	6332
湖 南	3625	3345	280	4850	3532
广 东	177929	166887	11042	86243	52330
广 西					
海 南					
重 庆	4767	4742	25	3198	8199
四 川	10039	10030	10	9992	8197
贵 州	1181	1167	14	1959	1743
云 南	1083	1080	3	3107	3058
西 藏	12299	12298		7983	7400
陕 西	2350	2350		5684	5428
甘 肃					
青 海					
宁 夏					
新 疆	374	374		642	500

2-71 各地区联营建筑业企业实收资本

单位：万元

地 区	合 计	国家资本	集体资本	法人资本	个人资本	港澳台资本	外商资本
全国总计	**207600**	**34091**	**65320**	**74789**	**33401**		
北 京	1129	311	638	180			
天 津	6083		477	5606			
河 北	3346	1269		1077	1000		
山 西	100		100				
内蒙古	4424	2550	1201	582	90		
辽 宁	4445	3441	418	500	86		
吉 林	2037	145	1892				
黑龙江	16060	450	13677	1585	348		
上 海	12473	934	2340	7520	1679		
江 苏	10000	120	365	5865	3650		
浙 江	3800	737	1273	658	1132		
安 徽	19601	4006	10992	746	3856		
福 建	8535	754	4267	1890	1624		
江 西	8966		2636	2657	3674		
山 东	4927	2123	1079	1440	284		
河 南	4955	804		1365	2786		
湖 北	6332	2307	651	3374			
湖 南	3532	2000	1047	75	410		
广 东	52330	7472	12854	26665	5340		
广 西							
海 南							
重 庆	8199	23		5983	2194		
四 川	8197	1545	569	2615	3469		
贵 州	1743	430	577	87	649		
云 南	3058		2150	472	436		
西 藏	7400	2670	200	3848	683		
陕 西	5428		5428				
甘 肃							
青 海							
宁 夏							
新 疆	500		489		11		

2-72 各地区联营建筑业企业收入情况

单位：万元

地区	工程结算收入	工程结算成本	工程结算税金及附加	工程结算利润	经营费用	其他业务收入	#其他业务利润
全国总计	**685639**	**605579**	**22079**	**53779**	**4202**	**5230**	**1667**
北京	1547	1208	47	292		365	14
天津	10426	11660	228	-1533	71	185	72
河北	9007	7558	602	791	57		
山西	494	339	50	96	10		
内蒙古	3223	2363	341	412	107	62	32
辽宁	5345	3647	178	1515	6	114	12
吉林	8229	7373	263	592	2		
黑龙江	14490	12279	477	968	766		
上海	64020	56285	1652	6059	24	359	82
江苏	27762	23649	915	2556	642	109	19
浙江	9179	7739	313	1118	10	92	85
安徽	105529	94651	3637	6865	376	2590	1020
福建	17283	15701	541	998	43	8	6
江西	21859	19147	1049	1532	131		
山东	4184	3676	125	316	68		
河南	19697	15808	459	3271	159		
湖北	11616	9102	667	1665	182	244	23
湖南	15153	11033	484	3507	130	17	-29
广东	275890	249489	8078	17507	816	992	310
广西							
海南							
重庆	11139	9598	665	868	7	7	7
四川	24206	22095	688	1074	350		
贵州	2833	2370	121	237	105	43	28
云南	1821	1623	63	101	33	8	8
西藏	9947	8057	166	1662	62	30	-27
陕西	10217	8642	253	1293	30		
甘肃							
青海							
宁夏							
新疆	542	488	18	19	17	5	3

2-73 各地区联营建筑业企业费用情况

单位：万元

地区	管理费用	#税金	#财产保险费	#差旅费	#工会经费	财务费用	#利息支出
全国总计	**32479**	**1342**	**340**	**1603**	**619**	**1916**	**1263**
北京	270	5	25	6	3	-1	-1
天津	341	14	5	1	1	-8	
河北	884	5		5		54	54
山西	67	15	5	1	1	10	9
内蒙古	381	3		12	1	-4	
辽宁	459	10		25	10	-78	
吉林	555	62		5	4	14	14
黑龙江	416	11		66		94	
上海	2734	13	35	107		-33	-62
江苏	1532	37	20	89	33	84	60
浙江	860	6		13	4	12	11
安徽	5777	293	23	106	53	121	81
福建	692	30		17	5	-6	-1
江西	450	33	19	57	32	108	63
山东	325	80		24		2	4
河南	595	47	70	72	21	49	32
湖北	1209	153	8	11	6	145	12
湖南	851	112	85	13	53	56	25
广东	12055	230	43	891	366	736	653
广西							
海南							
重庆	241	3		4		2	2
四川	435	37	2	36	15	270	218
贵州	235	3		9	7	18	12
云南	51	4		8		4	
西藏	582	89		12	2	110	110
陕西	473	42		9		-12	-44
甘肃							
青海							
宁夏							
新疆	11	3		2	2	13	13

2-74 各地区联营建筑业企业利润及税金情况

单位：万元

地区	利润总额	#应交所得税	税金总额	工程结算税金及附加	管理费用中的税金
全国总计	**20355**	**4975**	**23420**	**22079**	**1342**
北京	26	9	53	47	5
天津	-1804		242	228	14
河北	-147	15	607	602	5
山西	19	3	65	50	15
内蒙古	349	116	344	341	3
辽宁	763	128	188	178	10
吉林	22	7	325	263	62
黑龙江	571	204	488	477	11
上海	3868	409	1666	1652	13
江苏	1053	249	953	915	37
浙江	285	53	319	313	6
安徽	2138	670	3930	3637	293
福建	107	32	571	541	30
江西	880	146	1082	1049	33
山东	-11	17	205	125	80
河南	2807	124	505	459	47
湖北	319	95	820	667	153
湖南	2583	828	596	484	112
广东	5297	1511	8309	8078	230
广西					
海南					
重庆	609	223	668	665	3
四川	401	85	724	688	37
贵州	10	2	124	121	3
云南	53	14	67	63	4
西藏	-668		255	166	89
陕西	829	35	295	253	42
甘肃					
青海					
宁夏					
新疆	-2		21	18	3

2-75 各地区联营建筑业企业应收工程款及企业亏损情况

地 区	应收工程款（万元）	#竣工工程	企业个数（个）	#亏损企业个数	亏损企业的比重（%）
全国总计	**109363**	**39464**	**149**	**29**	**19.5**
北 京	61	61	3	1	33.3
天 津	3513	16	2	2	100.0
河 北	1151	1148	2	1	50.0
山 西	311	66	1		
内蒙古	2845	142	2		
辽 宁	891	232	6	1	16.7
吉 林	4304	4304	1		
黑龙江	2400	235	4	1	25.0
上 海	5121	1915	14	1	7.1
江 苏	1396	960	14	3	21.4
浙 江	480	125	5		
安 徽	11408	9195	11	3	27.3
福 建	1349	1099	9	1	11.1
江 西	895	161	7		
山 东	783	337	5	2	40.0
河 南	250	250	5		
湖 北	271	255	5	1	20.0
湖 南	1133	838	4		
广 东	55561	7536	23	5	21.7
广 西					
海 南					
重 庆	4745	4725	4	1	25.0
四 川	4115	2416	9	2	22.2
贵 州	220	170	4	1	25.0
云 南	1490	1490	2		
西 藏	3354	1199	3	2	66.7
陕 西	1121	393	3		
甘 肃					
青 海					
宁 夏					
新 疆	196	196	1	1	100.0

2-76 各地区联营建筑业企业主要经济效益指标

地　区	产值利润率 (%)	产值利税率 (%)	资本利润率 (%)	资本利税率 (%)	人均利润 (元/人)	人均利税 (元/人)	资产负债率 (%)
全国总计	**2.9**	**6.3**	**9.8**	**21.1**	**2928**	**6298**	**53.4**
北　京	2.2	6.4	2.3	7.0	805	2405	39.7
天　津	-25.3	-21.9	-29.7	-25.7	-31314	-27115	102.6
河　北	-1.5	4.5	-4.4	13.7	-816	2545	63.9
山　西	3.8	17.0	18.8	83.9	8952	39952	52.3
内蒙古	13.0	25.8	7.9	15.7	9384	18640	76.5
辽　宁	12.3	15.3	17.2	21.4	11902	14835	44.6
吉　林	0.3	4.2	1.1	17.0	85	1363	78.9
黑龙江	4.8	9.0	3.6	6.6	6097	11309	25.1
上　海	4.9	7.1	31.0	44.4	7872	11263	47.7
江　苏	3.3	6.3	10.5	20.1	2848	5425	50.4
浙　江	3.0	6.3	7.5	15.9	2891	6132	47.4
安　徽	1.7	4.9	10.9	31.0	1337	3796	33.6
福　建	0.9	5.7	1.3	7.9	950	6000	62.0
江　西	3.2	7.1	9.8	21.9	2821	6292	38.5
山　东	-0.2	4.6	-0.2	3.9	-139	2538	33.1
河　南	13.8	16.3	56.6	66.8	7009	8270	30.3
湖　北	3.6	12.9	5.0	18.0	1313	4688	31.9
湖　南	17.0	21.0	73.1	90.0	27073	33318	42.8
广　东	2.4	6.2	10.1	26.0	4040	10378	67.4
广　西							
海　南							
重　庆	4.5	9.4	7.4	15.6	2578	5405	59.9
四　川	0.7	2.0	4.9	13.7	752	2112	50.1
贵　州	0.3	4.7	0.6	7.7	134	1820	37.6
云　南	2.9	6.6	1.7	3.9	1739	3931	25.8
西　藏	-12.1	-7.5	-9.0	-5.6	-7441	-4604	60.6
陕　西	6.0	8.1	15.3	20.7	5454	7392	29.3
甘　肃							
青　海							
宁　夏							
新　疆	-0.4	3.6	-0.4	3.9	-408	3959	36.8

2-77 各地区股份制建筑业企业签订合同情况

单位：万元

地区	合同总额	上年结转合同额	本年新签合同额
全国总计	**256949833**	**91748866**	**165200968**
北京	17838455	7243159	10595296
天津	7345839	2649993	4695846
河北	8105626	2659092	5446534
山西	7850041	3471060	4378981
内蒙古	3807943	1431907	2376036
辽宁	9416003	2905925	6510078
吉林	5213911	2232681	2981230
黑龙江	3655272	1064013	2591259
上海	15446156	6567549	8878606
江苏	32079036	9151663	22927373
浙江	44274748	17821201	26453547
安徽	6058660	1747012	4311649
福建	6012039	2049876	3962163
江西	2720901	943186	1777716
山东	14320273	4003666	10316607
河南	7754348	2884881	4869467
湖北	10130077	3014999	7115078
湖南	8418846	2874619	5544226
广东	14635340	5975287	8660053
广西	1647451	553189	1094262
海南	297257	90364	206894
重庆	5416503	2004293	3412210
四川	8123072	2695293	5427779
贵州	943982	340278	603704
云南	4258225	1883575	2374650
西藏	186780	95668	91112
陕西	6248742	1793453	4455289
甘肃	1229389	434809	794581
青海	386867	188002	198866
宁夏	602987	145140	457847
新疆	2525063	833032	1692032

2-78 各地区股份制建筑业企业承包工程完成情况

单位：万元

地　区	直接从建设单位承揽工程完成的产值	自行完成施工产值	分包出去工程的产值	从建设单位以外承揽工程完成的产值
全国总计	**156330508**	**152928642**	**3401866**	**6451373**
北　京	8994214	8638475	355739	437758
天　津	3598678	3416035	182643	115681
河　北	5968645	5885293	83352	138387
山　西	3921530	3908366	13164	13336
内蒙古	2555653	2547938	7715	63418
辽　宁	5752376	5732114	20262	95821
吉　林	2534767	2531086	3682	28837
黑龙江	2793916	2788147	5769	23935
上　海	8334796	6702070	1632727	1034624
江　苏	22922110	22833406	88703	2244539
浙　江	25756761	25590247	166514	499237
安　徽	3875175	3861522	13654	97783
福　建	3538978	3530074	8904	40322
江　西	1638846	1594533	44312	62878
山　东	11366850	11306839	60010	254953
河　南	4578192	4497113	81079	102555
湖　北	5355807	5321281	34526	122151
湖　南	5158747	5148734	10013	250593
广　东	8393361	7923080	470281	337749
广　西	985848	985155	694	52026
海　南	120120	119685	435	1737
重　庆	3825197	3785587	39610	158738
四　川	5112619	5098316	14303	143559
贵　州	538824	536705	2119	5122
云　南	2225853	2223640	2214	36222
西　藏	188203	188203		4508
陕　西	2564822	2532544	32278	37429
甘　肃	1142980	1137053	5927	19072
青　海	277095	270427	6667	901
宁　夏	420201	419741	460	6735
新　疆	1889343	1875234	14109	20768

2-79 各地区股份制建筑业总产值和竣工产值

单位：万元

地区	建筑业总产值	#装饰装修产值	#在外省完成的产值	按构成分组 建筑工程产值	安装工程产值	其他产值	竣工产值
全国总计	**159380015**	**8738967**	**43727834**	**138256360**	**15585717**	**5537938**	**110026068**
北京	9076233	1336835	2520273	8604477	365879	105878	5309825
天津	3531716	77597	997687	2756466	348047	427202	1891906
河北	6023680	173792	1284787	5134061	612379	277239	4013720
山西	3921702	114028	2240085	3583876	241273	96553	1581448
内蒙古	2611356	38093	143225	2248797	268827	93731	2014682
辽宁	5827935	264050	1364481	4961387	739793	126755	3812409
吉林	2559922	19409	791676	2251226	291324	17373	1767249
黑龙江	2812082	104142	517821	2420981	295202	95898	2276949
上海	7736694	719141	1057192	6044799	1331812	360083	6035587
江苏	25077945	849156	10763126	22417810	2261618	398518	19727221
浙江	26089484	1452782	10904561	22948537	2338715	802232	17667072
安徽	3959305	184560	843584	3564058	256492	138755	2693536
福建	3570396	137925	1164436	3015577	486199	68620	2477526
江西	1657411	56842	296677	1422673	153284	81455	1121121
山东	11561792	667220	957750	9608622	1487786	465384	7336964
河南	4599668	156504	865661	4103067	384267	112334	3042703
湖北	5443432	258078	1196564	4671445	429083	342904	3772197
湖南	5399327	335988	1239616	4504711	309040	585577	3931791
广东	8260829	1140465	860603	6759447	1146903	354479	6280133
广西	1037180	67528	98010	777004	226438	33738	772842
海南	121422	17551	43714	100064	21152	206	96012
重庆	3944325	149636	397247	3536819	282574	124933	2488439
四川	5241875	210138	1291714	4601897	422757	217221	3743757
贵州	541827	7125	83239	469936	65902	5990	353029
云南	2259862	41741	240057	2031827	169188	58847	1353952
西藏	192712	4949		191998	177	537	133246
陕西	2569974	62688	1431611	2388724	149186	32064	1372960
甘肃	1156125	28567	27417	948121	177299	30705	915589
青海	271328	8839	22412	240203	24136	6989	167333
宁夏	426475	1643	33378	377489	44919	4067	374913
新疆	1896002	51956	49231	1570260	254068	71674	1499959

2-80 各地区股份制建筑业企业房屋建筑面积

地　区	房屋建筑施工面积(万平方米)	#本年新开工	#实行投标承包面积	#本年新开工	房屋建筑竣工面积(万平方米)	房屋建筑面积竣工率(%)
全国总计	**166540.0**	**92348.6**	**139926.5**	**80219.2**	**74044.0**	**44.5**
北　京	8204.2	3654.0	7455.8	3329.0	2634.6	32.1
天　津	1994.9	1088.9	1939.3	948.9	738.6	37.0
河　北	6213.1	3707.1	5515.4	3415.9	3293.8	53.0
山　西	1541.7	824.3	1319.3	701.3	531.9	34.5
内蒙古	1934.9	1245.0	1488.1	1036.9	1048.9	54.2
辽　宁	4552.8	2819.6	4035.3	2501.0	2271.2	49.9
吉　林	1702.1	1104.0	1484.0	1026.6	909.8	53.5
黑龙江	2316.5	1511.2	1916.7	1257.7	1177.1	50.8
上　海	5865.0	2598.1	4005.8	2186.3	2323.6	39.6
江　苏	31662.7	18608.4	28290.7	16629.3	14866.6	47.0
浙　江	33337.0	16518.3	30225.5	15330.9	12719.0	38.2
安　徽	4056.0	2657.2	3197.9	2212.7	2227.5	54.9
福　建	4171.3	2386.5	2948.3	1711.5	1659.1	39.8
江　西	1926.4	1349.6	1626.9	1188.4	1108.5	57.5
山　东	11905.6	7344.2	9951.1	6313.2	5321.5	44.7
河　南	4712.1	2676.4	3967.6	2334.2	1986.5	42.2
湖　北	4616.0	3071.3	3759.8	2578.9	2726.0	59.1
湖　南	6038.8	3571.9	4897.0	3141.7	3159.9	52.3
广　东	9382.7	4089.7	6040.9	2760.4	3412.8	36.4
广　西	1111.6	594.2	828.8	530.2	536.2	48.2
海　南	89.8	43.9	27.5	13.6	34.9	38.9
重　庆	5555.7	2918.6	4342.9	2484.9	2483.1	44.7
四　川	6514.8	4096.5	4768.6	3147.3	3319.5	51.0
贵　州	667.4	379.3	509.0	334.7	285.6	42.8
云　南	1558.9	910.8	1212.0	773.0	810.3	52.0
西　藏	43.4	29.1	32.4	24.2	33.1	76.4
陕　西	1230.4	606.8	1064.0	565.8	582.5	47.3
甘　肃	1249.0	590.5	920.8	490.1	601.7	48.2
青　海	193.3	103.9	147.7	86.7	92.6	47.9
宁　夏	415.0	223.8	385.2	207.3	233.8	56.3
新　疆	1776.9	1025.6	1622.5	956.5	913.5	51.4

2-81 各地区按主要用途分的股份制建筑业企业房屋建筑竣工面积

单位：万平方米

地 区	合 计	厂房、仓库	住 宅	办公用房	批发和零售用 房	住宿和餐饮用 房
全国总计	**74044.0**	**12345.8**	**42251.5**	**6621.9**	**1984.4**	**1395.5**
北 京	2634.6	199.3	1572.9	412.0	71.9	79.1
天 津	738.6	136.5	382.8	51.9	42.3	9.4
河 北	3293.8	313.6	2152.0	276.4	63.4	58.5
山 西	531.9	75.2	275.3	54.3	14.9	15.2
内蒙古	1048.9	92.7	640.3	115.8	42.0	13.8
辽 宁	2271.2	345.5	1434.0	130.2	41.2	22.7
吉 林	909.8	77.2	611.4	63.0	23.8	8.3
黑龙江	1177.1	126.7	677.6	102.3	30.2	17.1
上 海	2323.6	499.5	1314.6	172.8	22.6	34.6
江 苏	14866.6	3028.7	7828.0	1407.9	463.6	322.0
浙 江	12719.0	2615.7	6741.0	1316.3	387.3	277.0
安 徽	2227.5	225.2	1386.6	171.1	42.0	36.9
福 建	1659.1	433.6	877.3	129.4	19.6	12.6
江 西	1108.5	193.7	661.1	75.1	29.1	13.6
山 东	5321.5	1056.1	3075.4	393.0	152.0	108.0
河 南	1986.5	174.5	1201.7	206.0	38.2	29.2
湖 北	2726.0	595.3	1560.9	186.5	32.5	24.4
湖 南	3159.9	370.8	1620.3	407.3	105.4	80.9
广 东	3412.8	990.6	1648.6	211.4	43.1	70.4
广 西	536.2	46.7	329.3	58.9	3.3	10.2
海 南	34.9	2.5	20.1	2.9	0.4	1.9
重 庆	2483.1	162.9	1847.2	135.4	66.9	38.1
四 川	3319.5	317.5	2251.6	193.5	125.1	47.9
贵 州	285.6	20.4	159.6	33.1	2.1	3.3
云 南	810.3	62.2	466.0	76.3	31.2	16.7
西 藏	33.1	4.3	11.4	8.5	0.9	
陕 西	582.5	34.8	383.5	66.5	18.0	5.0
甘 肃	601.7	64.3	376.8	52.9	10.8	8.5
青 海	92.6	2.0	59.0	11.8	2.0	0.7
宁 夏	233.8	9.0	157.6	14.6	18.8	3.6
新 疆	913.5	68.8	527.6	85.0	39.7	25.6

2-81 续表 单位：万平方米

地　区	居民服务业用　房	教育用房	文化、体育和娱乐用房	卫生医疗用　房	科研用房	其他用房
全国总计	**1157.4**	**3876.4**	**944.1**	**742.2**	**249.5**	**2475.3**
北　京	22.2	72.7	54.3	26.2	14.4	109.6
天　津	4.0	43.8	6.4	7.4	0.4	53.7
河　北	48.9	191.0	24.3	29.5	9.0	127.2
山　西	9.2	41.0	5.8	3.5	1.4	36.1
内蒙古	18.1	78.1	6.6	4.8	0.6	36.1
辽　宁	47.3	124.5	13.3	16.5	11.3	84.8
吉　林	18.9	57.4	7.3	11.1	2.4	29.1
黑龙江	26.7	109.0	29.8	22.6	6.3	28.9
上　海	47.7	79.7	36.6	33.8	3.5	78.4
江　苏	319.1	628.1	260.1	136.3	65.8	407.0
浙　江	144.5	565.6	197.9	92.1	60.8	320.6
安　徽	59.4	176.8	20.2	34.1	6.0	69.2
福　建	25.7	79.7	20.9	13.7	2.2	44.5
江　西	14.2	54.7	8.7	17.3	0.3	40.8
山　东	86.1	224.4	31.5	35.9	6.3	152.8
河　南	20.1	174.0	27.5	29.7	9.5	76.1
湖　北	31.5	126.7	14.9	23.7	14.2	115.2
湖　南	48.5	233.9	39.4	70.7	18.3	164.3
广　东	36.9	188.6	44.4	25.3	5.1	148.5
广　西	7.1	40.5	4.7	8.1	4.9	22.6
海　南		3.3	1.8	0.4		1.6
重　庆	34.8	85.5	13.7	17.2	1.2	80.2
四　川	31.2	197.4	21.9	27.6		105.8
贵　州	7.2	44.5	1.3	3.1	0.7	10.3
云　南	8.2	66.0	16.0	15.1	1.6	51.0
西　藏	2.4	2.6	1.0	0.4		1.6
陕　西	1.7	38.9	12.1	5.4	1.0	15.5
甘　肃	6.5	52.3	2.8	11.2		15.5
青　海	1.3	6.0		1.1		8.7
宁　夏	3.1	16.4	4.9	2.8	0.7	2.4
新　疆	24.9	73.4	14.0	15.5	1.5	37.5

2-82 各地区按主要用途分的股份制建筑业企业房屋建筑竣工价值

单位：万元

地 区	合 计	厂房、仓库	住 宅	办公用房	批发和零售用 房	住宿和餐饮用 房
全国总计	**63707284**	**10044997**	**34322388**	**6932222**	**1709425**	**1263353**
北 京	3563191	283177	1922456	684784	90880	85894
天 津	810405	145855	360505	69313	51354	10831
河 北	2557181	262725	1531309	242515	48344	47769
山 西	419896	74002	197703	52726	12822	8775
内蒙古	854372	109809	460674	109728	34348	13362
辽 宁	1934138	346973	1093973	144692	45494	23377
吉 林	714219	76542	414993	57228	17275	3341
黑龙江	991701	116450	497966	110475	31863	16468
上 海	2723030	532141	1361207	284013	41957	34428
江 苏	13626912	2560542	6910307	1513728	400342	291097
浙 江	12690529	2133728	6763594	1496723	350782	320795
安 徽	1421533	135911	857062	125941	27674	24596
福 建	1263476	279347	702823	109179	14110	10950
江 西	580434	102937	323796	45622	19817	7064
山 东	4041261	697530	2257930	390393	129668	74553
河 南	1307329	157391	715823	167363	24230	19761
湖 北	1937534	515437	973478	142089	18684	19426
湖 南	2397063	297847	1097099	376993	85940	68995
广 东	2871809	588402	1478018	206616	22974	51522
广 西	366287	36563	214584	43407	1963	8344
海 南	29444	2708	16581	3062	411	1039
重 庆	1871774	116772	1349984	114102	61050	34579
四 川	1976013	191496	1305435	124357	81831	30013
贵 州	157296	18441	85147	15620	1519	1819
云 南	616752	51659	337864	72790	17952	14398
西 藏	41083	6095	13746	10909	692	
陕 西	428624	42911	250751	58565	10126	5569
甘 肃	481378	74860	276320	45460	7288	7996
青 海	77532	2077	46460	10207	1586	697
宁 夏	195552	6612	114774	15254	26240	2762
新 疆	759537	78059	390028	88369	30212	23136

2-82 续表

单位：万元

地　区	居民服务业用　房	教育用房	文化、体育和娱乐用房	卫生医疗用　房	科研用房	其他用房
全国总计	**1047991**	**3569118**	**1146663**	**812544**	**284948**	**2573635**
北　京	39455	107541	72686	52119	23471	200727
天　津	6455	65905	11145	13988	626	74428
河　北	31652	163627	19366	36508	16627	156741
山　西	6991	30510	5567	2989	1192	26618
内蒙古	16168	68088	7323	4313	547	30011
辽　宁	33280	120495	15316	16738	13321	80481
吉　林	23754	58209	11257	8825	2833	39962
黑龙江	23445	102881	35781	22695	7828	25850
上　海	67048	119321	89550	68851	5528	118986
江　苏	308764	631455	301190	147971	74364	487154
浙　江	148274	633592	292304	111624	66896	372216
安　徽	35941	109764	27356	26370	5536	45382
福　建	19486	65502	16111	17024	2528	26418
江　西	7001	33892	7413	10784	210	21899
山　东	73884	199961	38221	36268	6780	136073
河　南	15206	108239	18927	23247	7229	49914
湖　北	22753	94652	14121	19421	13496	103977
湖　南	34139	189703	37908	61804	19033	127603
广　东	40346	215367	41747	32204	5481	189133
广　西	2934	28350	2846	7558	4963	14774
海　南		2618	2034	296		694
重　庆	25570	69496	13872	17038	664	68646
四　川	18090	122150	17294	23435		61913
贵　州	4948	20729	548	1571	504	6451
云　南	5540	47050	12960	13053	1577	41909
西　藏	3211	3233	1251	450		1497
陕　西	1204	34287	9586	4471	690	10464
甘　肃	5539	40835	2703	9095		11284
青　海	1792	4818		1331		8564
宁　夏	3004	15028	4947	3144	976	2813
新　疆	22119	61822	15332	17358	2050	31053

2-83 各地区股份制建筑业企业施工机械设备情况

地区	年末自有施工机械设备总台数（台）	年末自有施工机械设备总功率（千瓦）	年末自有施工机械设备净值（万元）	技术装备率（元/人）	动力装备率（千瓦/人）
全国总计	**3523204**	**57025920**	**10282126**	**8740**	**4.8**
北京	122781	2259271	387978	12837	7.5
天津	36291	1017784	374079	34539	9.4
河北	270667	3547018	495719	8842	6.3
山西	73234	1581231	294797	11790	6.3
内蒙古	75579	1449036	200124	10970	7.9
辽宁	98339	1970933	405378	12508	6.1
吉林	44576	948247	134500	7840	5.5
黑龙江	77008	1565513	317160	13716	6.8
上海	57523	1190888	377644	16775	5.3
江苏	427319	7105069	1263334	7134	4.0
浙江	293264	3977362	866086	5485	2.5
安徽	169463	1800679	296848	7004	4.2
福建	77893	1197621	241525	7799	3.9
江西	46952	639728	123229	7133	3.7
山东	273111	4900375	779923	7153	4.5
河南	178618	2691016	438690	8246	5.1
湖北	193693	2664702	544185	11848	5.8
湖南	174771	2482341	445283	8027	4.5
广东	228784	4720052	570962	9814	8.1
广西	49458	600472	84129	9380	6.7
海南	4611	60783	7549	7590	6.1
重庆	78505	1183490	274412	7009	3.0
四川	163916	2660857	537360	7998	4.0
贵州	19446	328599	53597	8219	5.0
云南	65408	1098049	208390	9661	5.1
西藏	3465	97024	21440	15398	7.0
陕西	62085	879212	159333	9742	5.4
甘肃	71833	928897	131837	8530	6.0
青海	16997	230857	43080	13491	7.2
宁夏	11803	271608	43152	15059	9.5
新疆	55811	977206	160406	16373	10.0

2－84 各地区股份制建筑业企业主要生产效益指标

地区	建筑业企业个数(个)	计算建筑业劳动生产率的平均人数(人)	按总产值计算的劳动生产率(元/人)	人均竣工产值(元/人)	人均施工面积(平方米/人)	人均竣工面积(平方米/人)
全国总计	**20966**	**13025654**	**122359**	**84469**	**127.9**	**56.8**
北京	839	553739	163908	95890	148.2	47.6
天津	311	175639	201078	107716	113.6	42.1
河北	964	621339	96947	64598	100.0	53.0
山西	476	279938	140092	56493	55.1	19.0
内蒙古	402	304592	85733	66144	63.5	34.4
辽宁	887	467867	124564	81485	97.3	48.5
吉林	344	210540	121588	83939	80.8	43.2
黑龙江	829	334271	84126	68117	69.3	35.2
上海	685	379116	204072	159202	154.7	61.3
江苏	2178	1865228	134450	105763	169.8	79.7
浙江	1174	1590775	164005	111060	209.6	80.0
安徽	758	416724	95010	64636	97.3	53.5
福建	558	297749	119913	83209	140.1	55.7
江西	407	165907	99900	67575	116.1	66.8
山东	2030	1176410	98280	62367	101.2	45.2
河南	974	536694	85704	56693	87.8	37.0
湖北	792	438516	124133	86022	105.3	62.2
湖南	755	542902	99453	72422	111.2	58.2
广东	1396	578459	142808	108567	162.2	59.0
广西	262	89623	115727	86233	124.0	59.8
海南	30	10071	120566	95335	89.2	34.7
重庆	812	391278	100806	63598	142.0	63.5
四川	1333	669878	78251	55887	97.3	49.6
贵州	192	63892	84804	55254	104.5	44.7
云南	387	211169	107017	64117	73.8	38.4
西藏	51	14739	130749	90403	29.4	22.5
陕西	274	188528	136318	72825	65.3	30.9
甘肃	297	174765	66153	52390	71.5	34.4
青海	142	38028	71350	44003	50.8	24.3
宁夏	120	57691	73924	64986	71.9	40.5
新疆	307	179587	105576	83523	98.9	50.9

2-85 各地区股份制建筑业企业营业额

单位：万元

地 区	企业营业额	在境外完成的营业额	企业总产值	#建筑业总产值
全国总计	**170439402**	**2410453**	**168028949**	**159380015**
北 京	9649153	149605	9499548	9076233
天 津	4067232	87844	3979388	3531716
河 北	6485445	269543	6215902	6023680
山 西	4134185	3181	4131004	3921702
内蒙古	2664974	477	2664498	2611356
辽 宁	6069602	154000	5915602	5827935
吉 林	2612050	5549	2606501	2559922
黑龙江	2894033	30256	2863777	2812082
上 海	9870686	69902	9800785	7736694
江 苏	26849639	664491	26185148	25077945
浙 江	26996711	264830	26731880	26089484
安 徽	4150360	82047	4068313	3959305
福 建	3652785	23153	3629631	3570396
江 西	1728686	37845	1690842	1657411
山 东	12144382	88466	12055916	11561792
河 南	4994096	38844	4955251	4599668
湖 北	6144487	77718	6066769	5443432
湖 南	5874259	63572	5810687	5399327
广 东	8695247	64591	8630656	8260829
广 西	1101775	2501	1099274	1037180
海 南	121422		121422	121422
重 庆	4074525	15974	4058551	3944325
四 川	5405782	7148	5398634	5241875
贵 州	568022	95	567927	541827
云 南	2342787	29202	2313585	2259862
西 藏	192712		192712	192712
陕 西	3055983	143501	2912482	2569974
甘 肃	1180619	1273	1179346	1156125
青 海	273871		273871	271328
宁 夏	454106	2374	451732	426475
新 疆	1989786	32471	1957316	1896002

2-86 各地区股份制建筑业企业资产构成

单位：万元

地 区	资产合计	#流动资产小计	#长期投资	#固定资产小计	#无形及递延资产
全国总计	**133952466**	**101267146**	**6415673**	**22724415**	**3122772**
北 京	11550300	9577598	830825	961866	134544
天 津	3253257	2359975	109484	698394	51238
河 北	4588571	3147999	159383	1110244	156767
山 西	3037886	2279969	126186	567706	55589
内蒙古	2401092	1707103	71852	541544	72113
辽 宁	4634867	3533149	151612	833931	109615
吉 林	2409898	1870802	44599	427794	61502
黑龙江	3673037	2398827	371741	834861	58747
上 海	9229438	7753435	509228	855076	80230
江 苏	16195930	12899995	636155	2260358	343895
浙 江	12581535	9948884	715242	1694147	205417
安 徽	3088657	2146899	100453	705063	127332
福 建	2906321	2324673	104445	437777	32666
江 西	1239024	811259	50775	330726	37699
山 东	11000903	8259816	452530	1885790	365216
河 南	4033365	2685018	114282	1022807	193913
湖 北	4791228	3158063	293349	1122639	199949
湖 南	3452290	2324502	118720	916759	94207
广 东	9783343	7640879	482755	1396106	227990
广 西	992671	713508	53630	202458	20491
海 南	286898	177014	4337	96955	8153
重 庆	3056268	2283304	101490	589950	69689
四 川	5620357	3812993	369259	1252089	171961
贵 州	582845	402515	49601	114408	15576
云 南	3069871	2340012	175920	474252	68385
西 藏	174982	99886	21292	52015	1232
陕 西	1923860	1480243	32742	377596	26593
甘 肃	1443670	1068182	32905	322402	17276
青 海	359750	206438	14146	127641	10336
宁 夏	644003	494476	18497	117890	12846
新 疆	1946349	1359733	98242	393171	91606

2-87 各地区股份制建筑业企业流动资产、无形及递延资产

单位：万元

地区	流动资产	#存货	无形及递延资产	#无形资产
全国总计	**101267146**	**27799565**	**3122772**	**2753072**
北京	9577598	2399925	134544	116955
天津	2359975	515258	51238	47685
河北	3147999	768298	156767	136786
山西	2279969	485705	55589	45847
内蒙古	1707103	281076	72113	66149
辽宁	3533149	682080	109615	91615
吉林	1870802	425375	61502	55054
黑龙江	2398827	506380	58747	46466
上海	7753435	2371869	80230	72737
江苏	12899995	4522129	343895	310537
浙江	9948884	3075913	205417	185340
安徽	2146899	481098	127332	109752
福建	2324673	817249	32666	25857
江西	811259	218227	37699	35200
山东	8259816	1923538	365216	325292
河南	2685018	859481	193913	182389
湖北	3158063	879533	199949	178049
湖南	2324502	594381	94207	81426
广东	7640879	2350183	227990	197670
广西	713508	214313	20491	18515
海南	177014	30324	8153	8088
重庆	2283304	740178	69689	61356
四川	3812993	1131027	171961	152243
贵州	402515	91135	15576	14703
云南	2340012	577391	68385	60615
西藏	99886	19371	1232	1160
陕西	1480243	283342	26593	22029
甘肃	1068182	167053	17276	12556
青海	206438	42269	10336	9899
宁夏	494476	156360	12846	12569
新疆	1359733	189108	91606	68535

2-88 各地区股份制建筑业企业固定资产情况

单位：万元

地区	固定资产小计	固定资产原价	#生产经营用	固定资产折旧	#本年折旧	在建工程
全国总计	**22724415**	**29892162**	**23641639**	**9957027**	**1773931**	**2077337**
北 京	961866	1411897	1133642	538918	89002	75554
天 津	698394	942829	761824	332316	59702	75868
河 北	1110244	1476902	1188285	468762	84738	52359
山 西	567706	799316	629638	278617	52197	32659
内蒙古	541544	723454	546488	235878	59003	40655
辽 宁	833931	1184688	982705	404165	69117	39632
吉 林	427794	579094	417959	178908	40852	15112
黑龙江	834861	1090405	896344	315781	54812	49773
上 海	855076	1327448	1101855	626448	82831	134838
江 苏	2260358	2953424	2439239	992406	186094	218519
浙 江	1694147	2092487	1781648	634703	117059	190811
安 徽	705063	859811	679267	253556	47066	80372
福 建	437777	563353	446710	162286	32619	25606
江 西	330726	425793	338989	122049	17223	20099
山 东	1885790	2399946	1882101	718222	142501	151833
河 南	1022807	1255645	955856	376514	74424	78653
湖 北	1122639	1527769	972600	537019	82894	87621
湖 南	916759	1134868	892686	350459	61448	90416
广 东	1396106	1698082	1314243	647838	109916	265132
广 西	202458	255108	176923	68515	12739	15865
海 南	96955	96654	87530	8342	3167	4637
重 庆	589950	797896	610521	236957	40757	19133
四 川	1252089	1584985	1245229	527911	99774	150087
贵 州	114408	136229	109572	34168	7642	9769
云 南	474252	674204	538392	253810	37412	46273
西 藏	52015	70639	50587	25097	3483	4869
陕 西	377596	532030	452311	191813	31520	28449
甘 肃	322402	419170	329902	136698	18111	28841
青 海	127641	165680	116759	49514	9512	9938
宁 夏	117890	165528	137334	52057	9527	4006
新 疆	393171	546828	424503	197301	36790	29959

2-89 各地区股份制建筑业企业负债及所有者权益

单位：万元

地 区	负债合计	流动负债	长期负债	所有者权益	#实收资本
全国总计	**88469399**	**85213470**	**3255929**	**45478511**	**32384700**
北 京	8690130	8357345	332786	2860170	2130841
天 津	2393089	2271123	121966	860169	545790
河 北	2632804	2568574	64231	1955767	1446817
山 西	2194253	2106269	87984	839077	704496
内蒙古	1546666	1427660	119006	854426	702054
辽 宁	2853452	2800058	53393	1781416	1290896
吉 林	1641767	1580734	61033	768131	520066
黑龙江	2131771	2062898	68873	1541266	1445761
上 海	7045414	6766105	279308	2184025	1365402
江 苏	11015603	10748429	267174	5180327	3404059
浙 江	8467765	8222110	245655	4113770	2398929
安 徽	1855226	1748052	107174	1233431	904004
福 建	1874748	1836603	38145	1031573	858189
江 西	677516	650293	27222	561508	464364
山 东	7435127	7150110	285017	3565777	2580359
河 南	2441757	2309415	132341	1591608	1285372
湖 北	2591801	2497778	94023	2199427	1335347
湖 南	1773602	1682949	90654	1678688	1217342
广 东	6680782	6457337	223445	3102561	1978335
广 西	574210	547220	26990	418461	317687
海 南	156653	76254	80399	130244	70587
重 庆	1701164	1625063	76101	1355104	1031283
四 川	3198909	3058285	140625	2421448	1806981
贵 州	308154	287104	21051	274691	218797
云 南	2265836	2184940	80896	804035	608313
西 藏	65922	62281	3641	109060	74172
陕 西	1361421	1326903	34519	562439	447878
甘 肃	899518	873856	25662	544152	436792
青 海	209244	198155	11090	150506	165266
宁 夏	463407	449406	14001	180596	152060
新 疆	1321689	1280164	41525	624659	476466

2-90 各地区股份制建筑业企业实收资本

单位：万元

地区	合计	国家资本	集体资本	法人资本	个人资本	港澳台资本	外商资本
全国总计	**32384700**	**2960414**	**2134307**	**13211437**	**14051629**	**17933**	**8981**
北京	2130841	85114	144648	1519728	380886	465	
天津	545790	71595	24215	305319	144660		
河北	1446817	85552	134089	427367	799518	291	
山西	704496	112825	36195	408054	147422		
内蒙古	702054	151076	76382	177925	296232	440	
辽宁	1290896	302086	108864	290697	588750	100	400
吉林	520066	43337	39840	244776	191817		296
黑龙江	1445761	135017	81967	476798	751179	800	
上海	1365402	293225	195563	504294	368615	1000	2705
江苏	3404059	144003	88947	1159944	2004503	5082	1580
浙江	2398929	56517	75294	846782	1420292	45	
安徽	904004	123041	55555	374037	349461	1910	
福建	858189	42489	45536	228241	541923		
江西	464364	70247	14660	230013	149444		
山东	2580359	157525	220058	1097045	1102832	1213	1686
河南	1285372	119540	86549	475776	602940	306	260
湖北	1335347	124042	93900	671378	444859	1168	
湖南	1217342	114705	85867	467695	548851	224	
广东	1978335	105650	168548	956520	744874	1850	892
广西	317687	39682	27606	149434	100965		
海南	70587		480	51870	18237		
重庆	1031283	27103	50095	372607	580077	1400	
四川	1806981	272020	42421	649638	840802	939	1161
贵州	218797	10036	9872	82677	116211		
云南	608313	38918	72841	264808	231047	699	
西藏	74172	3279	13120	34271	23502		
陕西	447878	55668	41973	215956	134282		
甘肃	436792	90606	41111	171548	133528		
青海	165266	26500	12369	80329	46069		
宁夏	152060	14296	2667	71679	63419		
新疆	476466	44721	43077	204234	184435		

2-91 各地区股份制建筑业企业收入情况

单位：万元

地区	工程结算收入	工程结算成本	工程结算税金及附加	工程结算利润	经营费用	其他业务收入	#其他业务利润
全国总计	**146990054**	**131006870**	**4974725**	**10303445**	**705014**	**3181264**	**517061**
北京	9927395	8940413	291930	661724	33328	208050	47015
天津	3875759	3500759	99588	272353	3059	72544	3465
河北	5083824	4493373	172016	391870	26566	91688	13219
山西	3942518	3568812	118303	230796	24608	36637	4651
内蒙古	2504728	2164402	95927	231064	13335	54418	9493
辽宁	5666856	4983817	216805	450078	16157	39238	7883
吉林	2450793	2208067	85837	148153	8736	21531	3618
黑龙江	2676801	2399857	85040	179219	12685	44262	8111
上海	9156436	8281342	280985	578828	15281	308438	53238
江苏	18707406	16563038	685592	1346501	112275	718588	81262
浙江	22209686	20295425	760005	1117351	36905	260641	37218
安徽	3739003	3334645	129660	251618	23080	34437	6074
福建	3376846	3054666	121023	189827	11330	32748	12972
江西	1555322	1352316	54750	140927	7329	9857	2749
山东	10106384	8775644	317796	910028	102916	349913	47105
河南	4490299	3930424	150608	381357	27911	45658	9145
湖北	5477713	4833425	175024	425055	44210	165840	21719
湖南	5010665	4457398	185419	342095	25752	35021	7514
广东	8804574	7736842	349592	678577	39563	220774	56794
广西	890798	767184	36208	79611	7796	21480	4726
海南	111051	91414	3331	13516	2789	225	122
重庆	3559530	3181679	116618	251648	9586	51429	7286
四川	4773403	4161236	162418	407921	41828	73042	18307
贵州	565431	500077	20012	40897	4444	14232	9660
云南	2093118	1857440	64893	155279	15505	42363	7641
西藏	137174	105591	5440	25072	1071	473	353
陕西	2539781	2304382	76278	140236	18885	52999	9560
甘肃	1098329	951468	34514	98150	14197	75094	6941
青海	248914	226503	8499	13392	520	777	505
宁夏	402450	360387	12170	29328	565	30211	3444
新疆	1807068	1624846	58444	120975	2804	68658	15272

2-92 各地区股份制建筑业企业费用情况

单位：万元

地区	管理费用	#税金	#财产保险费	#差旅费	#工会经费	财务费用	#利息支出
全国总计	**6062751**	**246733**	**52893**	**300804**	**89243**	**647107**	**520453**
北京	501786	8033	1565	24347	4561	73927	62617
天津	155208	2654	635	6784	2019	12433	14631
河北	228495	13854	1880	11851	3001	19439	11374
山西	193053	5745	895	8652	2863	11093	12424
内蒙古	119381	17197	1939	5272	1740	14927	10239
辽宁	238613	10022	1873	12540	6718	13881	8426
吉林	121446	2613	755	4069	1522	6154	11796
黑龙江	149435	4624	793	8642	2732	17892	14571
上海	402172	5593	1639	11605		17536	17311
江苏	768782	26834	5714	45085	17059	64976	50573
浙江	466884	17053	5102	21867	6530	68338	82086
安徽	158337	8975	838	7641	2095	19103	14206
福建	117180	3415	550	4623	1259	4035	4836
江西	69062	3800	707	3585	1176	5720	4073
山东	463491	26802	6127	26908	6378	75767	50085
河南	225111	18097	1717	12923	4176	27301	21092
湖北	277837	15316	3683	15860	3864	27908	16135
湖南	178161	10684	3068	11826	5598	25224	14913
广东	381636	12214	4591	14431	4346	30825	24770
广西	49767	2304	316	2763	874	1849	1809
海南	6342	136	19	380	31	2249	-12
重庆	131415	5158	1534	7477	2244	19157	14978
四川	268573	9859	1949	11880	3269	35090	15398
贵州	22664	860	422	1138	370	1599	1351
云南	86163	2886	404	4572	1087	16068	13270
西藏	7420	839	10	472	16	939	684
陕西	96501	3044	855	5104	1349	11316	9476
甘肃	51542	3051	2111	2671	582	8209	4868
青海	14659	1318	153	512	136	1713	1423
宁夏	20577	620	105	720	253	2985	1929
新疆	91059	3135	946	4605	1395	9454	9122

2-93 各地区股份制建筑业企业利润及税金情况

单位：万元

地 区	利润总额	#应交所得税	税金总额	工程结算税金及附加	管理费用中的税金
全国总计	**4250057**	**1107409**	**5221458**	**4974725**	**246733**
北 京	173335	53164	299963	291930	8033
天 津	115566	24395	102241	99588	2654
河 北	156071	44572	185870	172016	13854
山 西	30693	8417	124048	118303	5745
内蒙古	84227	19749	113123	95927	17197
辽 宁	179398	55715	226827	216805	10022
吉 林	22567	9518	88450	85837	2613
黑龙江	36449	11812	89664	85040	4624
上 海	254341	46922	286578	280985	5593
江 苏	618578	186024	712426	685592	26834
浙 江	657396	184469	777058	760005	17053
安 徽	76603	21088	138635	129660	8975
福 建	85944	28425	124438	121023	3415
江 西	75161	9721	58550	54750	3800
山 东	404453	106641	344598	317796	26802
河 南	131055	26276	168705	150608	18097
湖 北	131235	30754	190340	175024	15316
湖 南	152009	39041	196103	185419	10684
广 东	348234	81520	361806	349592	12214
广 西	33789	7594	38512	36208	2304
海 南	5280	347	3467	3331	136
重 庆	110326	29321	121776	116618	5158
四 川	115271	31096	172277	162418	9859
贵 州	27091	4285	20873	20012	860
云 南	92169	12416	67779	64893	2886
西 藏	12877	1114	6280	5440	839
陕 西	38675	8133	79322	76278	3044
甘 肃	40471	11421	37565	34514	3051
青 海	-2808	397	9817	8499	1318
宁 夏	9159	2159	12790	12170	620
新 疆	34443	10905	61578	58444	3135

2-94 各地区股份制建筑业企业应收工程款及企业亏损情况

地　区	应收工程款(万元)	#竣工工程	企业个数(个)	#亏损企业个数	亏损企业的比重(%)
全国总计	**27773223**	**14649942**	**20966**	**3688**	**17.6**
北　京	2785226	1355244	839	231	27.5
天　津	958832	419561	311	60	19.3
河　北	1213141	674518	964	120	12.4
山　西	842062	305206	476	94	19.7
内蒙古	600143	355536	402	47	11.7
辽　宁	928993	463023	887	168	18.9
吉　林	966380	486661	344	114	33.1
黑龙江	773178	397885	829	239	28.8
上　海	3418683	1422585	685	78	11.4
江　苏	2977175	1829760	2178	259	11.9
浙　江	1524550	763020	1174	85	7.2
安　徽	704050	381796	758	121	16.0
福　建	643138	476166	558	86	15.4
江　西	137401	63603	407	77	18.9
山　东	2956542	1758811	2030	311	15.3
河　南	448183	197339	974	217	22.3
湖　北	741860	385351	792	102	12.9
湖　南	633665	364527	755	112	14.8
广　东	1237645	672604	1396	246	17.6
广　西	191547	138909	262	57	21.8
海　南	28082	16353	30	8	26.7
重　庆	518341	245925	812	181	22.3
四　川	597885	364499	1333	236	17.7
贵　州	89782	34231	192	43	22.4
云　南	455584	269628	387	97	25.1
西　藏	18302	13053	51	5	9.8
陕　西	419659	191680	274	56	20.4
甘　肃	281862	154868	297	53	17.8
青　海	27449	18536	142	59	41.5
宁　夏	144066	74791	120	30	25.0
新　疆	509816	354273	307	96	31.3

2-95 各地区股份制建筑业企业主要经济效益指标

地区	产值利润率 (%)	产值利税率 (%)	资本利润率 (%)	资本利税率 (%)	人均利润 (元/人)	人均利税 (元/人)	资产负债率 (%)
全国总计	**2.7**	**5.9**	**13.1**	**29.2**	**3263**	**7271**	**66.0**
北京	1.9	5.2	8.1	22.2	3130	8547	75.2
天津	3.3	6.2	21.2	39.9	6580	12401	73.6
河北	2.6	5.7	10.8	23.6	2512	5503	57.4
山西	0.8	3.9	4.4	22.0	1096	5528	72.2
内蒙古	3.2	7.6	12.0	28.1	2765	6479	64.4
辽宁	3.1	7.0	13.9	31.5	3834	8682	61.6
吉林	0.9	4.3	4.3	21.3	1072	5273	68.1
黑龙江	1.3	4.5	2.5	8.7	1090	3773	58.0
上海	3.3	7.0	18.6	39.6	6709	14268	76.3
江苏	2.5	5.3	18.2	39.1	3316	7136	68.0
浙江	2.5	5.5	27.4	59.8	4133	9017	67.3
安徽	1.9	5.4	8.5	23.8	1838	5165	60.1
福建	2.4	5.9	10.0	24.5	2886	7066	64.5
江西	4.5	8.1	16.2	28.8	4530	8059	54.7
山东	3.5	6.5	15.7	29.0	3438	6367	67.6
河南	2.8	6.5	10.2	23.3	2442	5585	60.5
湖北	2.4	5.9	9.8	24.1	2993	7333	54.1
湖南	2.8	6.4	12.5	28.6	2800	6412	51.4
广东	4.2	8.6	17.6	35.9	6020	12275	68.3
广西	3.3	7.0	10.6	22.8	3770	8067	57.8
海南	4.3	7.2	7.5	12.4	5243	8686	54.6
重庆	2.8	5.9	10.7	22.5	2820	5932	55.7
四川	2.2	5.5	6.4	15.9	1721	4293	56.9
贵州	5.0	8.9	12.4	21.9	4240	7507	52.9
云南	4.1	7.1	15.2	26.3	4365	7574	73.8
西藏	6.7	9.9	17.4	25.8	8737	12997	37.7
陕西	1.5	4.6	8.6	26.3	2051	6259	70.8
甘肃	3.5	6.7	9.3	17.9	2316	4465	62.3
青海	-1.0	2.6	-1.7	4.2	-738	1843	58.2
宁夏	2.1	5.1	6.0	14.4	1588	3805	72.0
新疆	1.8	5.1	7.2	20.2	1918	5347	67.9

2-96 各地区外商投资建筑业企业签订合同情况

单位：万元

地 区	合同总额	上年结转合同额	本年新签合同额
全国总计	**3749367**	**1051940**	**2697427**
北 京	546529	183964	362565
天 津	67955	21811	46144
河 北	2142	1442	700
山 西	26345	23448	2897
内蒙古	870		870
辽 宁	557862	209208	348654
吉 林	32920	7992	24928
黑龙江	50576	41959	8617
上 海	1131982	291096	840886
江 苏	468191	52593	415598
浙 江	475497	140206	335292
安 徽	14853	2400	12452
福 建	61872	24685	37187
江 西	1584	1308	276
山 东	69725	4735	64989
河 南	8339	766	7572
湖 北	18006	3094	14913
湖 南	14242	847	13395
广 东	158454	29297	129157
广 西	25191	6569	18622
海 南	2139	420	1719
重 庆	5197	1111	4086
四 川	8779	2987	5792
贵 州			
云 南			
西 藏			
陕 西			
甘 肃	5		5
青 海	110		110
宁 夏			
新 疆			

2-97 各地区外商投资建筑业企业承包工程完成情况

单位：万元

地区	直接从建设单位承揽工程完成的产值	自行完成施工产值	分包出去工程的产值	从建设单位以外承揽工程完成的产值
全国总计	**2472644**	**2237108**	**235536**	**253222**
北京	362365	264004	98361	59629
天津	59418	59418		7233
河北	1632	1482	150	
山西	10694	10694		
内蒙古	128	128		
辽宁	284187	284187		545
吉林	26127	26127		
黑龙江	41068	41068		
上海	692081	610884	81197	91480
江苏	377568	335368	42200	31122
浙江	329534	329534		47708
安徽	10534	10463	71	221
福建	46078	46078		2162
江西	1584	1584		
山东	57065	57065		46
河南	8389	8389		20
湖北	13156	13156		
湖南	14147	12739	1409	1454
广东	104462	92314	12148	11368
广西	21898	21898		
海南	2139	2139		
重庆	4371	4371		237
四川	3936	3936		
贵州				
云南				
西藏				
陕西				
甘肃	6	6		
青海	78	78		
宁夏				
新疆				

2–98 各地区外商投资建筑业总产值和竣工产值

单位：万元

地区	建筑业总产值	#装饰装修产值	#在外省完成的产值	按构成分组			竣工产值
				建筑工程产值	安装工程产值	其他产值	
全国总计	**2490330**	**828442**	**878350**	**1746046**	**605290**	**138994**	**1442572**
北京	323632	184053	75228	270012	46764	6857	189247
天津	66651	9559	24553	47150	15816	3686	24724
河北	1482	777			777	705	827
山西	10694	1867		10019	639	36	4846
内蒙古	128	47		80		47	538
辽宁	284732	184322	80340	245170	36810	2752	166224
吉林	26127	1000		26127			16419
黑龙江	41068	765	13029	40711	328	30	21074
上海	702364	175290	382296	364408	261701	76254	376994
江苏	366490	171614	90857	291869	71262	3360	230208
浙江	377242	17353	167664	287767	89365	110	245165
安徽	10683	152	4128	8882	1315	486	8217
福建	48240	3420	6026	40827	6318	1096	34561
江西	1584	300		1584			354
山东	57111	5248	1113	18817	25966	12328	23691
河南	8409	2956	4868	5627	26	2756	5700
湖北	13156	7245	124	6360	5595	1201	3064
湖南	14192		9708	9276	4916		13587
广东	103681	53717	17397	50464	31492	21725	50697
广西	21898	4380		13597	2735	5567	21898
海南	2139	1540	1019	2057	83		1317
重庆	4608	1240		1493	3115		253
四川	3936	1514		3668	268		2966
贵州							
云南							
西藏							
陕西							
甘肃	6	6		6			6
青海	78	78		78			
宁夏							
新疆							

2-99 各地区外商投资建筑业企业房屋建筑面积

地 区	房屋建筑施工面积（万平方米）	#本年新开工	#实行投标承包面积	#本年新开工	房屋建筑竣工面积（万平方米）	房屋建筑面积竣工率（%）
全国总计	**1310.9**	**776.7**	**915.3**	**643.2**	**618.2**	**47.2**
北 京	128.8	44.9	107.6	42.4	63.8	49.6
天 津	68.0	34.5	6.7	2.7	19.6	28.8
河 北						
山 西	24.7	1.4	15.7	1.4	6.2	25.1
内蒙古						
辽 宁	123.4	45.3	115.0	38.9	84.4	68.4
吉 林	43.8	43.8	43.8	43.8	24.7	56.4
黑龙江						
上 海	75.9	48.2	65.4	42.0	32.5	42.9
江 苏	234.4	87.1	108.5	81.4	59.1	25.2
浙 江	427.5	358.3	388.7	338.2	237.0	55.4
安 徽	14.6	11.2	11.2	11.0	8.2	56.3
福 建	39.0	8.1			31.0	79.5
江 西						
山 东	37.4	26.2	21.8	10.6	7.7	20.7
河 南						
湖 北	9.1	9.1	9.1	9.1	4.9	53.3
湖 南	11.0	11.0	11.0	11.0	11.0	
广 东	0.8	0.7			0.7	
广 西	27.4	10.8	10.8	10.8	27.4	100.0
海 南	45.0	36.0				
重 庆						
四 川	0.2					
贵 州						
云 南						
西 藏						
陕 西						
甘 肃						
青 海						
宁 夏						
新 疆						

2-100 各地区按主要用途分的外商投资建筑业企业房屋建筑竣工面积

单位：万平方米

地区	合计	厂房、仓库	住宅	办公用房	批发和零售用房	住宿和餐饮用房
全国总计	**618.2**	**416.8**	**141.3**	**30.8**	**4.1**	**2.2**
北京	63.8	15.3	25.6	12.4		
天津	19.6	19.6				
河北						
山西	6.2		4.8	0.9		
内蒙古						
辽宁	84.4	57.1	22.4	0.3		2.2
吉林	24.7	19.7	3.9			
黑龙江						
上海	32.5	31.8				
江苏	59.1	30.1	27.9	0.7		
浙江	237.0	226.4	5.6	2.4		
安徽	8.2	2.1	3.6	1.2		
福建	31.0	5.0	20.5	1.3	4.1	
江西						
山东	7.7	2.7	4.9			
河南						
湖北	4.9		3.7	0.6		
湖南	11.0	6.2		4.8		
广东	0.7	0.7				
广西	27.4		18.4	6.2		
海南						
重庆						
四川						
贵州						
云南						
西藏						
陕西						
甘肃						
青海						
宁夏						
新疆						

2-100 续表

单位：万平方米

地　区	居民服务业用　房	教育用房	文化、体育和娱乐用房	卫生医疗用　房	科研用房	其他用房
全国总计	**0.9**	**4.5**	**3.6**	**4.0**	**1.3**	**8.6**
北　京		2.8	1.3	3.6	1.3	1.6
天　津						
河　北						
山　西		0.5				
内蒙古						
辽　宁		0.2				2.2
吉　林				0.4		0.7
黑龙江						
上　海						0.7
江　苏			0.3			0.2
浙　江						2.5
安　徽		0.4	0.6			0.2
福　建						
江　西						
山　东						0.1
河　南						
湖　北	0.6					
湖　南						
广　东						
广　西	0.2	0.5	1.5			0.4
海　南						
重　庆						
四　川						
贵　州						
云　南						
西　藏						
陕　西						
甘　肃						
青　海						
宁　夏						
新　疆						

2-101 各地区按主要用途分的外商投资建筑业企业房屋建筑竣工价值

单位：万元

地区	合计	厂房、仓库	住宅	办公用房	批发和零售用房	住宿和餐饮用房
全国总计	**616553**	**429334**	**113801**	**35378**	**3922**	**2455**
北京	102140	30435	32497	19465		
天津	10539	10539				
河北						
山西	4810		3180	1095		
内蒙古						
辽宁	61495	36821	20766	194		2454
吉林	14424	11000	2266			
黑龙江						
上海	129839	127669				
江苏	31028	17307	12940	461		1
浙江	192745	182507	5312	1829		
安徽	4611	1542	1769	628		
福建	25392	4746	15074	1650	3922	
江西						
山东	4987	1140	3757			
河南						
湖北	2421		1501	470		
湖南	8671	4075		4596		
广东	1553	1553				
广西	21898		14740	4990		
海南						
重庆						
四川						
贵州						
云南						
西藏						
陕西						
甘肃						
青海						
宁夏						
新疆						

2-101 续表

单位：万元

地　区	居民服务业用　房	教育用房	文化、体育和娱乐用房	卫生医疗用　房	科研用房	其他用房
全国总计	**769**	**2268**	**3060**	**10730**	**4275**	**10562**
北　京		690	1358	10237	4275	3183
天　津						
河　北						
山　西		535				
内蒙古						
辽　宁	130	371				758
吉　林				463		695
黑龙江						
上　海						2171
江　苏			173	31		116
浙　江						3098
安　徽		246	329			97
福　建						
江　西						
山　东						90
河　南						
湖　北	450					
湖　南						
广　东						
广　西	189	426	1200			354
海　南						
重　庆						
四　川						
贵　州						
云　南						
西　藏						
陕　西						
甘　肃						
青　海						
宁　夏						
新　疆						

2-102 各地区外商投资建筑业企业施工机械设备情况

地 区	年末自有施工机械设备总台数(台)	年末自有施工机械设备总功率(千瓦)	年末自有施工机械设备净值(万元)	技术装备率(元/人)	动力装备率(千瓦/人)
全国总计	**41103**	**403991**	**131366**	**12136**	**3.7**
北 京	9712	23514	7076	6376	2.1
天 津	1990	6551	1231	4760	2.5
河 北	37	394	111	2562	0.9
山 西	80	1129	155	1763	1.3
内蒙古	87	1333	170	34020	26.7
辽 宁	3230	92174	28925	20123	6.4
吉 林	318	3328	2129	6795	1.1
黑龙江	847	39727	8729	31479	14.3
上 海	3833	37400	39871	53439	5.0
江 苏	6286	52787	11735	6884	3.1
浙 江	3468	34093	7375	2507	1.2
安 徽	482	5678	917	8026	5.0
福 建	1161	6351	2943	9562	2.1
江 西	978	8572	949	56506	51.0
山 东	1474	34716	3703	8500	8.0
河 南	175	2968	429	5497	3.8
湖 北	1433	7131	894	4773	3.8
湖 南	1031	5808	1640	11468	4.1
广 东	2078	30573	9549	25261	8.1
广 西	1258	7704	1518	13541	6.9
海 南					
重 庆	810	999	882	18568	2.1
四 川	126	483	156	2364	0.7
贵 州					
云 南					
西 藏					
陕 西					
甘 肃	183	378	237	112762	18.0
青 海	26	200	40	7054	3.6
宁 夏					
新 疆					

2-103 各地区外商投资建筑业企业主要生产效益指标

地区	建筑业企业个数(个)	计算建筑业劳动生产率的平均人数(人)	按总产值计算的劳动生产率(元/人)	人均竣工产值(元/人)	人均施工面积(平方米/人)	人均竣工面积(平方米/人)
全国总计	**388**	**147268**	**169063**	**97956**	**89.0**	**42.0**
北京	47	21457	150828	88198	60.0	29.7
天津	18	3104	214726	79652	219.1	63.2
河北	3	408	36333	20275		
山西	3	1095	97658	44254	225.9	56.6
内蒙古	1	60	21250	89583		
辽宁	47	16909	168391	98305	73.0	49.9
吉林	4	3752	69634	43760	116.6	65.8
黑龙江	5	4310	95286	48895		
上海	61	24458	287172	154139	31.0	13.3
江苏	66	19967	183548	115294	117.4	29.6
浙江	19	30855	122263	79457	138.6	76.8
安徽	4	1174	90998	69987	124.2	70.0
福建	18	3898	123756	88663	100.0	79.5
江西	2	377	42021	9390		
山东	31	3831	149076	61839	97.6	20.2
河南	6	725	115982	78615		
湖北	8	2073	63462	14780	44.1	23.5
湖南	3	1493	95057	91007	73.6	73.6
广东	25	4903	211465	103399	1.7	1.4
广西	1	1001	218762	218759	273.5	273.5
海南	2	226	94659	58261	1993.2	
重庆	5	456	101046	5542		
四川	7	657	59909	45151	2.3	
贵州						
云南						
西藏						
陕西						
甘肃	1	23	2478	2478		
青海	1	56	13911			
宁夏						
新疆						

2–104 各地区外商投资建筑业企业营业额

单位：万元

地 区	企业营业额	在境外完成的营业额	企业总产值	#建筑业总产值
全国总计	**2938304**	**74861**	**2863443**	**2490330**
北 京	335847	1386	334461	323632
天 津	66651		66651	66651
河 北	1506		1506	1482
山 西	10694		10694	10694
内蒙古	128		128	128
辽 宁	438990	9889	429101	284732
吉 林	26127		26127	26127
黑龙江	41261		41261	41068
上 海	768082	26	768056	702364
江 苏	496911	50016	446895	366490
浙 江	444009	2450	441559	377242
安 徽	10683		10683	10683
福 建	48321		48321	48240
江 西	1584		1584	1584
山 东	57141		57141	57111
河 南	8409		8409	8409
湖 北	13156		13156	13156
湖 南	22863	8671	14192	14192
广 东	113161	2423	110738	103681
广 西	21898		21898	21898
海 南	2139		2139	2139
重 庆	4608		4608	4608
四 川	3981		3981	3936
贵 州				
云 南				
西 藏				
陕 西				
甘 肃	6		6	6
青 海	150		150	78
宁 夏				
新 疆				

2-105 各地区外商投资建筑业企业资产构成

单位：万元

地 区	资产合计	#流动资产小计	#长期投资	#固定资产小计	#无形及递延资产
全国总计	**2656026**	**2216753**	**34587**	**358304**	**39874**
北 京	292402	265310	3701	22561	357
天 津	93242	83568		5819	3854
河 北	3976	3123		854	
山 西	6692	5667	856	167	1
内蒙古	1273	858		415	
辽 宁	328881	238177	8126	68023	14483
吉 林	16209	8468		7741	
黑龙江	42204	31550	800	9703	150
上 海	843032	745645	8140	82759	2463
江 苏	367885	310943	852	51463	4326
浙 江	265389	221056	5023	33255	5661
安 徽	12468	9240	120	2748	341
福 建	60365	47676	2052	9530	331
江 西	2516	1056		1437	24
山 东	99853	68471	1855	26672	2687
河 南	6945	5822	240	867	1
湖 北	18801	12621	1659	2484	2011
湖 南	14107	10843		2658	607
广 东	126047	103497	397	20162	1756
广 西	12917	8411		4506	
海 南	2449	2106		343	
重 庆	5528	4179		1202	146
四 川	32355	28254	767	2660	675
贵 州					
云 南					
西 藏					
陕 西					
甘 肃	412	175		237	
青 海	79	39		40	
宁 夏					
新 疆					

2-106 各地区外商投资建筑业企业流动资产、无形及递延资产

单位：万元

地　区	流动资产	#存货	无形及递延资产	#无形资产
全国总计	**2216753**	**429007**	**39874**	**24045**
北　京	265310	74467	357	145
天　津	83568	34772	3854	2555
河　北	3123	614		
山　西	5667	11	1	1
内蒙古	858	160		
辽　宁	238177	43821	14483	3326
吉　林	8468	2104		
黑龙江	31550	5715	150	150
上　海	745645	73949	2463	1912
江　苏	310943	52752	4326	3017
浙　江	221056	57276	5661	5339
安　徽	9240	1157	341	304
福　建	47676	6051	331	332
江　西	1056	68	24	
山　东	68471	28806	2687	2591
河　南	5822	2884	1	1
湖　北	12621	1011	2011	2011
湖　南	10843	1184	607	607
广　东	103497	31343	1756	934
广　西	8411	2560		
海　南	2106	424		
重　庆	4179	1677	146	145
四　川	28254	6129	675	675
贵　州				
云　南				
西　藏				
陕　西				
甘　肃	175	65		
青　海	39	8		
宁　夏				
新　疆				

2-107 各地区外商投资建筑业企业固定资产情况

单位：万元

地　区	固定资产小计	固定资产原价	#生产经营用	固定资产折旧	#本年折旧	在建工程
全国总计	**358304**	**494533**	**383121**	**172954**	**30926**	**26310**
北　京	22561	36692	19035	14985	2749	623
天　津	5819	8935	3229	4266	568	493
河　北	854	1051	848	598	374	401
山　西	167	413	413	247	30	
内蒙古	415	341	341	227	16	
辽　宁	68023	91284	72326	30574	3084	5976
吉　林	7741	9996	4934	2255	422	
黑龙江	9703	19311	19035	9698	920	90
上　海	82759	120449	87790	42684	8627	4372
江　苏	51463	50644	42425	13254	4536	8153
浙　江	33255	43710	40900	11351	2635	894
安　徽	2748	2395	1689	1018	337	1369
福　建	9530	10114	6579	3614	604	2305
江　西	1437	2892	2892	1646	202	191
山　东	26672	42151	39195	16778	2969	965
河　南	867	2079	1324	1229	175	
湖　北	2484	3442	2642	1159	223	2
湖　南	2658	2888	1302	440	92	195
广　东	20162	33587	25983	13761	1893	284
广　西	4506	4721	4302	215	21	
海　南	343	643	293	300	71	
重　庆	1202	2066	1570	864	123	
四　川	2660	4174	3603	1514	205	
贵　州						
云　南						
西　藏						
陕　西						
甘　肃	237	464	431	228	49	
青　海	40	90	40	50	1	
宁　夏						
新　疆						

2-108 各地区外商投资建筑业企业负债及所有者权益

单位：万元

地　区	负债合计	流动负债	长期负债	所有者权益	#实收资本
全国总计	**1776239**	**1747123**	**29116**	**879787**	**638546**
北　京	192800	187407	5392	99602	84220
天　津	65573	65478	95	27669	26879
河　北	1827	1827		2150	2024
山　西	5422	4960	462	1270	1868
内蒙古	374	374		899	872
辽　宁	160847	160382	465	168034	95679
吉　林	8299	8299		7910	7558
黑龙江	17492	17492		24712	16056
上　海	637159	623364	13795	205872	148269
江　苏	244296	243884	412	123589	84909
浙　江	206503	205998	504	58887	36960
安　徽	8798	8798		3671	2645
福　建	35191	34911	280	25175	19397
江　西	582	582		1934	1933
山　东	58284	50923	7361	41569	33011
河　南	8536	8536		-1591	4295
湖　北	8759	8759		10042	10051
湖　南	3544	3544		10564	8796
广　东	78097	77747	350	47950	38880
广　西	5255	5255		7662	5282
海　南	1216	1216		1234	887
重　庆	2857	2857		2670	1955
四　川	24381	24381		7974	5736
贵　州					
云　南					
西　藏					
陕　西					
甘　肃	81	81		330	330
青　海	70	70		9	56
宁　夏					
新　疆					

2-109 各地区外商投资建筑业企业实收资本

单位：万元

地区	合计	国家资本	集体资本	法人资本	个人资本	港澳台资本	外商资本
全国总计	**638546**	**17535**	**10580**	**174849**	**30428**	**19468**	**385687**
北京	84220	4099	2204	28631	1196	412	47678
天津	26879	200	101	6234			20343
河北	2024			468	1050		506
山西	1868	25		510	180		1152
内蒙古	872				654		218
辽宁	95679	5944	175	32694	14098		42767
吉林	7558	314		2415		1430	3399
黑龙江	16056	497	243	5617		4320	5379
上海	148269	5496	821	28326	1929	932	110764
江苏	84909	300	1198	14750	1830	3000	63831
浙江	36960		2868	16355	1513	1617	14607
安徽	2645			1481			1164
福建	19397			3340	175		15882
江西	1933			807			1126
山东	33011	78	1928	11612	1883	34	17476
河南	4295	92	1028	285			2890
湖北	10051			1158	3734	113	5047
湖南	8796						8796
广东	38880	50	13	15708	1405	7610	14094
广西	5282						5282
海南	887			500			387
重庆	1955	140		1249	160		407
四川	5736	300		2710	600		2126
贵州							
云南							
西藏							
陕西							
甘肃	330				21		310
青海	56						56
宁夏							
新疆							

2-110 各地区外商投资建筑业企业收入情况

单位：万元

地区	工程结算收入	工程结算成本	工程结算税金及附加	工程结算利润	经营费用	其他业务收入	#其他业务利润
全国总计	**2807622**	**2402609**	**69439**	**308296**	**27278**	**129067**	**15043**
北京	444878	396530	11758	35569	1021	303	165
天津	53061	47456	819	4532	253	1563	178
河北	1828	1510	84	233	1		
山西	10694	10122	334	232	5		
内蒙古	128	94	4	20	10		
辽宁	398056	317168	14279	65944	665	30854	1387
吉林	26149	24143	914	1081	11		
黑龙江	39523	34372	1186	3940	26		
上海	792353	683262	14984	84465	9642	10051	2246
江苏	363853	303349	10901	42114	7489	15910	5262
浙江	339326	296113	4911	33418	4885	65602	3450
安徽	6958	5503	204	1113	138	201	45
福建	78894	70125	1843	6778	148	122	31
江西	1584	1399	9	176			
山东	39147	29041	1252	8424	430	171	85
河南	5918	5559	178	-349	530	28	25
湖北	9216	8176	294	696	50	120	63
湖南	18186	13860	601	3535	190	4	-4
广东	142332	122125	4126	14368	1714	4137	2110
广西	21810	21094	414	302			
海南	2139	1619	74	396	50		
重庆	4592	4099	84	409			
四川	6655	5585	176	876	19		
贵州							
云南							
西藏							
陕西							
甘肃	6	2		3			
青海	337	304	10	22	1		
宁夏							
新疆							

2-111 各地区外商投资建筑业企业费用情况

单位：万元

地区	管理费用	#税金	#财产保险费	#差旅费	#工会经费	财务费用	#利息支出
全国总计	**175028**	**3491**	**1074**	**11494**	**1047**	**15823**	**13588**
北京	28312	974	102	1635	122	721	305
天津	3898	31	3	214	3	137	137
河北	249	1		17		32	
山西	256	1		41			
内蒙古	18			1			
辽宁	31873	535	30	1500	143	2201	2027
吉林	1200	139	18	43		60	5
黑龙江	2843	2	5	499	3	71	72
上海	40768	658	365	1868		4206	3927
江苏	24942	336	146	1314	71	1598	1276
浙江	14888	199	197	2947	491	4844	4405
安徽	510	88	3	54	1	136	50
福建	3836	89	7	226	25	211	110
江西	132	20		4		14	
山东	5326	146	82	205	43	369	133
河南	1319	7	7	130	5	105	102
湖北	791	23	16	53	6	195	195
湖南	912	53	3	29	10	12	
广东	11293	168	77	601	94	854	791
广西	85	6		5	5	1	
海南	383	3		50		-2	-1
重庆	330	4	8	15	21	44	44
四川	809	8	6	42	5	15	11
贵州							
云南							
西藏							
陕西							
甘肃	35	2		2			
青海	21						
宁夏							
新疆							

2-112 各地区外商投资建筑业企业利润及税金情况

单位：万元

地　区	利润总额	#应交所得税	税金总额	工程结算税金及附加	管理费用中的税金
全国总计	**117007**	**20485**	**72930**	**69439**	**3491**
北　京	6775	3096	12732	11758	974
天　津	273	312	850	819	31
河　北	-48	19	85	84	1
山　西	-15		336	334	1
内蒙古	1	1	4	4	
辽　宁	22161	4381	14814	14279	535
吉　林	-179	5	1053	914	139
黑龙江	926	269	1187	1186	2
上　海	43193	3190	15642	14984	658
江　苏	20618	5226	11237	10901	336
浙　江	13613	1773	5110	4911	199
安　徽	489	88	291	204	88
福　建	2726	610	1932	1843	89
江　西	30	10	29	9	20
山　东	2639	636	1398	1252	146
河　南	-1831	1	185	178	7
湖　北	-226	28	317	294	23
湖　南	2588	265	654	601	53
广　东	3016	494	4294	4126	168
广　西	217	65	419	414	6
海　南	14		77	74	3
重　庆	35	4	89	84	4
四　川	23	13	184	176	8
贵　州					
云　南					
西　藏					
陕　西					
甘　肃	-32		2		2
青　海	1		10	10	
宁　夏					
新　疆					

2-113 各地区外商投资建筑业企业应收工程款及企业亏损情况

地区	应收工程款(万元)	#竣工工程	企业个数(个)	#亏损企业个数	亏损企业的比重(%)
全国总计	**402673**	**237790**	**388**	**123**	**31.7**
北京	77223	44861	47	15	31.9
天津	12701	2672	18	8	44.4
河北	850	850	3	1	33.3
山西	4548	579	3	3	100.0
内蒙古	128	128	1		
辽宁	10177	7338	47	13	27.7
吉林	8042	4134	4	3	75.0
黑龙江	3737	885	5	1	20.0
上海	108975	53314	61	18	29.5
江苏	76045	53995	66	17	25.8
浙江	42878	20225	19	7	36.8
安徽	925	454	4	1	25.0
福建	8164	7570	18	5	27.8
江西	95	5	2		
山东	6137	5245	31	8	25.8
河南	1821	1821	6	5	83.3
湖北	989	989	8	5	62.5
湖南	1897		3	1	33.3
广东	33672	31591	25	5	20.0
广西			1		
海南	1208	363	2	1	50.0
重庆	907	293	5	2	40.0
四川	1554	480	7	3	42.9
贵州					
云南					
西藏					
陕西					
甘肃			1	1	100.0
青海			1		
宁夏					
新疆					

2–114 各地区外商投资建筑业企业主要经济效益指标

地　区	产值利润率 (%)	产值利税率 (%)	资本利润率 (%)	资本利税率 (%)	人均利润 (元/人)	人均利税 (元/人)	资产负债率 (%)
全国总计	**4.7**	**7.6**	**18.3**	**29.7**	**7945**	**12897**	**66.9**
北　京	2.1	6.0	8.0	23.2	3157	9091	65.9
天　津	0.4	1.7	1.0	4.2	880	3618	70.3
河　北	-3.2	2.5	-2.4	1.8	-1169	912	45.9
山　西	-0.1	3.0	-0.8	17.1	-141	2923	81.0
内蒙古	1.1	4.2	0.2	0.6	233	883	29.3
辽　宁	7.8	13.0	23.2	38.6	13106	21867	48.9
吉　林	-0.7	3.3	-2.4	11.6	-477	2330	51.2
黑龙江	2.3	5.1	5.8	13.2	2149	4904	41.4
上　海	6.1	8.4	29.1	39.7	17660	24056	75.6
江　苏	5.6	8.7	24.3	37.5	10326	15954	66.4
浙　江	3.6	5.0	36.8	50.7	4412	6068	77.8
安　徽	4.6	7.3	18.5	29.5	4164	6645	70.6
福　建	5.6	9.7	14.1	24.0	6992	11947	58.3
江　西	1.9	3.7	1.6	3.0	798	1562	23.1
山　东	4.6	7.1	8.0	12.2	6889	10538	58.4
河　南	-21.8	-19.6	-42.6	-38.3	-25248	-22694	122.9
湖　北	-1.7	0.7	-2.2	0.9	-1090	437	46.6
湖　南	18.2	22.8	29.4	36.9	17333	21711	25.1
广　东	2.9	7.1	7.8	18.8	6152	14909	62.0
广　西	1.0	2.9	4.1	12.0	2168	6358	40.7
海　南	0.6	4.2	1.5	10.2	597	4000	49.6
重　庆	0.8	2.7	1.8	6.3	772	2717	51.7
四　川	0.6	5.3	0.4	3.6	355	3152	75.4
贵　州							
云　南							
西　藏							
陕　西							
甘　肃							
青　海	1.3	14.4	1.8	20.1	179	2000	88.2
宁　夏							
新　疆							

2-115 各地区港澳台商投资建筑业企业签订合同情况

单位：万元

地区	合同总额	上年结转合同额	本年新签合同额
全国总计	**2605452**	**812739**	**1792713**
北京	502090	105213	396877
天津	51379	10700	40679
河北	5151	822	4329
山西	10786	1324	9462
内蒙古			
辽宁	72950	12497	60453
吉林	14435	937	13498
黑龙江	888		888
上海	506684	151791	354893
江苏	262417	29218	233199
浙江	209686	108036	101649
安徽	36227	3747	32480
福建	138412	57424	80988
江西	34864	6406	28458
山东	89285	11835	77450
河南	15246	2126	13120
湖北	17547	6003	11544
湖南	72542	21319	51223
广东	507464	266025	241439
广西	2243	749	1494
海南	3316	334	2982
重庆	22174	1724	20450
四川	11420	6474	4946
贵州	6648	320	6328
云南	8521	7007	1513
西藏			
陕西			
甘肃			
青海	2233		2233
宁夏			
新疆	845	706	139

2-116 各地区港澳台商投资建筑业企业承包工程完成情况

单位：万元

地区	直接从建设单位承揽工程完成的产值	自行完成施工产值	分包出去工程的产值	从建设单位以外承揽工程完成的产值
全国总计	**1688533**	**1558948**	**129585**	**166468**
北京	242351	203851	38500	25765
天津	25442	25204	238	54403
河北	4786	4786		
山西	10371	10125	246	
内蒙古				
辽宁	61914	61914		497
吉林	14254	14254		
黑龙江	891	891		
上海	352437	312810	39628	52761
江苏	245182	219180	26002	9231
浙江	112357	112357		442
安徽	24994	24576	419	681
福建	104850	104850		169
江西	17964	17964		
山东	83452	83152	300	608
河南	14188	14188		
湖北	14995	14995		50
湖南	49591	42822	6769	7446
广东	263063	245834	17229	13957
广西	1742	1742		
海南	3150	3150		
重庆	20864	20689	175	380
四川	6973	6973		
贵州	904	824	80	80
云南	8461	8461		
西藏				
陕西				
甘肃				
青海	1233	1233		
宁夏	180	180		
新疆	1945	1945		

2-117 各地区港澳台商投资建筑业总产值和竣工产值

单位：万元

地区	建筑业总产值	#装饰装修产值	#在外省完成的产值	按构成分组			竣工产值
				建筑工程产值	安装工程产值	其他产值	
全国总计	**1725416**	**675085**	**329818**	**1172920**	**391488**	**161008**	**1062566**
北京	229615	117850	47309	161156	68459		122961
天津	79607	17597	1244	21190	57485	933	22313
河北	4786	624	61	2322	475	1989	4186
山西	10125	2277		8347	40	1738	3816
内蒙古							
辽宁	62411	34317	10161	41719	20693		48169
吉林	14254	4589		4589	9665		14254
黑龙江	891	883		891			
上海	365570	216613	29419	263147	41293	61131	230608
江苏	228411	59014	40751	210291	15120	3000	170004
浙江	112799	10735	57300	83818	28976	5	53330
安徽	25256	1136	17695	18098	4991	2168	8441
福建	105019	59023	46417	62786	13240	28993	67424
江西	17964	2175		12278	2507	3178	5054
山东	83761	14850	4900	58913	9640	15208	35685
河南	14188	499	388	2503	1043	10642	3329
湖北	15045	6328	2471	2171	6434	6440	4215
湖南	50268	30550	24342	29532	19919	817	53855
广东	259791	68900	47222	172989	74200	12602	188602
广西	1742	1183		668	904	170	1459
海南	3150				3150		
重庆	21069	20511		10631	558	9880	7715
四川	6973	3400		1284	3573	2116	5447
贵州	904	192	141	904			552
云南	8461	570		1102	7359		7967
西藏							
陕西							
甘肃							
青海	1233	908		1233			1233
宁夏	180	180		180			
新疆	1945	180		180	1765		1945

2-118 各地区港澳台商投资建筑业企业房屋建筑面积

地　区	房屋建筑施工面积(万平方米)	#本年新开工	#实行投标承包面积	#本年新开工	房屋建筑竣工面积(万平方米)	房屋建筑面积竣工率(%)
全国总计	**668.2**	**324.4**	**479.4**	**244.7**	**214.0**	**32.0**
北　京	140.3	75.6	90.2	75.6	19.5	13.9
天　津						
河　北	0.5					
山　西	2.1	0.7	0.7	0.7	2.1	100.0
内蒙古						
辽　宁	4.5	3.5	1.0			
吉　林						
黑龙江						
上　海	48.2	13.2	35.1	4.6	13.0	27.1
江　苏	28.1	20.9	18.4	15.9	4.2	15.1
浙　江	73.5	16.4	10.2	10.2	13.6	18.6
安　徽	22.5	20.0	22.5	20.0	6.2	27.6
福　建	47.7	21.7	45.2	21.7	13.2	27.7
江　西	14.0	13.4	14.0	13.4	2.1	15.3
山　东	55.8	51.3	51.0	10.8	30.8	55.2
河　南						
湖　北						
湖　南	42.6	14.7	24.7	3.6	33.1	77.7
广　东	184.8	70.7	163.9	65.9	75.6	40.9
广　西	1.3				0.4	32.4
海　南						
重　庆						
四　川						
贵　州	1.1	1.1	1.1	1.1		
云　南						
西　藏						
陕　西						
甘　肃						
青　海	1.4	1.4	1.4	1.4		
宁　夏						
新　疆						

2-119 各地区按主要用途分的港澳台商投资建筑业企业房屋建筑竣工面积

单位：万平方米

地 区	合 计	厂房、仓库	住 宅	办公用房	批发和零售用 房	住宿和餐饮用 房
全国总计	**214.0**	**74.2**	**94.5**	**17.3**	**7.8**	
北 京	19.5	3.3	8.8		1.1	
天 津						
河 北						
山 西	2.1		1.1			
内蒙古						
辽 宁						
吉 林						
黑龙江						
上 海	13.0	12.1		0.6		
江 苏	4.2	2.7	1.1	0.4		
浙 江	13.6	5.1	8.1	0.4		
安 徽	6.2	3.7	2.1	0.3	0.2	
福 建	13.2		3.6	9.6		
江 西	2.1	1.5	0.6			
山 东	30.8	28.3	2.4			
河 南						
湖 北						
湖 南	33.1	8.2	16.8	2.8		
广 东	75.6	9.3	49.2	3.3	6.5	
广 西	0.4		0.4			
海 南						
重 庆						
四 川						
贵 州						
云 南						
西 藏						
陕 西						
甘 肃						
青 海						
宁 夏						
新 疆						

2-119 续表 单位：万平方米

地　区	居民服务业用　房	教育用房	文化、体育和娱乐用房	卫生医疗用　房	科研用房	其他用房
全国总计		**6.9**	**0.7**	**1.6**		**11.0**
北　京						6.3
天　津						
河　北						
山　西		0.9				
内蒙古						
辽　宁						
吉　林						
黑龙江						
上　海						0.3
江　苏						
浙　江						
安　徽						
福　建						
江　西						
山　东						
河　南						
湖　北						
湖　南			0.7	1.6		3.0
广　东		6.0				1.4
广　西						
海　南						
重　庆						
四　川						
贵　州						
云　南						
西　藏						
陕　西						
甘　肃						
青　海						
宁　夏						
新　疆						

2-120 各地区按主要用途分的港澳台商投资建筑业企业房屋建筑竣工价值

单位：万元

地　区	合　计	厂房、仓库	住　宅	办公用房	批发和零售用　房	住宿和餐饮用　房
全国总计	**219366**	**54173**	**109362**	**27102**	**11000**	
北　京	25333	8357	7908		596	
天　津						
河　北						
山　西	1516		962			
内蒙古						
辽　宁						
吉　林						
黑龙江						
上　海	8151	6910		1186		
江　苏	5219	4280	451	488		
浙　江	7222	2316	4108	798		
安　徽	4200	2954	936	220	90	
福　建	18153		3958	14195		
江　西	1000	750	250			
山　东	18094	16032	2062			
河　南						
湖　北						
湖　南	29046	5335	16994	3291		
广　东	101048	7239	71347	6923	10314	
广　西	385		385			
海　南						
重　庆						
四　川						
贵　州						
云　南						
西　藏						
陕　西						
甘　肃						
青　海						
宁　夏						
新　疆						

2-120 续表

单位：万元

地　区	居民服务业用　房	教育用房	文化、体育和娱乐用房	卫生医疗用　房	科研用房	其他用房
全国总计		**3404**	**680**	**1237**		**12409**
北　京						8471
天　津						
河　北						
山　西		554				
内蒙古						
辽　宁						
吉　林						
黑龙江						
上　海						55
江　苏						
浙　江						
安　徽						
福　建						
江　西						
山　东						
河　南						
湖　北						
湖　南			680	1237		1508
广　东		2850				2375
广　西						
海　南						
重　庆						
四　川						
贵　州						
云　南						
西　藏						
陕　西						
甘　肃						
青　海						
宁　夏						
新　疆						

2-121 各地区港澳台商投资建筑业企业施工机械设备情况

地 区	年末自有施工机械设备总台数(台)	年末自有施工机械设备总功率(千瓦)	年末自有施工机械设备净值(万元)	技术装备率(元/人)	动力装备率(千瓦/人)
全国总计	**35856**	**415826**	**98968**	**11446**	**4.8**
北 京	5886	24602	2251	1827	2.0
天 津	403	3859	1814	12827	2.7
河 北	188	16364	762	25844	55.5
山 西	463	5199	2471	23760	5.0
内蒙古					
辽 宁	2000	24484	3553	9854	6.8
吉 林	667	4340	492	5566	4.9
黑龙江	248	5204	849	141533	86.7
上 海	4323	27124	7211	7639	2.9
江 苏	3411	51737	24903	22161	4.6
浙 江	1555	23519	6190	10829	4.1
安 徽	744	14216	937	2915	4.4
福 建	4211	31994	3647	5901	5.2
江 西	538	2630	663	5190	2.1
山 东	1811	51900	13091	22336	8.9
河 南	429	1042	886	11466	1.3
湖 北	1691	5444	820	5050	3.4
湖 南	1390	30191	4315	7173	5.0
广 东	4782	80996	23335	18438	6.4
广 西	6	72	9	260	0.2
海 南					
重 庆	750	5003	194	1679	4.3
四 川	185	420	158	3237	0.9
贵 州	28	1547	186	14880	12.4
云 南	16	540	57	4328	4.1
西 藏					
陕 西					
甘 肃					
青 海	44	420	26	2909	4.8
宁 夏	26	49	19	1078	0.3
新 疆	61	2930	128	8265	18.9

2-122 各地区港澳台商投资建筑业企业主要生产效益指标

地　区	建筑业企业个数(个)	计算建筑业劳动生产率的平均人数(人)	按总产值计算的劳动生产率(元/人)	人　均竣工产值(元/人)	人　均施工面积(平方米/人)	人　均竣工面积(平方米/人)
全国总计	**516**	**106694**	**161716**	**99590**	**62.6**	**20.1**
北　京	59	15580	147378	78922	90.0	12.5
天　津	19	2354	338178	94788		
河　北	4	308	155377	135912	16.9	
山　西	7	1055	95971	36171	19.5	19.5
内蒙古						
辽　宁	32	5657	110325	85149	8.0	
吉　林	7	1114	127956	127956		
黑龙江	2	117	76145			
上　海	83	17100	213784	134858	28.2	7.6
江　苏	53	10965	208309	155043	25.6	3.9
浙　江	21	6359	177384	83866	115.6	21.5
安　徽	8	3273	77165	25790	68.6	18.9
福　建	41	7197	145920	93684	66.3	18.4
江　西	12	2332	77030	21672	60.0	9.2
山　东	35	7145	117230	49944	78.1	43.1
河　南	7	732	193828	45482		
湖　北	12	1488	101110	28329		
湖　南	11	5860	85781	91902	72.6	56.5
广　东	70	14399	180423	130983	128.3	52.5
广　西	4	317	54953	46025	41.6	13.5
海　南	1	195				
重　庆	8	1367	154124	56440		
四　川	7	491	142014	110933		
贵　州	3	72	125556	76667	152.8	
云　南	3	630	134295	126459		
西　藏						
陕　西						
甘　肃						
青　海	2	250	49320	49320	55.5	
宁　夏	1	128	14063			
新　疆	4	209	93081	93081		

2-123 各地区港澳台商投资建筑业企业营业额

单位：万元

地 区	企业营业额	在境外完成的营业额	企业总产值	#建筑业总产值
全国总计	**1869589**	**15340**	**1854249**	**1725416**
北 京	261139	440	260699	229615
天 津	101394		101394	79607
河 北	5106		5106	4786
山 西	10125		10125	10125
内蒙古				
辽 宁	63866	1448	62418	62411
吉 林	14254		14254	14254
黑龙江	891		891	891
上 海	384572		384572	365570
江 苏	238127		238127	228411
浙 江	141529		141529	112799
安 徽	25256		25256	25256
福 建	109289	4022	105267	105019
江 西	17964		17964	17964
山 东	84345		84345	83761
河 南	14188		14188	14188
湖 北	15319		15319	15045
湖 南	52903	2473	50430	50268
广 东	283060	6957	276103	259791
广 西	2196		2196	1742
海 南	3150		3150	3150
重 庆	21082		21082	21069
四 川	6974		6974	6973
贵 州	918		918	904
云 南	8461		8461	8461
西 藏				
陕 西				
甘 肃				
青 海	1233		1233	1233
宁 夏	180		180	180
新 疆	2068		2068	1945

2-124 各地区港澳台商投资建筑业企业资产构成

单位：万元

地区	资产合计	#流动资产小计	#长期投资	#固定资产小计	#无形及递延资产
全国总计	**2008794**	**1634560**	**46630**	**275930**	**46853**
北京	262825	226905	4444	17262	13571
天津	92034	73666	30	12190	5379
河北	3264	1781	1	1159	323
山西	28747	21447	773	6526	1
内蒙古					
辽宁	85015	73711	25	10930	349
吉林	24540	22004	30	1912	594
黑龙江	3881	2284		1164	433
上海	344349	315706	5259	22029	1012
江苏	263958	192914	7925	58976	3938
浙江	74301	59496	1932	12008	837
安徽	16027	11652	200	4032	143
福建	108539	93480	4071	8336	1676
江西	29754	21756	1447	6550	1
山东	110121	72444	1773	32073	3811
河南	26051	23510	500	2025	17
湖北	21918	16104	75	5660	67
湖南	49722	30481	2617	9053	7482
广东	411944	329984	14990	58333	6989
广西	3915	3676	52	187	
海南	2764	2463		301	
重庆	11610	9914	12	1684	
四川	8064	6590	5	1166	220
贵州	8584	7231	334	1014	
云南	10645	10509		136	
西藏					
陕西					
甘肃					
青海	1278	1012	1	265	
宁夏	462	435		27	
新疆	4485	3406	135	933	11

2-125 各地区港澳台商投资建筑业企业流动资产、无形及递延资产

单位：万元

地 区	流动资产	#存货	无形及递延资产	#无形资产
全国总计	**1634560**	**470318**	**46853**	**42652**
北 京	226905	53486	13571	12956
天 津	73666	18850	5379	5340
河 北	1781	391	323	321
山 西	21447	5991	1	1
内蒙古				
辽 宁	73711	15847	349	303
吉 林	22004	10289	594	594
黑龙江	2284	464	433	433
上 海	315706	105976	1012	824
江 苏	192914	62296	3938	2849
浙 江	59496	16369	837	772
安 徽	11652	729	143	131
福 建	93480	34696	1676	683
江 西	21756	7740	1	1
山 东	72444	18607	3811	3736
河 南	23510	3662	17	10
湖 北	16104	2662	67	4
湖 南	30481	6227	7482	7416
广 东	329984	101536	6989	6049
广 西	3676	535		
海 南	2463			
重 庆	9914	1699		
四 川	6590	679	220	220
贵 州	7231	1015		
云 南	10509	111		
西 藏				
陕 西				
甘 肃				
青 海	1012	243		
宁 夏	435			
新 疆	3406	218	11	11

2-126 各地区港澳台商投资建筑业企业固定资产情况

单位：万元

地区	固定资产小计	固定资产原价	#生产经营用	固定资产折旧	#本年折旧	在建工程
全国总计	275930	400551	284199	157029	29225	23897
北京	17262	26174	18806	12531	3806	3608
天津	12190	16169	7005	5831	1136	1844
河北	1159	1403	1009	360	66	116
山西	6526	8282	7952	3589	643	1021
内蒙古						
辽宁	10930	19456	18541	9866	874	11
吉林	1912	2801	502	890	240	
黑龙江	1164	1434	1434	271	47	
上海	22029	48920	26223	27279	3549	239
江苏	58976	68313	57126	19739	2828	8878
浙江	12008	15630	13206	4791	986	1169
安徽	4032	5981	4371	2037	254	7
福建	8336	13018	8476	6713	1126	748
江西	6550	9106	8236	2747	617	191
山东	32073	44274	29171	13961	3035	1671
河南	2025	2865	924	1158	703	108
湖北	5660	10978	8692	5620	582	302
湖南	9053	12650	10102	4058	726	280
广东	58333	83942	55853	32138	7581	3700
广西	187	432	80	251	14	6
海南	301	444	444	143	42	
重庆	1684	2075	2073	392	63	
四川	1166	1800	528	635	67	
贵州	1014	1632	1278	618	52	
云南	136	527	308	391	28	
西藏						
陕西						
甘肃						
青海	265	316	316	51	16	
宁夏	27	45	45	19	4	
新疆	933	1884	1497	951	142	

2-127 各地区港澳台商投资建筑业企业负债及所有者权益

单位：万元

地 区	负债合计	流动负债	长期负债	所有者权益	#实收资本
全国总计	**1243713**	**1179167**	**64547**	**765081**	**676271**
北 京	146217	144159	2058	116608	101727
天 津	78062	78062		13972	21195
河 北	641	641		2623	2052
山 西	16552	16552		12195	13223
内蒙古					
辽 宁	50435	50426	10	34580	30881
吉 林	14081	14081		10459	5227
黑龙江	481	481		3400	2729
上 海	223928	222829	1099	120422	116628
江 苏	148068	140227	7841	115890	88035
浙 江	44228	44111	118	30073	24711
安 徽	7112	6912	200	8915	8268
福 建	65603	64478	1125	42936	42058
江 西	13570	13480	90	16184	13518
山 东	58371	56523	1848	51750	46177
河 南	17366	17358	8	8684	8910
湖 北	4976	4976		16942	14587
湖 南	22034	21534	500	27688	25454
广 东	300487	251519	48968	111456	92621
广 西	2656	2656		1259	1079
海 南	312	312		2452	2000
重 庆	5689	5689		5921	5609
四 川	4148	3466	681	3916	3140
贵 州	4997	4997		3587	3859
云 南	9868	9867	1	776	779
西 藏					
陕 西					
甘 肃					
青 海	741	741		537	536
宁 夏	470	470		-8	60
新 疆	2620	2620		1865	1208

2-128 各地区港澳台商投资建筑业企业实收资本

单位：万元

地 区	合 计	国家资本	集体资本	法人资本	个人资本	港澳台资本	外商资本
全国总计	**676271**	**32397**	**24515**	**208181**	**22477**	**385719**	**2982**
北 京	101727	2936	3028	40632	1375	53756	
天 津	21195	1883	480	4962	595	13275	
河 北	2052		30	1351		671	
山 西	13223	87	1664	5585	165	5723	
内蒙古							
辽 宁	30881	4808	1751	6360	1045	16918	
吉 林	5227	285		1846		3096	
黑龙江	2729			1533		1196	
上 海	116628	10283	2711	30370	834	71787	642
江 苏	88035	895	1622	15901	6665	62952	
浙 江	24711	3477	3167	8105	2287	7675	
安 徽	8268	491	1457	210	306	5805	
福 建	42058	1495	2488	7637	712	27867	1860
江 西	13518	360		5542		7616	
山 东	46177	656	2409	23248	1968	17896	
河 南	8910		189	2748		5973	
湖 北	14587	1122	1071	2469		9445	480
湖 南	25454			8497	480	16478	
广 东	92621	1836	2316	35843	3155	49472	
广 西	1079		42	316	300	421	
海 南	2000			1930		70	
重 庆	5609	1258		500	1315	2536	
四 川	3140			735	900	1505	
贵 州	3859	80		1126		2653	
云 南	779		92	486		202	
西 藏							
陕 西							
甘 肃							
青 海	536				375	161	
宁 夏	60					60	
新 疆	1208	446		250		512	

2-129 各地区港澳台商投资建筑业企业收入情况

单位：万元

地区	工程结算收入	工程结算成本	工程结算税金及附加	工程结算利润	经营费用	其他业务收入	#其他业务利润
全国总计	**1821415**	**1602035**	**46248**	**154427**	**18706**	**56921**	**5998**
北京	279280	253784	7806	15620	2070	923	579
天津	84894	63654	1375	13274	6592	23404	-769
河北	4251	3670	105	439	37	2	2
山西	10957	9554	363	935	105	361	251
内蒙古							
辽宁	58841	51903	1790	4984	164	18	9
吉林	23253	16303	678	6167	107		
黑龙江	891	780	28	83			
上海	403075	364682	9280	27247	1867	5668	1491
江苏	215755	182542	4090	26535	2587	10146	1234
浙江	126169	114169	2613	8724	663	750	572
安徽	24241	22623	810	733	75	61	50
福建	83899	74936	2665	5850	448	474	166
江西	17693	15727	562	1355	50	434	63
山东	78161	67704	2075	7947	435	15	15
河南	14292	12262	422	1598	10		
湖北	15438	13478	406	1502	52	306	-23
湖南	41799	36561	1441	3632	165	276	161
广东	305142	269337	8747	23907	3151	13919	2231
广西	1821	1642	50	120	9		
海南	3150	2356	100	621	73		
重庆	14063	12812	423	828		32	30
四川	4443	3240	145	1036	21	5	2
贵州	735	762	7	-47	13	14	14
云南	5867	5122	153	587	5	91	1
西藏							
陕西							
甘肃							
青海	1171	1057	36	77			
宁夏	188	199	6	-17			
新疆	1945	1176	72	690	7	24	-78

2-130 各地区港澳台商投资建筑业企业费用情况

单位：万元

地 区	管理费用	#税金	#财产保险费	#差旅费	#工会经费	财务费用	#利息支出
全国总计	**115591**	**3431**	**676**	**5715**	**774**	**10096**	**4699**
北 京	14729	221	81	717	51	799	613
天 津	16687	28	126	177	10	369	19
河 北	219	61		18	3	91	92
山 西	1050	10	10	176	95	179	67
内蒙古							
辽 宁	3724	77	12	216	100	45	38
吉 林	1726	49	5	193		-7	-1
黑龙江	74	1		1		19	19
上 海	20411	443	85	949		825	708
江 苏	11465	807	104	1231	95	1734	592
浙 江	4575	314	4	213	32	426	357
安 徽	727	23	1	31	1	13	8
福 建	5559	40	20	299	16	508	509
江 西	828	56	1	38	3	68	57
山 东	4088	285	126	294	34	544	124
河 南	1726	4	1	40	2	30	5
湖 北	916	24	5	13	10	-26	-4
湖 南	3110	60	23	199	12	512	206
广 东	21100	851	58	749	308	3840	1239
广 西	134	18		7		4	4
海 南	514	15		20		-5	
重 庆	496	12	1	71		10	10
四 川	643	11		19	1	66	5
贵 州	215	10	1	24	1	20	22
云 南	329	6	14	16	2	4	3
西 藏							
陕 西							
甘 肃							
青 海	99	1				6	
宁 夏	36			3		6	6
新 疆	411	4		1		17	

2-131 各地区港澳台商投资建筑业企业利润及税金情况

单位：万元

地区	利润总额	#应交所得税	税金总额	工程结算税金及附加	管理费用中的税金
全国总计	**36242**	**10365**	**49679**	**46248**	**3431**
北京	778	519	8027	7806	221
天津	-4486	153	1403	1375	28
河北	128	16	166	105	61
山西	-43	39	374	363	10
内蒙古					
辽宁	1266	390	1867	1790	77
吉林	4440	2257	726	678	49
黑龙江	-8	1	29	28	1
上海	5554	1860	9722	9280	443
江苏	13650	1783	4897	4090	807
浙江	3972	604	2927	2613	314
安徽	40	39	832	810	23
福建	885	468	2706	2665	40
江西	560	189	618	562	56
山东	3120	643	2360	2075	285
河南	593	263	426	422	4
湖北	528	203	430	406	24
湖南	176	108	1501	1441	60
广东	4134	674	9598	8747	851
广西	-16		68	50	18
海南	90	15	116	100	15
重庆	385	35	435	423	12
四川	319	21	156	145	11
贵州	-266	1	16	7	10
云南	346	56	159	153	6
西藏					
陕西					
甘肃					
青海	-28		37	36	1
宁夏	-60		6	6	
新疆	183	31	77	72	4

2-132 各地区港澳台商投资建筑业应收工程款及企业亏损情况

地区	应收工程款(万元)	#竣工工程	企业个数(个)	#亏损企业个数	亏损企业的比重(%)
全国总计	**321005**	**138023**	**516**	**165**	**32.0**
北京	61708	13947	59	20	33.9
天津	11734	2431	19	7	36.8
河北			4	1	25.0
山西	2784	1240	7	4	57.1
内蒙古					
辽宁	15257	3050	32	7	21.9
吉林	3933	1685	7	1	14.3
黑龙江	1227	1219	2	1	50.0
上海	53858	23141	83	25	30.1
江苏	26435	14070	53	9	17.0
浙江	9955	3595	21	4	19.0
安徽	1503	758	8	2	25.0
福建	13787	7329	41	17	41.5
江西	433	55	12	5	41.7
山东	16935	2476	35	13	37.1
河南	1901	365	7	2	28.6
湖北	2271	2169	12	6	50.0
湖南	16183	7079	11	5	45.5
广东	76207	49958	70	20	28.6
广西	1154	154	4	2	50.0
海南	777	777	1		
重庆	2230	2145	8	4	50.0
四川	236	51	7	2	28.6
贵州	192	59	3	2	66.7
云南	121	85	3	2	66.7
西藏					
陕西					
甘肃					
青海			2	1	50.0
宁夏	188	188	1	1	100.0
新疆			4	2	50.0

2-133 各地区港澳台商投资建筑业企业主要经济效益指标

地 区	产值利润率 (%)	产值利税率 (%)	资本利润率 (%)	资本利税率 (%)	人均利润 (元/人)	人均利税 (元/人)	资产负债率 (%)
全国总计	**2.1**	**5.0**	**5.4**	**12.7**	**3397**	**8053**	**61.9**
北 京	0.3	3.8	0.8	8.7	499	5651	55.6
天 津	-5.6	-3.9	-21.2	-14.5	-19055	-13096	84.8
河 北	2.7	6.1	6.3	14.3	4169	9552	19.6
山 西	-0.4	3.3	-0.3	2.5	-404	3136	57.6
内蒙古							
辽 宁	2.0	5.0	4.1	10.1	2238	5538	59.3
吉 林	31.2	36.2	85.0	98.8	39859	46376	57.4
黑龙江	-0.9	2.4	-0.3	0.8	-650	1829	12.4
上 海	1.5	4.2	4.8	13.1	3248	8933	65.0
江 苏	6.0	8.1	15.5	21.1	12449	16914	56.1
浙 江	3.5	6.1	16.1	27.9	6246	10849	59.5
安 徽	0.2	3.5	0.5	10.5	122	2664	44.4
福 建	0.8	3.4	2.1	8.5	1230	4990	60.4
江 西	3.1	6.6	4.1	8.7	2402	5053	45.6
山 东	3.7	6.5	6.8	11.9	4367	7670	53.0
河 南	4.2	7.2	6.7	11.4	8098	13923	66.7
湖 北	3.5	6.4	3.6	6.6	3550	6441	22.7
湖 南	0.4	3.3	0.7	6.6	301	2862	44.3
广 东	1.6	5.3	4.5	14.8	2871	9537	72.9
广 西	-0.9	3.0	-1.5	4.8	-498	1640	67.8
海 南							
重 庆	1.8	3.9	6.9	14.6	2814	5998	49.0
四 川	4.6	6.8	10.1	15.1	6487	9666	51.4
贵 州							
云 南	4.1	6.0	44.4	64.9	5497	8027	92.7
西 藏							
陕 西							
甘 肃							
青 海	-2.2	0.7	-5.1	1.7	-1104	368	58.0
宁 夏							
新 疆	9.4	13.3	15.1	21.5	8751	12416	58.4

三、中央和地方建筑业企业

3-1 各地区中央建筑业企业签订合同情况

单位：万元

地 区	合同总额	上年结转合同额	本年新签合同额
全国总计	**134958527**	**53911017**	**81047510**
北 京	18312305	8056714	10255591
天 津	8608654	3128636	5480018
河 北	5982745	2268991	3713754
山 西	10111404	3983308	6128096
内蒙古	672219	475998	196221
辽 宁	7077274	2722047	4355227
吉 林	1089051	377090	711961
黑龙江	1721835	505972	1215863
上 海	8627250	2544871	6082379
江 苏	2379685	1047331	1332354
浙 江	1951524	1131106	820418
安 徽	3159696	1181538	1978157
福 建	1587470	770286	817184
江 西	1492872	718969	773903
山 东	7208383	3307261	3901122
河 南	6898435	2823596	4074839
湖 北	13700880	5259614	8441265
湖 南	3802756	1528204	2274552
广 东	5504838	2138542	3366297
广 西	1200553	435632	764921
海 南	6621	2539	4082
重 庆	1033691	395743	637948
四 川	6884622	2947433	3937189
贵 州	1408766	663835	744931
云 南	1848907	848543	1000365
西 藏			
陕 西	9181189	3270760	5910429
甘 肃	542966	241212	301754
青 海	1167348	510546	656803
宁 夏	286264	130650	155615
新 疆	1508326	494053	1014273

3-2 各地区中央建筑业企业承包工程完成情况

单位：万元

地 区	直接从建设单位承揽工程完成的产值	自行完成施工产值	分包出去工程的产值	从建设单位以外承揽工程完成的产值
全国总计	**61428276**	**58146628**	**3281648**	**2024965**
北 京	7240502	6922028	318474	157147
天 津	3792570	3391258	401312	65697
河 北	3197883	3124132	73751	95724
山 西	4475949	4316357	159592	84589
内蒙古	168676	168676		2215
辽 宁	3357566	3270904	86662	52897
吉 林	754410	750175	4236	8437
黑龙江	1087486	1055373	32113	15083
上 海	4250515	3499308	751208	202573
江 苏	1412682	1287028	125654	88665
浙 江	1072204	779931	292273	31972
安 徽	1588122	1559220	28903	49563
福 建	798803	732640	66164	3480
江 西	777713	762057	15656	4948
山 东	3697113	3544319	152794	110625
河 南	3156628	3134648	21980	105192
湖 北	4948170	4883765	64405	195435
湖 南	1574644	1567698	6946	158160
广 东	2380464	1986395	394069	198453
广 西	490798	487149	3649	47139
海 南	4592	4592		
重 庆	665392	664835	556	26006
四 川	3304463	3203478	100985	212105
贵 州	798147	788811	9336	24252
云 南	712480	697565	14915	3004
西 藏				
陕 西	3597254	3553142	44111	22166
甘 肃	588575	551773	36801	36941
青 海	375969	359809	16161	12038
宁 夏	158575	125035	33540	307
新 疆	999932	974528	25403	10156

3-3 各地区中央建筑业总产值和竣工产值

单位: 万元

地区	建筑业总产值	#装饰装修产值	#在外省完成的产值	按构成分组 建筑工程产值	安装工程产值	其他产值	竣工产值
全国总计	**60171593**	**1322005**	**32788078**	**48336468**	**9923515**	**1911609**	**32750843**
北京	7079175	750930	4139080	6299989	680369	98816	4046124
天津	3456955	17299	2113071	2597326	485981	373647	1892493
河北	3219856	55623	1859598	2327423	809627	82805	1239171
山西	4400947	25016	3277322	3949363	385322	66261	1800261
内蒙古	170892	927	45781	153878	7771	9243	40839
辽宁	3323801	40707	1903825	2575432	596351	152018	1476700
吉林	758611	145	281239	471644	285762	1205	374270
黑龙江	1070455	4066	389357	561728	506029	2698	745355
上海	3701880	110596	2290408	2956887	673295	71699	2531914
江苏	1375693	6578	752957	713952	619139	42602	848393
浙江	811903		186384	446461	297663	67780	680893
安徽	1608782	27125	879407	1383073	197670	28040	829006
福建	736120	15026	289260	610379	110637	15104	499503
江西	767004	16599	441889	658976	96328	11700	330763
山东	3654944	47462	1481638	2788028	772049	94868	2279836
河南	3239840	10823	1631439	2493593	720326	25921	1488265
湖北	5079200	15491	3149625	4500803	415180	163217	2601797
湖南	1725857	17532	1261925	1421325	242467	62066	1134740
广东	2184847	22283	657630	2003509	54972	126367	1706100
广西	534288	6871	84880	387794	126671	19824	386985
海南	4592			3170	1423		1434
重庆	690841	5455	316609	593516	80474	16851	347573
四川	3415583	62669	1849845	2707942	502435	205206	1815871
贵州	813063	8073	237738	505922	288911	18231	507634
云南	700569	1272	286718	545364	137624	17581	220267
西藏							
陕西	3575309	49433	2481139	3208287	280010	87012	1469035
甘肃	588714	2068	95722	315787	255485	17442	434290
青海	371846	80	178507	285949	73273	12624	148714
宁夏	125341	66	10326	51480	72441	1421	148451
新疆	984684	1790	214762	817489	147834	19361	724166

3-4 各地区中央建筑业企业房屋建筑面积

地　区	房屋建筑施工面积(万平方米)	#本年新开工	#实行投标承包面积	#本年新开工	房屋建筑竣工面积(万平方米)	房屋建筑面积竣工率(%)
全国总计	**23220.7**	**9712.4**	**20738.5**	**8849.7**	**7144.1**	**30.8**
北　京	5905.2	2380.6	5382.8	2230.0	1515.5	25.7
天　津	1163.2	685.1	1161.3	684.4	280.9	24.2
河　北	851.4	361.0	671.3	269.5	187.4	22.0
山　西	646.7	231.7	605.7	228.8	186.7	28.9
内蒙古	26.4	20.8	13.9	9.5	14.8	56.1
辽　宁	634.4	300.1	573.7	271.9	136.3	21.5
吉　林	156.0	124.6	153.9	120.2	74.9	48.0
黑龙江	148.5	103.5	126.7	79.5	75.4	50.8
上　海	1981.9	812.6	1926.0	795.2	558.9	28.2
江　苏	322.2	123.0	300.1	111.4	170.2	52.8
浙　江	30.7	11.2	21.2	11.2	9.8	31.9
安　徽	726.5	388.1	614.8	377.9	208.1	28.7
福　建	367.8	73.7	113.5	47.4	81.5	22.2
江　西	155.2	67.4	154.1	66.8	53.4	34.4
山　东	1145.6	414.8	1104.8	404.6	424.1	37.0
河　南	886.5	373.5	645.4	321.1	260.7	29.4
湖　北	2575.6	843.5	2204.9	725.6	1202.0	46.7
湖　南	1013.4	459.6	1006.8	453.8	282.3	27.9
广　东	1398.1	617.2	1098.1	408.6	348.6	24.9
广　西	177.0	107.9	160.0	66.1	105.8	59.8
海　南						
重　庆	193.4	76.3	162.5	74.0	108.5	56.1
四　川	907.3	379.2	829.5	376.2	202.9	22.4
贵　州	638.7	265.9	620.1	264.5	192.1	30.1
云　南	41.5	14.8	30.9	6.6	18.9	45.6
西　藏						
陕　西	521.7	170.7	498.3	165.1	127.0	24.3
甘　肃	67.7	11.7	61.7	10.9	19.5	28.7
青　海	24.4	3.8	24.4	1.6	11.0	45.2
宁　夏	20.6	4.4	20.6	4.4	10.8	52.5
新　疆	492.9	285.6	451.6	262.9	276.2	56.0

3-5 各地区按主要用途分的中央建筑业企业房屋建筑竣工面积

单位：万平方米

地 区	合 计	厂房、仓库	住 宅	办公用房	批发和零售用 房	住宿和餐饮用 房
全国总计	**7144.1**	**1679.4**	**3367.6**	**713.5**	**191.4**	**231.1**
北 京	1515.5	163.1	763.7	308.2	34.5	54.0
天 津	280.9	89.5	130.4	9.6	7.5	1.1
河 北	187.4	53.5	73.7	31.9		2.5
山 西	186.7	106.4	21.3	1.9	2.2	2.2
内蒙古	14.8	1.6	9.4	1.0	0.8	
辽 宁	136.3	38.0	71.6	4.7	3.4	2.4
吉 林	74.9	53.1	15.6	5.1		0.2
黑龙江	75.4	22.8	39.3	1.6		
上 海	558.9	192.7	239.3	58.4	0.3	19.2
江 苏	170.2	67.8	52.6	6.5	6.4	11.8
浙 江	9.8	9.1	0.4	0.2		
安 徽	208.1	117.0	46.8	3.1		0.1
福 建	81.5	5.6	54.1	3.3		
江 西	53.4	23.7	8.3	4.2		3.4
山 东	424.1	100.7	208.3	40.2	6.4	3.8
河 南	260.7	40.3	123.8	15.7	19.6	9.1
湖 北	1202.0	265.6	669.4	43.7	77.2	24.7
湖 南	282.3	43.2	82.4	69.7	6.9	33.0
广 东	348.6	43.8	194.2	47.1	7.9	32.4
广 西	105.8	7.8	82.9	12.0	0.5	
海 南						
重 庆	108.5	26.0	65.9	1.6	0.2	3.9
四 川	202.9	76.0	69.2	7.0	1.3	0.8
贵 州	192.1	57.4	62.2	16.4	11.0	21.5
云 南	18.9	5.9	9.2	2.1		0.6
西 藏						
陕 西	127.0	37.8	56.8	5.2	0.9	
甘 肃	19.5	2.2	12.6	0.1		
青 海	11.0	0.4	10.4	0.1		
宁 夏	10.8	2.3	7.9	0.3	0.3	
新 疆	276.2	26.0	186.1	12.4	4.0	4.4

3-5 续表

单位：万平方米

地　区	居民服务业用　房	教育用房	文化、体育和娱乐用房	卫生医疗用　房	科研用房	其他用房
全国总计	**49.9**	**448.2**	**114.0**	**78.3**	**31.6**	**239.1**
北　京	2.0	88.0	41.8	19.0	6.3	34.7
天　津	7.5	11.9	4.2	1.5		17.8
河　北	1.0	5.7		2.4		16.8
山　西	0.2	34.1	5.3	0.7	2.6	9.8
内蒙古		0.4				1.6
辽　宁	0.6	2.7	7.0	1.3	0.2	4.4
吉　林				0.2		0.7
黑龙江	0.2	0.5				10.9
上　海	6.9	32.0		0.8		9.3
江　苏		9.0	11.0		4.1	0.9
浙　江						0.1
安　徽	11.7	7.7	12.4	5.1	0.8	3.5
福　建		17.2				1.3
江　西		13.7				
山　东	0.6	24.4	0.1	1.8	1.3	36.4
河　南	0.3	26.3	1.3	11.6	4.0	8.6
湖　北		98.1	7.0	10.1	2.5	3.6
湖　南	5.7	7.8	6.3	6.2	0.9	20.2
广　东	1.9	8.8	0.4	2.5		9.6
广　西		1.6		0.5		0.4
海　南						
重　庆		7.1	0.2	3.6		0.1
四　川	1.6	9.5	0.5	2.8	7.6	26.6
贵　州	4.8	6.8	2.3	1.5	0.5	7.7
云　南			0.3			0.8
西　藏						
陕　西		11.9	7.0	2.6	0.6	4.3
甘　肃	1.0	3.2		0.3		0.1
青　海						0.1
宁　夏						
新　疆	3.7	19.8	7.0	3.9	0.1	8.9

3-6 各地区按主要用途分的中央建筑业企业房屋建筑竣工价值

单位：万元

地区	合计	厂房、仓库	住宅	办公用房	批发和零售用房	住宿和餐饮用房
全国总计	**8058574**	**2354317**	**2839317**	**1105504**	**200314**	**194429**
北京	2281908	273298	948046	586544	57168	42813
天津	366273	101589	163075	15924	13507	1218
河北	216636	80530	72358	32087		1483
山西	337708	219363	20558	2629	772	6900
内蒙古	10973	1580	6519	822	609	
辽宁	143810	40153	64963	6774	3333	1608
吉林	62448	44894	11123	4718		243
黑龙江	79350	30392	29849	1945		
上海	747483	360093	166452	87257	1028	25525
江苏	209047	92393	56847	8150	7137	11822
浙江	11285	10561	474	175		
安徽	218024	136301	41556	4019		80
福建	77237	7247	48824	3524		
江西	47807	19087	4924	8280		1654
山东	427037	115056	106524	65585	6083	4155
河南	197934	38598	79427	15431	15943	8770
湖北	749670	279436	269060	38743	51802	11000
湖南	333339	52838	99580	72105	11009	27563
广东	416632	60572	206875	85467	11534	19356
广西	93918	16769	65135	9380	288	8
海南						
重庆	112665	34352	59749	1289	125	6181
四川	226042	105720	48527	7753	715	622
贵州	243229	120848	52090	20210	11876	18446
云南	21278	6183	11067	1764		1213
西藏						
陕西	158974	62112	55271	10453	874	
甘肃	13771	2151	8458	89		
青海	9627	219	9059	133		
宁夏	9429	3111	5437	495	386	
新疆	235043	38872	127493	13762	6125	3769

3-6 续表

单位：万元

地区	居民服务业用房	教育用房	文化、体育和娱乐用房	卫生医疗用房	科研用房	其他用房
全国总计	**51705**	**520361**	**175158**	**128322**	**46208**	**442939**
北京	3737	140207	70987	36386	11777	110945
天津	9665	21420	4947	2497		32432
河北	1114	4454		2350		22261
山西	49	56750	12347	740	3122	14478
内蒙古		293				1150
辽宁	913	3374	13714	1141	90	7748
吉林		51		170		1248
黑龙江	161	533				16469
上海	7630	54484		757		44257
江苏		12650	13034		5544	1469
浙江						75
安徽	5813	7549	11939	6258	1040	3469
福建		15723				1919
江西		13863				
山东	1032	25498	115	26965	2551	73473
河南	290	19644	1109	8602	2786	7335
湖北		63730	20428	5805	2146	7520
湖南	9160	7059	9826	13100	1191	29908
广东	4608	13559	250	3402		11010
广西		1493	15	534		296
海南						
重庆		5178	149	5583		60
四川	1757	13586	358	3870	13467	29666
贵州	3202	5923	2588	791	386	6870
云南			389			663
西藏						
陕西		11860	5837	2885	2038	7645
甘肃	627	2106		281		59
青海						217
宁夏						
新疆	1948	19376	7127	6204	69	10297

3-7 各地区中央建筑业企业施工机械设备情况

地 区	年末自有施工机械设备总台数（台）	年末自有施工机械设备总功率（千瓦）	年末自有施工机械设备净值（万元）	技术装备率（元/人）	动力装备率（千瓦/人）
全国总计	**666932**	**19637620**	**4192547**	**18663**	**8.7**
北 京	43702	1316030	256826	14453	7.4
天 津	25416	1114123	427702	50114	13.1
河 北	35622	1147401	143419	14795	11.8
山 西	29709	1238856	198342	13037	8.1
内蒙古	3116	86099	12141	13203	9.4
辽 宁	47160	1215969	217746	16552	9.2
吉 林	16585	772678	77485	16666	16.6
黑龙江	21008	646261	118782	27130	14.8
上 海	25751	1000093	336956	28176	8.4
江 苏	21936	372738	65510	11225	6.4
浙 江	9798	203496	73420	33648	9.3
安 徽	10895	229010	36390	6379	4.0
福 建	6568	173924	51820	12409	4.2
江 西	8856	269662	37171	9003	6.5
山 东	35779	977046	255448	15758	6.0
河 南	34568	1231754	224966	13326	7.3
湖 北	76298	2603872	462873	24553	13.8
湖 南	20629	550298	107051	14659	7.5
广 东	14395	490770	181949	30008	8.1
广 西	12508	414605	67378	22029	13.6
海 南	125	2670	194	9647	13.3
重 庆	4176	172161	57029	17715	5.3
四 川	35847	1202571	319139	19696	7.4
贵 州	9010	183911	46734	10200	4.0
云 南	11521	269192	63864	23726	10.0
西 藏					
陕 西	18777	829697	174811	15684	7.4
甘 肃	62308	242275	38870	17782	11.1
青 海	6660	168917	49856	32447	11.0
宁 夏	1237	30257	9910	17404	5.3
新 疆	16972	481284	78765	13547	8.3

3-8 各地区中央建筑业企业主要生产效益指标

地 区	建筑业企业个数(个)	计算建筑业劳动生产率的平均人数(人)	按总产值计算的劳动生产率(元/人)	人均竣工产值(元/人)	人均施工面积(平方米/人)	人均竣工面积(平方米/人)
全国总计	**1447**	**2758141**	**218160**	**118742**	**84.2**	**25.9**
北 京	201	359533	196899	112538	164.2	42.2
天 津	68	120761	286264	156714	96.3	23.3
河 北	66	107338	299974	115446	79.3	17.5
山 西	62	182470	241187	98661	35.4	10.2
内蒙古	8	12109	141128	33726	21.8	12.2
辽 宁	96	160298	207351	92122	39.6	8.5
吉 林	37	48546	156266	77096	32.1	15.4
黑龙江	43	84443	126767	88267	17.6	8.9
上 海	74	151468	244400	167158	130.8	36.9
江 苏	32	67883	202656	124979	47.5	25.1
浙 江	16	23819	340864	285861	12.9	4.1
安 徽	34	70159	229305	118161	103.5	29.7
福 建	28	49115	149877	101701	74.9	16.6
江 西	26	41666	184084	79384	37.3	12.8
山 东	84	178150	205161	127973	64.3	23.8
河 南	61	192677	168149	77241	46.0	13.5
湖 北	75	168004	302326	154865	153.3	71.5
湖 南	31	80903	213324	140259	125.3	34.9
广 东	68	65526	333432	260370	213.4	53.2
广 西	16	30620	174490	126383	57.8	34.6
海 南	3	285	161137	50316		
重 庆	22	38401	179902	90511	50.4	28.3
四 川	86	185519	184110	97881	48.9	10.9
贵 州	22	42457	191503	119564	150.4	45.2
云 南	15	24332	287921	90526	17.0	7.8
西 藏						
陕 西	52	126239	283217	116369	41.3	10.1
甘 肃	32	38988	150999	111391	17.4	5.0
青 海	13	17259	215451	86166	14.1	6.4
宁 夏	11	9754	128503	152195	21.1	11.1
新 疆	65	79419	123986	91183	62.1	34.8

3-9 各地区中央建筑业企业营业额

单位：万元

地　区	企业营业额	在境外完成的营业额	企业总产值	#建筑业总产值
全国总计	**68635376**	**3041323**	**65594053**	**60171593**
北　京	9097120	1568941	7528179	7079175
天　津	3950322	95211	3855111	3456955
河　北	3602594	238680	3363914	3219856
山　西	4632360	20485	4611875	4400947
内蒙古	175690		175690	170892
辽　宁	3450686	23749	3426937	3323801
吉　林	788809	1481	787328	758611
黑龙江	1278218	1749	1276469	1070455
上　海	4802248	22622	4779626	3701880
江　苏	1466544	41175	1425369	1375693
浙　江	1194776	32226	1162550	811903
安　徽	1705884	2819	1703065	1608782
福　建	750650	13457	737193	736120
江　西	799933	2341	797592	767004
山　东	3930309	156378	3773931	3654944
河　南	3553589	91955	3461634	3239840
湖　北	5900691	90234	5810457	5079200
湖　南	1763585	14529	1749056	1725857
广　东	2343135	14638	2328498	2184847
广　西	656820	88705	568115	534288
海　南	4592		4592	4592
重　庆	760198		760198	690841
四　川	3788026	135398	3652628	3415583
贵　州	840458		840458	813063
云　南	758517	30481	728036	700569
西　藏				
陕　西	3805195	142782	3662413	3575309
甘　肃	1034936		1034936	588714
青　海	421071	34061	387010	371846
宁　夏	165419	1136	164283	125341
新　疆	1213003	176092	1036911	984684

3-10 各地区中央建筑业企业资产构成

单位：万元

地 区	资产合计	#流动资产小计	#长期投资	#固定资产小计	#无形及递延资产
全国总计	**58910734**	**40269053**	**8511242**	**9084571**	**624870**
北 京	15595047	8495360	6014747	919151	83703
天 津	3046680	2229611	99671	636099	21344
河 北	2029186	1527375	111222	355538	23306
山 西	2859834	2148950	184731	430099	76165
内蒙古	118467	87678	4130	26626	34
辽 宁	2127855	1627266	28208	441591	21413
吉 林	665823	503406	11608	141159	6830
黑龙江	1006166	775369	13855	207565	6716
上 海	3556531	2503605	329784	687577	10450
江 苏	1263955	1012481	13796	203715	20385
浙 江	763957	588785	14037	136092	9009
安 徽	874109	721012	25491	104630	16450
福 建	430552	329720	16920	79992	732
江 西	570656	450564	16129	90802	12217
山 东	2959657	2322215	91686	496230	26766
河 南	2527615	1943563	36836	516557	19713
湖 北	4843732	3432057	388731	804660	194188
湖 南	1221288	900148	54557	236633	10141
广 东	1864510	1274960	141160	413640	8559
广 西	748282	318958	127550	295366	5915
海 南	9291	7865	929	398	99
重 庆	573293	451212	8725	107394	4723
四 川	3719388	2404672	596547	687837	21221
贵 州	669970	488274	47611	100514	906
云 南	444263	319694	17483	104480	2327
西 藏					
陕 西	2438268	1961833	53573	397609	13570
甘 肃	682418	523897	12040	142882	2605
青 海	344539	233826	22764	80614	1982
宁 夏	131218	85643	8930	34940	777
新 疆	824186	599055	17794	204183	2629

3-11 各地区中央建筑业企业流动资产、无形及递延资产

单位：万元

地 区	流动资产	#存货	无形及递延资产	#无形资产
全国总计	**40269053**	**8964140**	**624870**	**477617**
北 京	8495360	1470316	83703	46607
天 津	2229611	512256	21344	18396
河 北	1527375	363517	23306	20339
山 西	2148950	445225	76165	48121
内蒙古	87678	16363	34	11
辽 宁	1627266	365980	21413	10441
吉 林	503406	154356	6830	6385
黑龙江	775369	296104	6716	5640
上 海	2503605	449059	10450	8257
江 苏	1012481	339480	20385	19843
浙 江	588785	123069	9009	5016
安 徽	721012	179487	16450	12776
福 建	329720	85025	732	301
江 西	450564	116788	12217	12115
山 东	2322215	488708	26766	17986
河 南	1943563	591359	19713	17599
湖 北	3432057	973936	194188	182992
湖 南	900148	210064	10141	2641
广 东	1274960	275029	8559	5307
广 西	318958	75161	5915	5448
海 南	7865	153	99	46
重 庆	451212	76431	4723	4359
四 川	2404672	574529	21221	14084
贵 州	488274	72222	906	906
云 南	319694	63701	2327	1901
西 藏				
陕 西	1961833	426203	13570	4772
甘 肃	523897	72334	2605	502
青 海	233826	39552	1982	1963
宁 夏	85643	26854	777	759
新 疆	599055	80881	2629	2105

3-12 各地区中央建筑业企业固定资产情况

单位：万元

地区	固定资产小计	固定资产原价	#生产经营用	固定资产折旧	#本年折旧	在建工程
全国总计	**9084571**	**14241833**	**11670492**	**6462360**	**1069092**	**718811**
北京	919151	1437051	1149721	577870	95732	45717
天津	636099	1040860	914332	467916	64360	62598
河北	355538	591593	472057	262477	60950	10422
山西	430099	670410	545947	270594	50883	23832
内蒙古	26626	49261	45253	23365	11645	706
辽宁	441591	802152	681139	376003	62345	10140
吉林	141159	219221	177231	84160	18624	2025
黑龙江	207565	400460	391907	193454	29512	340
上海	687577	1196248	1010742	886293	109056	66508
江苏	203715	266782	227636	107234	23822	41118
浙江	136092	212457	161862	89160	16310	12686
安徽	104630	175350	159880	76909	11028	4234
福建	79992	118142	85972	45533	9010	7116
江西	90802	158127	148068	68862	8951	751
山东	496230	798642	651268	339188	59764	34365
河南	516557	772206	667946	339182	62305	51855
湖北	804660	1322279	908033	592197	69543	59938
湖南	236633	336966	275429	134019	26298	10537
广东	413640	504053	459710	215004	30856	16580
广西	295366	330312	152606	123954	16896	89009
海南	398	1097	535	699	150	
重庆	107394	153499	125157	51888	8716	2933
四川	687837	1024693	869473	450378	99384	110315
贵州	100514	149433	111409	54077	10292	4618
云南	104480	171405	141893	72350	15459	4414
西藏						
陕西	397609	654109	565248	286472	51066	8547
甘肃	142882	217913	180954	83582	11146	2656
青海	80614	134077	108476	61216	13663	6889
宁夏	34940	52654	51982	18726	3629	1007
新疆	204183	280380	228628	109599	17699	26958

3-13 各地区中央建筑业企业负债及所有者权益

单位：万元

地区	负债合计	流动负债	长期负债	所有者权益	#实收资本
全国总计	**42670622**	**39362417**	**3308205**	**16240111**	**11063147**
北京	8806603	7193238	1613365	6788445	4430603
天津	2359603	2258984	100619	687077	384943
河北	1651318	1619401	31916	377868	290419
山西	2352612	2279334	73278	507222	438951
内蒙古	94741	86505	8236	23727	22613
辽宁	1693697	1669462	24235	434158	414141
吉林	467849	458360	9489	197974	163757
黑龙江	800945	786728	14217	205221	203770
上海	2767160	2505967	261193	789371	433025
江苏	1041126	989952	51174	222829	168227
浙江	522855	514785	8070	241103	118995
安徽	750499	714382	36118	123610	105158
福建	328966	324561	4405	101586	76331
江西	472027	457914	14112	98629	84658
山东	2451902	2350579	101324	507754	444889
河南	2051451	1971826	79625	476164	476998
湖北	3607359	3453797	153561	1236373	591627
湖南	980878	939950	40928	240410	200430
广东	1489255	1344680	144576	375255	269992
广西	522175	289341	232834	226108	115750
海南	4438	4438		4853	3490
重庆	459158	455793	3365	114134	81412
四川	2657202	2496425	160777	1062186	643478
贵州	522391	488469	33922	147579	92086
云南	336358	327313	9044	107906	71177
西藏					
陕西	1997990	1932930	65060	440279	359722
甘肃	521616	517470	4146	160802	102868
青海	257844	253943	3901	86695	73677
宁夏	96247	96218	29	34971	32574
新疆	604360	579673	24687	219826	167388

3-14 各地区中央建筑业企业实收资本

单位：万元

地 区	合 计	国家资本	集体资本	法人资本	个人资本	港澳台资本	外商资本
全国总计	**11063147**	**6307826**	**200529**	**4381951**	**146723**	**19772**	**6346**
北 京	4430603	3346129	24132	1026174	18785	9708	5676
天 津	384943	87871	9662	256257	31153		
河 北	290419	71784	9586	202192	6858		
山 西	438951	74140	3273	360008	1530		
内蒙古	22613	10029		11548	1036		
辽 宁	414141	348726	32951	28314	3561	590	
吉 林	163757	71280	17118	71352	4007		
黑龙江	203770	148606	10397	43629	1138		
上 海	433025	254729	32219	137849	904	7324	
江 苏	168227	78999	650	84886	3693		
浙 江	118995	48475	4000	66520			
安 徽	105158	21303	1245	82314	214		83
福 建	76331	18012	90	57779	343		108
江 西	84658	15174	1569	67615	300		
山 东	444889	160579	2013	272248	10049		
河 南	476998	168136	1171	307301	389		
湖 北	591627	212866	7348	333602	35909	1423	480
湖 南	200430	46079	3410	150942			
广 东	269992	55529	11278	201917	610	658	
广 西	115750	56883		56226	2641		
海 南	3490	1990		1500			
重 庆	81412	28295	5440	46761	847	70	
四 川	643478	564830	8886	66137	3626		
贵 州	92086	83526		8560			
云 南	71177	21477	1340	48145	214		
西 藏							
陕 西	359722	128516	3748	223207	4252		
甘 肃	102868	61563	33	40584	687		
青 海	73677	36033		37331	314		
宁 夏	32574	10768		19274	2533		
新 疆	167388	75500	8972	71782	11133		

3-15 各地区中央建筑业企业收入情况

单位：万元

地 区	工程结算收入	工程结算成本	工程结算税金及附加	工程结算利润	经营费用	其他业务收入	#其他业务利润
全国总计	**65275747**	**58682856**	**2000805**	**4392712**	**199374**	**1630110**	**215184**
北 京	9091947	8298622	256376	503483	33466	220898	17955
天 津	3913115	3523958	109565	278380	1212	61240	2397
河 北	2722456	2426053	81998	203606	10799	72939	4258
山 西	4723429	4323213	139604	250716	9896	66319	11541
内蒙古	168506	146883	5493	15472	658	4806	262
辽 宁	3287944	2819752	147451	311784	8957	145086	12887
吉 林	737507	659330	19895	57693	588	11403	2128
黑龙江	1317973	1202056	48050	64920	2947	12346	2538
上 海	4794846	4291157	144350	351449	7890	230719	33696
江 苏	1582228	1418044	48608	110484	5092	44082	6390
浙 江	1142342	945015	29580	165451	2295	6703	1298
安 徽	1619564	1491430	51289	75294	1550	29089	1987
福 建	807332	730613	25795	47937	2986	2697	508
江 西	804119	691041	24148	86817	2112	5221	795
山 东	3592395	3226207	108875	235087	22226	47437	9592
河 南	3359584	3033450	102856	216657	6621	50130	7025
湖 北	5410800	4868847	158977	360212	22764	214966	24335
湖 南	1711588	1553654	52669	104950	315	24547	3537
广 东	2592831	2398180	68640	119950	6061	27685	8931
广 西	545548	483092	16659	43783	2015	23886	1657
海 南	5751	3610	174	1895	72	37	25
重 庆	744694	674136	19849	45611	5098	34330	3398
四 川	3470456	3068313	124726	268259	9159	117915	19366
贵 州	828463	753137	26251	47021	2053	18208	11133
云 南	700794	620781	21466	54476	4072	15931	2037
西 藏							
陕 西	3681852	3344952	114448	202732	19720	74508	13613
甘 肃	500762	435846	11185	48914	4818	17579	-634
青 海	368469	314210	11203	39553	3503	16968	4495
宁 夏	169771	151327	5180	13247	17	596	377
新 疆	878683	785946	25445	66878	414	31839	7657

3-16 各地区中央建筑业企业费用情况

单位：万元

地　区	管理费用	#税金	#财产保险费	#差旅费	#工会经费	财务费用	#利息支出
全国总计	**3375429**	**77187**	**22933**	**168969**	**48259**	**296373**	**244131**
北　京	409410	5704	1426	20670	3689	81782	32574
天　津	159017	2355	803	8093	2355	12212	11335
河　北	150242	6463	742	8302	3032	15376	12610
山　西	224489	4647	530	10113	3454	6049	12501
内蒙古	9429	5431	24	91	76	912	524
辽　宁	171158	3625	1235	8273	3454	12463	8520
吉　林	50517	443	39	2985	835	2578	2294
黑龙江	75093	1614	368	2600	984	2382	2336
上　海	294381	3792	1151	11618		16689	15236
江　苏	90957	3592	391	4862	1746	7179	5977
浙　江	58800	802	393	2974	999	1295	2024
安　徽	64559	1428	120	2357	843	6037	5724
福　建	37004	518	59	2648	913	2271	2257
江　西	40982	566	102	1850	644	2995	3247
山　东	180234	8225	2014	10765	3680	18304	12611
河　南	166699	9904	894	11301	2827	20169	19923
湖　北	300028	4288	2154	16674	4817	32087	31198
湖　南	84598	1506	362	6443	1953	7803	7116
广　东	112837	2262	1048	4327	1932	-4077	13679
广　西	35019	461	74	1765	1034	2639	2595
海　南	953	91	2	17	9	-7	
重　庆	33691	829	117	1789	808	2551	2936
四　川	264307	2537	478	8541	2495	14122	7097
贵　州	47760	538	701	2436	828	1927	2274
云　南	40488	435	343	2464	537	1427	-61
西　藏							
陕　西	139489	2899	1043	8559	2094	21726	19967
甘　肃	36924	515	267	1495	667	2495	2204
青　海	30965	687	5572	1620	510	806	798
宁　夏	9538	242	22	327	76	61	9
新　疆	55864	789	459	3011	971	4123	4631

3-17 各地区中央建筑业企业利润及税金情况

单位：万元

地 区	利润总额	#应交所得税	税金总额	工程结算税金及附加	管理费用中的税金
全国总计	**1275790**	**215865**	**2077993**	**2000805**	**77187**
北 京	380783	29801	262080	256376	5704
天 津	115517	22772	111920	109565	2355
河 北	42813	8187	88460	81998	6463
山 西	28890	6785	144250	139604	4647
内蒙古	5253	324	10924	5493	5431
辽 宁	121631	16430	151075	147451	3625
吉 林	5094	2718	20339	19895	443
黑龙江	5654	1759	49664	48050	1614
上 海	72531	11781	148142	144350	3792
江 苏	17780	6639	52201	48608	3592
浙 江	90404	34044	30382	29580	802
安 徽	5673	1563	52717	51289	1428
福 建	7682	2286	26314	25795	518
江 西	52679	1923	24715	24148	566
山 东	47998	13238	117100	108875	8225
河 南	34522	6332	112760	102856	9904
湖 北	55802	15359	163265	158977	4288
湖 南	10924	1680	54175	52669	1506
广 东	22923	3111	70903	68640	2262
广 西	7248	1510	17119	16659	461
海 南	708	174	265	174	91
重 庆	12830	1276	20679	19849	829
四 川	40404	10384	127263	124726	2537
贵 州	9345	1066	26790	26251	538
云 南	10802	1990	21900	21466	435
西 藏					
陕 西	37376	7467	117347	114448	2899
甘 肃	6340	585	11700	11185	515
青 海	8739	1011	11890	11203	687
宁 夏	3320	761	5422	5180	242
新 疆	14125	2911	26233	25445	789

3-18 各地区中央建筑业企业应收工程款及企业亏损情况

地区	应收工程款（万元）	#竣工工程	企业个数（个）	#亏损企业个数	亏损企业的比重（%）
全国总计	**11370255**	**4463845**	**1447**	**290**	**20.0**
北京	1839747	707010	201	44	21.9
天津	818915	289962	68	11	16.2
河北	543131	272966	66	9	13.6
山西	662796	231108	62	8	12.9
内蒙古	14468	7898	8		
辽宁	632244	213184	96	16	16.7
吉林	185090	77608	37	14	37.8
黑龙江	377234	268915	43	16	37.2
上海	831378	256330	74	12	16.2
江苏	335943	130747	32	7	21.9
浙江	145308	76497	16	2	12.5
安徽	282609	102018	34	9	26.5
福建	85227	27129	28	2	7.1
江西	105092	21297	26	3	11.5
山东	783736	407031	84	19	22.6
河南	402532	152512	61	7	11.5
湖北	780172	214356	75	15	20.0
湖南	243804	44620	31	7	22.6
广东	431190	145655	68	16	23.5
广西	41145	9465	16		
海南	4359	3100	3	2	66.7
重庆	153849	79525	22	4	18.2
四川	469215	212998	86	21	24.4
贵州	135297	42377	22	7	31.8
云南	87942	23874	15	3	20.0
西藏					
陕西	488871	180730	52	6	11.5
甘肃	122718	53481	32	8	25.0
青海	76068	30794	13	4	30.8
宁夏	17266	3508	11	2	18.2
新疆	272911	177152	65	16	24.6

3-19 各地区中央建筑业企业主要经济效益指标

地区	产值利润率 (%)	产值利税率 (%)	资本利润率 (%)	资本利税率 (%)	人均利润 (元/人)	人均利税 (元/人)	资产负债率 (%)
全国总计	**2.1**	**5.6**	**11.5**	**30.3**	**4626**	**12160**	**72.4**
北京	5.4	9.1	8.6	14.5	10591	17881	56.5
天津	3.3	6.6	30.0	59.1	9566	18834	77.4
河北	1.3	4.1	14.7	45.2	3989	12230	81.4
山西	0.7	3.9	6.6	39.4	1583	9489	82.3
内蒙古	3.1	9.5	23.2	71.5	4338	13359	80.0
辽宁	3.7	8.2	29.4	65.8	7588	17012	79.6
吉林	0.7	3.4	3.1	15.5	1049	5239	70.3
黑龙江	0.5	5.2	2.8	27.1	670	6551	79.6
上海	2.0	6.0	16.7	51.0	4789	14569	77.8
江苏	1.3	5.1	10.6	41.6	2619	10309	82.4
浙江	11.1	14.9	76.0	101.5	37955	50710	68.4
安徽	0.4	3.6	5.4	55.5	809	8323	85.9
福建	1.0	4.6	10.1	44.5	1564	6922	76.4
江西	6.9	10.1	62.2	91.4	12643	18575	82.7
山东	1.3	4.5	10.8	37.1	2694	9267	82.8
河南	1.1	4.5	7.2	30.9	1792	7644	81.2
湖北	1.1	4.3	9.4	37.0	3321	13039	74.5
湖南	0.6	3.8	5.5	32.5	1350	8047	80.3
广东	1.0	4.3	8.5	34.8	3498	14319	79.9
广西	1.4	4.6	6.3	21.1	2367	7958	69.8
海南	15.4	21.2	20.3	27.9	24856	34165	47.8
重庆	1.9	4.9	15.8	41.2	3341	8726	80.1
四川	1.2	4.9	6.3	26.1	2178	9038	71.4
贵州	1.1	4.4	10.1	39.2	2201	8511	78.0
云南	1.5	4.7	15.2	45.9	4439	13440	75.7
西藏							
陕西	1.0	4.3	10.4	43.0	2961	12256	81.9
甘肃	1.1	3.1	6.2	17.5	1626	4627	76.4
青海	2.4	5.5	11.9	28.0	5064	11953	74.8
宁夏	2.6	7.0	10.2	26.8	3403	8962	73.3
新疆	1.4	4.1	8.4	24.1	1778	5082	73.3

3-20 各地区地方建筑业企业签订合同情况

单位：万元

地 区	合同总额	上年结转合同额	本年新签合同额
全国总计	**424508237**	**141965571**	**282542666**
北 京	20784448	7817378	12967070
天 津	5482362	1802729	3679632
河 北	12057541	3537199	8520343
山 西	6350810	1751525	4599286
内蒙古	4635798	1278066	3357732
辽 宁	14996877	3848707	11148170
吉 林	6959038	2741737	4217301
黑龙江	5688846	1499891	4188954
上 海	27710091	10789726	16920366
江 苏	53290846	13845577	39445268
浙 江	75252707	28147558	47105149
安 徽	11499815	3132542	8367273
福 建	12792899	4396901	8395998
江 西	7206122	2122352	5083770
山 东	26089017	6314870	19774146
河 南	10274716	3449511	6825205
湖 北	11532671	3129260	8403411
湖 南	16977458	6300778	10676679
广 东	37337387	15534646	21802741
广 西	5935459	2519569	3415890
海 南	1081665	393783	687882
重 庆	9767179	3487675	6279504
四 川	15709163	4882297	10826866
贵 州	3718690	1736786	1981905
云 南	7616893	2853640	4763254
西 藏	392110	166725	225386
陕 西	4746845	1646170	3100676
甘 肃	3088735	1075058	2013677
青 海	840026	394291	445735
宁 夏	1342748	305378	1037370
新 疆	3349278	1063247	2286031

3-21 各地区地方建筑业企业承包工程完成情况

单位：万元

地区	直接从建设单位承揽工程完成的产值	自行完成施工产值	分包出去工程的产值	从建设单位以外承揽工程完成的产值
全国总计	**279905522**	**273572131**	**6333392**	**11777245**
北京	11578578	11074118	504459	787143
天津	3887151	3843446	43706	243302
河北	9549218	9498260	50958	134815
山西	4021558	4000716	20842	90503
内蒙古	3597148	3571264	25884	70889
辽宁	11375523	11345237	30287	147491
吉林	4067667	4059690	7977	37520
黑龙江	4634705	4602825	31880	55676
上海	15317603	13198407	2119195	1992175
江苏	39221928	38829710	392217	3484090
浙江	45462654	45211848	250806	1163680
安徽	7879336	7745002	134334	281625
福建	7867308	7837784	29524	165868
江西	4827905	4678783	149123	214621
山东	21072553	20954608	117945	481440
河南	7464920	7302053	162867	119606
湖北	8261559	8204838	56721	209127
湖南	10268936	10230335	38601	237301
广东	20720116	18960522	1759594	850519
广西	3576401	3572562	3839	145251
海南	589481	587531	1949	4802
重庆	7075366	6884767	190599	260050
四川	11026742	10994682	32060	279758
贵州	1885466	1883056	2410	16135
云南	4618021	4611937	6083	81163
西藏	385052	385052		21067
陕西	3018669	2909355	109315	100448
甘肃	2514080	2512167	1913	33135
青海	541490	529043	12447	8447
宁夏	986738	986278	460	18030
新疆	2611653	2566258	45395	41572

3-22 各地区地方建筑业总产值和竣工产值

单位：万元

地区	建筑业总产值	#装饰装修产值	#在外省完成的产值	按构成分组 建筑工程产值	安装工程产值	其他产值	竣工产值
全国总计	**285349376**	**19216172**	**54161333**	**246307372**	**28433097**	**10608908**	**205910569**
北京	11861261	2285049	1548069	10914682	797937	148642	7565057
天津	4086747	240627	351347	3163659	657491	265597	2703880
河北	9633075	333465	1159157	8257486	908928	466661	6310891
山西	4091219	256556	259173	3433961	482089	175169	2531494
内蒙古	3642153	55489	138540	3117687	343898	180568	2994682
辽宁	11492728	871729	1227635	9532217	1644764	315747	8581337
吉林	4097209	96268	933218	3796477	254371	46361	3048989
黑龙江	4658500	282134	581427	3971517	483010	203974	3729590
上海	15190582	1850720	1619330	11867295	2443013	880275	11109741
江苏	42313801	2033526	15253728	38428198	3264682	620921	34055801
浙江	46375528	2810098	17306636	41013578	3888657	1473293	32478329
安徽	8026627	426536	1054228	6880550	796309	349769	5764545
福建	8003652	590800	2356203	6840001	928607	235044	5580618
江西	4893404	263293	584726	4150099	426052	317253	3757233
山东	21436048	1360453	985095	17731692	2665854	1038501	14012524
河南	7421658	348557	581779	6438884	677760	305015	5352800
湖北	8413965	469563	745768	6829491	808961	775513	6087563
湖南	10467636	601228	2140772	8695997	790295	981344	7595243
广东	19811041	2496661	1876147	16633008	2569944	608090	14973393
广西	3717813	167821	200794	3259736	377320	80758	2591222
海南	592333	33537	58792	527734	52072	12527	313222
重庆	7144817	355274	402512	6376758	555881	212178	4948081
四川	11274439	454222	1901076	9734236	1051004	489199	8118555
贵州	1899191	18945	350534	1688623	178401	32167	1149388
云南	4693100	199291	145320	4214376	364414	114311	3233710
西藏	406118	8979		374757	7554	23808	293228
陕西	3009803	91846	129379	2679770	275572	54462	2021804
甘肃	2545302	86629	142930	2207075	276429	61798	1889805
青海	537490	15862	36466	456740	59276	21474	359496
宁夏	1004308	24728	67275	927207	63150	13951	858454
新疆	2607829	86288	23277	2163885	339404	104540	1899896

3-23 各地区地方建筑业企业房屋建筑面积

地区	房屋建筑施工面积（万平方米）	#本年新开工	#实行投标承包面积	#本年新开工	房屋建筑竣工面积（万平方米）	房屋建筑面积竣工率（%）
全国总计	**329523.9**	**188030.8**	**266843.2**	**158234.0**	**152262.1**	**46.2**
北京	9512.4	4295.8	8032.2	3737.3	3346.9	35.2
天津	2777.4	1485.0	2418.8	1240.3	1203.4	43.3
河北	10410.0	6285.1	9109.5	5721.7	5556.8	53.4
山西	3401.8	1865.5	2959.0	1589.5	1451.8	42.7
内蒙古	2932.5	1968.9	2257.3	1674.1	1608.6	54.9
辽宁	9590.5	6468.7	8515.3	5797.1	4974.8	51.9
吉林	3009.9	1964.8	2657.4	1833.2	1669.8	55.5
黑龙江	4319.2	2959.5	3668.4	2497.7	2174.3	50.3
上海	12156.1	5663.1	8176.2	4287.9	5084.4	41.8
江苏	51920.0	31762.4	45574.7	27561.0	25221.7	48.6
浙江	59853.0	31647.5	51379.0	27585.5	24627.3	41.1
安徽	9147.2	5882.9	7369.0	4938.0	4873.1	53.3
福建	9900.4	5208.5	6861.8	3774.9	4109.9	41.5
江西	7126.0	4734.8	6208.2	4275.6	3977.1	55.8
山东	24304.3	15177.3	19602.2	12687.6	11459.0	47.1
河南	9926.6	6074.0	8526.1	5394.0	4526.5	45.6
湖北	9515.6	6461.3	7423.6	5284.5	5694.9	59.8
湖南	12761.5	7311.4	10357.7	6289.6	6563.7	51.4
广东	25487.9	11667.7	15941.5	7711.9	9679.3	38.0
广西	5341.1	2636.3	4131.9	2277.6	2103.9	39.4
海南	692.4	376.1	485.8	258.3	205.1	29.6
重庆	10529.1	5749.9	7504.4	4631.2	5046.7	47.9
四川	17017.1	10563.3	13056.6	8599.0	8489.2	49.9
贵州	2514.1	1234.5	1939.6	1122.1	957.4	38.1
云南	4549.7	2581.9	3487.2	2080.9	2451.2	53.9
西藏	151.3	116.6	103.5	86.9	114.4	75.6
陕西	4042.2	2151.9	3507.4	1985.2	1765.9	43.7
甘肃	2940.8	1536.3	2275.8	1293.3	1435.7	48.8
青海	383.1	230.3	275.4	180.2	183.0	47.8
宁夏	1036.0	615.3	976.6	583.5	553.2	53.4
新疆	2274.7	1354.2	2061.2	1254.6	1153.2	50.7

3-24 各地区按主要用途分的地方建筑业企业房屋建筑竣工面积

单位：万平方米

地　区	合　计	厂房、仓库	住　宅	办公用房	批发和零售用　房	住宿和餐饮用　房
全国总计	**152262.1**	**27968.7**	**86103.4**	**12861.3**	**4042.7**	**2555.2**
北　京	3346.9	270.2	2167.2	402.4	71.4	51.7
天　津	1203.4	285.4	598.2	90.5	51.1	15.6
河　北	5556.8	588.1	3620.2	481.4	100.1	94.3
山　西	1451.8	177.8	817.1	134.9	48.7	38.5
内蒙古	1608.6	126.6	989.6	190.7	52.3	20.9
辽　宁	4974.8	802.4	3165.6	290.4	114.4	45.2
吉　林	1669.8	158.5	1136.3	115.6	35.6	15.6
黑龙江	2174.3	211.6	1210.3	176.0	60.2	44.6
上　海	5084.4	1464.3	2795.5	286.6	58.7	48.3
江　苏	25221.7	6116.9	12909.6	2201.2	723.4	455.5
浙　江	24627.3	6633.4	12289.2	2226.8	656.5	476.6
安　徽	4873.1	557.1	3027.0	390.7	109.3	84.9
福　建	4109.9	1006.9	2203.6	311.1	66.8	67.3
江　西	3977.1	590.0	2427.6	289.5	124.6	54.3
山　东	11459.0	2190.2	6788.1	846.9	285.6	198.8
河　南	4526.5	414.6	2728.5	556.7	81.3	57.7
湖　北	5694.9	1005.5	3446.8	417.0	89.0	59.1
湖　南	6563.7	684.7	3448.7	799.4	255.8	176.0
广　东	9679.3	2777.1	4469.4	671.9	170.5	181.8
广　西	2103.9	133.3	1349.3	228.4	37.5	30.8
海　南	205.1	9.6	114.4	14.3	15.6	6.8
重　庆	5046.7	376.0	3684.3	304.8	142.4	49.0
四　川	8489.2	758.1	5634.8	531.6	394.5	125.5
贵　州	957.4	65.6	531.4	125.5	19.2	16.5
云　南	2451.2	221.2	1320.1	266.2	105.9	52.9
西　藏	114.4	17.1	50.7	16.5	1.0	5.5
陕　西	1765.9	101.7	1149.9	186.6	38.3	16.9
甘　肃	1435.7	128.4	895.3	125.4	27.8	22.6
青　海	183.0	8.5	113.8	22.4	2.2	1.7
宁　夏	553.2	26.6	357.0	45.8	37.6	7.8
新　疆	1153.2	61.2	663.8	113.8	65.5	32.5

3-24 续表

单位：万平方米

地区	居民服务业用房	教育用房	文化、体育和娱乐用房	卫生医疗用房	科研用房	其他用房
全国总计	**2173.5**	**7916.0**	**1722.9**	**1466.4**	**464.8**	**4987.2**
北京	54.3	88.3	46.7	22.3	28.2	144.5
天津	15.8	60.2	8.2	9.1	0.5	68.9
河北	83.8	286.8	45.5	50.3	12.5	193.8
山西	18.7	113.7	21.4	10.5	2.0	68.6
内蒙古	21.4	112.8	10.4	18.4	0.6	64.6
辽宁	83.2	227.0	40.0	39.9	16.0	150.7
吉林	32.3	86.8	11.4	20.1	2.8	54.8
黑龙江	62.7	214.3	51.6	35.8	12.8	94.4
上海	52.4	124.6	58.6	39.7	4.7	150.9
江苏	466.8	997.2	377.9	209.2	94.9	669.1
浙江	256.9	934.5	277.6	154.4	89.1	632.4
安徽	77.2	373.7	51.2	55.7	11.5	134.9
福建	42.0	226.9	33.0	31.5	5.5	115.1
江西	53.9	218.9	56.1	53.1	6.6	102.4
山东	159.5	447.5	72.1	78.9	16.0	375.3
河南	47.0	361.3	51.1	63.5	13.3	151.3
湖北	59.3	315.8	35.7	56.7	21.1	188.6
湖南	136.1	497.8	76.7	138.7	46.0	303.7
广东	127.5	630.7	138.0	63.3	19.6	429.5
广西	15.7	166.2	25.9	24.9	7.7	84.1
海南	1.4	16.4	2.3	2.4	3.5	18.3
重庆	60.8	207.2	29.4	29.3	12.3	151.3
四川	114.3	458.7	80.5	87.7	13.1	290.4
贵州	5.9	124.9	11.1	23.2	1.9	32.1
云南	23.6	197.3	43.9	61.2	8.0	150.7
西藏	4.5	6.3	4.6	0.7	0.2	7.3
陕西	33.4	139.7	18.9	23.1	9.9	47.5
甘肃	23.6	129.0	8.4	30.7	1.3	43.2
青海	2.7	14.6	1.8	1.6	0.5	13.2
宁夏	6.2	45.0	7.2	9.0	0.9	10.1
新疆	30.6	91.8	25.6	21.4	1.9	45.1

3-25 各地区按主要用途分的地方建筑业企业房屋建筑竣工价值

单位：万元

地 区	合 计	厂房、仓库	住 宅	办公用房	批发和零售用 房	住宿和餐饮用 房
全国总计	**121837321**	**20858380**	**66106451**	**12167383**	**3266006**	**2236092**
北 京	4425853	338240	2582976	700887	86502	77244
天 津	1157585	236337	526142	103243	58349	16699
河 北	4303335	532794	2563999	410336	79112	74346
山 西	1150293	177095	580383	123513	46044	26599
内蒙古	1327671	148542	735042	173605	47235	18763
辽 宁	4081480	749938	2367911	294311	101517	46624
吉 林	1288929	146032	768429	108753	25210	8566
黑龙江	1871967	197699	932185	183298	67692	42861
上 海	5468376	1413498	2875721	415305	80499	49475
江 苏	21534518	4615925	10872241	2210537	601745	397860
浙 江	21907303	4625441	11403263	2268357	563218	535709
安 徽	3108419	379353	1843023	279237	72777	55817
福 建	3157670	679530	1691715	288292	57629	56540
江 西	2103178	323476	1205476	180920	72754	27671
山 东	8417644	1430142	4901672	738944	230933	152209
河 南	2963107	318274	1675653	417947	59063	39800
湖 北	3901972	801680	2155451	308758	54932	45442
湖 南	4776383	543793	2245081	691182	197973	141995
广 东	7930505	1760308	3811355	652293	132949	139040
广 西	1442128	105896	856257	190078	20927	24843
海 南	167924	7307	93629	13041	12652	4730
重 庆	3503670	267030	2444036	258058	116569	38436
四 川	5135411	490405	3267599	363759	258948	85710
贵 州	529703	49255	266845	83136	12021	10433
云 南	1895212	184745	962890	241778	68597	40244
西 藏	112719	17185	47960	19471	747	3414
陕 西	1465170	86464	924946	152548	27524	15232
甘 肃	1142543	138756	655622	110435	18075	20079
青 海	153211	7194	91402	21749	1746	1567
宁 夏	438899	23692	248346	44627	41482	6462
新 疆	974546	62355	509204	118985	50585	31679

3-25 续表

单位：万元

地　区	居民服务业用　房	教育用房	文化、体育和娱乐用房	卫生医疗用　房	科研用房	其他用房
全国总计	**1870558**	**6798560**	**1906294**	**1461926**	**508696**	**4656977**
北　京	110620	127149	101126	45757	41618	213735
天　津	16683	82506	11768	15912	723	89222
河　北	62876	249944	36171	58424	19989	215344
山　西	15522	89803	26970	8554	1672	54137
内蒙古	19231	98679	12048	26020	547	47959
辽　宁	69973	209217	40206	42181	17564	142037
吉　林	36439	80705	16749	16038	3092	78916
黑龙江	54143	202494	53699	36036	13664	88195
上　海	73748	157897	116145	75679	6633	203778
江　苏	426147	980587	401738	218431	101067	708242
浙　江	247649	977566	375575	177787	99362	633376
安　徽	45568	232270	59116	41025	9892	90342
福　建	28136	204704	26720	37461	5915	81028
江　西	27963	129330	37519	33453	5816	58800
山　东	128787	372338	64453	72943	14687	310536
河　南	30028	224405	38436	47204	10017	102281
湖　北	40486	230181	27171	47254	19760	170859
湖　南	87655	365294	70740	133128	66153	233388
广　东	101896	637646	144851	67422	18504	464241
广　西	10739	110838	23407	22770	8337	68036
海　南	1029	14769	2670	2807	2930	12360
重　庆	43340	154513	27067	27361	4894	122367
四　川	70616	290491	59336	63176	9525	175847
贵　州	3606	60121	12706	9158	1531	20893
云　南	19638	155060	37357	49803	9067	126032
西　藏	4798	6278	5118	720	306	6722
陕　西	33924	121905	24711	22607	10272	45037
甘　肃	23732	103808	6922	30185	953	33977
青　海	2831	11056	1054	1732	509	12372
宁　夏	5654	41297	6858	9076	1163	10242
新　疆	27104	75711	37887	21824	2532	36678

3-26 各地区地方建筑业企业施工机械设备情况

地区	年末自有施工机械设备总台数（台）	年末自有施工机械设备总功率（千瓦）	年末自有施工机械设备净值（万元）	技术装备率（元/人）	动力装备率（千瓦/人）
全国总计	**8131595**	**118017954**	**20845155**	**8421**	**4.8**
北京	212102	3154054	536608	10944	6.4
天津	74594	1345420	266556	14713	7.4
河北	441397	6016927	832096	8456	6.1
山西	213450	2716050	515782	12817	6.7
内蒙古	130052	1954852	298602	11762	7.7
辽宁	273657	5231757	1093700	14066	6.7
吉林	86735	1836488	285061	8402	5.4
黑龙江	144895	2773274	560885	14486	7.2
上海	140129	2129020	516208	8604	3.5
江苏	837339	13496545	2515942	7535	4.0
浙江	686873	8678791	1966812	6348	2.8
安徽	373281	4468570	853197	9106	4.8
福建	200597	2894086	578519	8634	4.3
江西	151219	2056646	374961	6686	3.7
山东	627550	10213646	1572413	6738	4.4
河南	412142	5045766	839091	7767	4.7
湖北	437106	5178129	892645	9351	5.4
湖南	418102	5197856	847832	7617	4.7
广东	695457	11987887	1605787	10027	7.5
广西	182272	2134370	306630	7701	5.4
海南	25961	617091	38297	5748	9.3
重庆	168707	2405434	566486	7106	3.0
四川	423627	5522340	1026116	6557	3.5
贵州	63597	1042507	180012	6962	4.0
云南	206545	2777182	567929	10537	5.2
西藏	9206	161785	49816	14428	4.7
陕西	153469	1754634	331587	10670	5.6
甘肃	179882	2273442	343518	8539	5.7
青海	41096	752528	101972	14508	10.7
宁夏	38272	786161	132762	19054	11.3
新疆	82284	1414716	247332	18060	10.3

3-27 各地区地方建筑业企业主要生产效益指标

地区	建筑业企业个数(个)	计算建筑业劳动生产率的平均人数(人)	按总产值计算的劳动生产率(元/人)	人均竣工产值(元/人)	人均施工面积(平方米/人)	人均竣工面积(平方米/人)
全国总计	**57303**	**26693666**	**106898**	**77138**	**123.4**	**57.0**
北京	2412	834629	142114	90640	114.0	40.1
天津	1009	270133	151286	100094	102.8	44.5
河北	1941	1081122	89103	58374	96.3	51.4
山西	1341	442498	92457	57209	76.9	32.8
内蒙古	650	453681	80280	66009	64.6	35.5
辽宁	2957	1117689	102826	76778	85.8	44.5
吉林	852	389662	105148	78247	77.2	42.9
黑龙江	1682	542735	85834	68718	79.6	40.1
上海	2312	884874	171669	125552	137.4	57.5
江苏	5877	3354515	126140	101522	154.8	75.2
浙江	3925	3092490	149962	105023	193.5	79.6
安徽	1889	905582	88635	63656	101.0	53.8
福建	1675	675674	118454	82593	146.5	60.8
江西	1204	574769	85137	65369	124.0	69.2
山东	5507	2539983	84394	55168	95.7	45.1
河南	2397	1086525	68306	49265	91.4	41.7
湖北	1997	932755	90206	65264	102.0	61.1
湖南	1722	1072260	97622	70834	119.0	61.2
广东	4061	1596839	124064	93769	159.6	60.6
广西	978	391616	94935	66167	136.4	53.7
海南	119	67572	87660	46354	102.5	30.3
重庆	2176	787260	90755	62852	133.7	64.1
四川	3414	1560061	72269	52040	109.1	54.4
贵州	558	235289	80717	48850	106.9	40.7
云南	1513	526839	89080	61379	86.4	46.5
西藏	168	35486				
陕西	732	357855	84107	56498	113.0	49.3
甘肃	744	419568	60665	45042	70.1	34.2
青海	359	86473	62157	41573	44.3	21.2
宁夏	462	142136	70658	60397	72.9	38.9
新疆	670	235096	110926	80814	96.8	49.1

3-28 各地区地方建筑业企业营业额

单位：万元

地区	企业营业额	在境外完成的营业额	企业总产值	#建筑业总产值
全国总计	**303304421**	**3537844**	**299766577**	**285349376**
北京	12626353	102264	12524090	11861261
天津	4384620	21525	4363096	4086747
河北	9913796	62205	9851590	9633075
山西	4529382	5445	4523938	4091219
内蒙古	3699975	7126	3692849	3642153
辽宁	12000310	182685	11817625	11492728
吉林	4207390	73592	4133798	4097209
黑龙江	4785244	51422	4733822	4658500
上海	18285807	153695	18132112	15190582
江苏	46231314	1378739	44852575	42313801
浙江	48053879	403227	47650652	46375528
安徽	8451740	160679	8291061	8026627
福建	8263182	70193	8192989	8003652
江西	5035700	88240	4947460	4893404
山东	22724513	277075	22447438	21436048
河南	7791291	37938	7753353	7421658
湖北	8860343	57478	8802866	8413965
湖南	11187047	136553	11050495	10467636
广东	20739504	106071	20633433	19811041
广西	3837119	15422	3821696	3717813
海南	601824	5251	596573	592333
重庆	7307517	15974	7291543	7144817
四川	11527520	12205	11515315	11274439
贵州	1960632	6118	1954514	1899191
云南	4830962	42034	4788927	4693100
西藏	435924		435924	406118
陕西	4111214	3063	4108150	3009803
甘肃	2649684	40402	2609283	2545302
青海	541312		541312	537490
宁夏	1036845	2374	1034471	1004308
新疆	2692480	18851	2673628	2607829

3-29 各地区地方建筑业企业资产构成

单位：万元

地　区	资产合计	#流动资产小计	#长期投资	#固定资产小计	#无形及递延资产
全国总计	**255946575**	**187999015**	**12282490**	**48792159**	**5884087**
北　京	17119909	13605933	1643508	1607522	170735
天　津	4338081	3193539	244725	789797	69655
河　北	7735550	5232284	266309	1927362	278163
山　西	5644710	3801330	381671	1400920	45874
内蒙古	3323065	2279531	107437	817227	108442
辽　宁	10411633	7539118	272775	2311387	269442
吉　林	4191652	3117551	100448	873650	87406
黑龙江	6031900	4023991	430685	1466574	88692
上　海	17221335	14484790	1035146	1463064	153795
江　苏	30831852	24432108	1050781	4699779	559759
浙　江	25179764	19901367	1215855	3678552	341753
安　徽	6842053	4591945	177530	1785710	266125
福　建	7294701	5665344	317238	1191571	96631
江　西	3915704	2540514	181860	1016499	156258
山　东	20413625	14825629	753709	4080534	658848
河　南	6702427	4195418	183905	1973800	318213
湖　北	6557225	3914753	177819	2148401	275848
湖　南	6992379	4517213	221380	1992632	247379
广　东	24061732	18444434	1353528	3718046	445904
广　西	3806962	2516316	354273	820875	106359
海　南	589283	390565	10665	169048	17709
重　庆	6095266	4392126	283174	1261145	137805
四　川	10744827	7140653	643004	2576553	352816
贵　州	2188669	1544570	74557	483043	80807
云　南	5915769	4040953	342299	1369848	144398
西　藏	441492	217963	31113	172961	17352
陕　西	3392206	2182000	139356	856189	146662
甘　肃	2726946	1719919	60106	897199	37203
青　海	778745	445995	19265	283580	26127
宁　夏	1496606	1048349	70012	343422	29753
新　疆	2960507	2052817	138357	615271	148173

3-30 各地区地方建筑业企业流动资产、无形及递延资产

单位：万元

地区	流动资产	#存货	无形及递延资产	#无形资产
全国总计	**187999015**	**51719164**	**5884087**	**4951040**
北京	13605933	3734755	170735	142749
天津	3193539	781858	69655	62219
河北	5232284	1296998	278163	243701
山西	3801330	676906	45874	30489
内蒙古	2279531	376225	108442	96808
辽宁	7539118	1483100	269442	227308
吉林	3117551	462450	87406	75450
黑龙江	4023991	783527	88692	71771
上海	14484790	3997916	153795	132832
江苏	24432108	8827726	559759	473276
浙江	19901367	6265537	341753	296875
安徽	4591945	1018474	266125	230771
福建	5665344	1892019	96631	78275
江西	2540514	657499	156258	122694
山东	14825629	3642860	658848	565492
河南	4195418	1128073	318213	289198
湖北	3914753	1005690	275848	213508
湖南	4517213	1045551	247379	213320
广东	18444434	5607253	445904	355473
广西	2516316	648044	106359	89700
海南	390565	53366	17709	14969
重庆	4392126	1428712	137805	111299
四川	7140653	1945405	352816	306000
贵州	1544570	336041	80807	71591
云南	4040953	992799	144398	128177
西藏	217963	37882	17352	9128
陕西	2182000	542649	146662	95926
甘肃	1719919	360174	37203	30903
青海	445995	107277	26127	19392
宁夏	1048349	287693	29753	28873
新疆	2052817	294705	148173	122873

3-31 各地区地方建筑业企业固定资产情况

单位：万元

地区	固定资产小计	固定资产原价	#生产经营用	固定资产折旧	#本年折旧	在建工程
全国总计	**48792159**	**61972704**	**47962026**	**19187187**	**3383737**	**4197669**
北京	1607522	2203449	1706751	761352	146927	146884
天津	789797	982224	690401	282727	55394	71494
河北	1927362	2546340	2030102	771982	121026	88718
山西	1400920	1802745	1357898	528494	97705	88658
内蒙古	817227	1041855	821934	347731	68952	66778
辽宁	2311387	3175089	2615745	1026920	158625	74684
吉林	873650	1180434	832996	361603	67939	26876
黑龙江	1466574	1905156	1613638	555261	87113	74298
上海	1463064	1983210	1495876	772329	129633	213764
江苏	4699779	6224916	5022133	2087222	381283	398296
浙江	3678552	4631382	3874029	1382806	269431	355136
安徽	1785710	2252006	1845252	672891	130306	162650
福建	1191571	1476395	1088880	418422	84762	96777
江西	1016499	1297697	977225	371019	62904	71368
山东	4080534	5016862	3868232	1489140	287881	365243
河南	1973800	2286507	1677055	598272	113965	128425
湖北	2148401	2587912	1800550	725964	123294	163075
湖南	1992632	2398552	1868931	763376	125967	248475
广东	3718046	4771070	3739648	1762915	290815	538480
广西	820875	992493	718764	254209	38325	82591
海南	169048	175989	135221	24519	5311	13052
重庆	1261145	1685196	1290515	471102	80569	32028
四川	2576553	3118549	2317919	920212	149171	268717
贵州	483043	579984	420447	162788	28370	51923
云南	1369848	1784155	1320722	561697	83111	116078
西藏	172961	203467	137797	60801	10999	7987
陕西	856189	1007164	730556	244853	47316	72342
甘肃	897199	1031881	746947	277018	44309	68430
青海	283580	352769	228736	93604	17167	14997
宁夏	343422	446577	346959	128909	21682	23654
新疆	615271	830679	640167	307049	53488	65792

3-32 各地区地方建筑业企业负债及所有者权益

单位：万元

地 区	负债合计	流动负债	长期负债	所有者权益	#实收资本
全国总计	**160956774**	**154001876**	**6954898**	**94985245**	**70650616**
北 京	12197783	11862765	335018	4922127	3389864
天 津	3059177	2858227	200950	1278904	1099145
河 北	4371307	4182818	188489	3364244	2509434
山 西	3717439	3328565	388875	1922715	1768480
内蒙古	1992939	1829497	163442	1330126	1023809
辽 宁	5901662	5740932	160730	4509972	3345305
吉 林	2915856	2806060	109797	1275796	994183
黑龙江	3460998	3335598	125400	2570902	2381990
上 海	12360141	12005639	354502	4861194	3388868
江 苏	20772875	20271285	501591	10058977	6736705
浙 江	16455911	15979365	476546	8723853	5551800
安 徽	3891944	3700513	191431	2950109	2028785
福 建	4530599	4401456	129143	2764102	2341860
江 西	2179852	2023776	156076	1735853	1379451
山 东	13023319	12454661	568657	7390306	5710060
河 南	3537783	3390692	147091	3164645	2697109
湖 北	2972694	2751898	220796	3584531	2610726
湖 南	3752245	3357713	394532	3240134	2411087
广 东	16162914	15323359	839555	7898818	5333058
广 西	2217882	2099164	118718	1589080	1257454
海 南	343475	231402	112072	245808	166445
重 庆	3118180	2904211	213969	2977086	2372949
四 川	5809456	5517922	291534	4935371	3809220
贵 州	1402334	1301797	100537	786335	649287
云 南	3669005	3503721	165283	2246764	1841841
西 藏	149062	136905	12158	292430	217226
陕 西	2077939	1980759	97180	1314266	1099818
甘 肃	1497279	1430058	67221	1229667	960402
青 海	432311	412761	19551	346434	355881
宁 夏	958666	921030	37636	537940	459999
新 疆	2023748	1957330	66418	936759	758378

3-33 各地区地方建筑业企业实收资本

单位：万元

地　区	合　计	国家资本	集体资本	法人资本	个人资本	港澳台资本	外商资本
全国总计	**70650616**	**11844356**	**7142562**	**20704529**	**30162362**	**404404**	**392404**
北　京	3389864	533736	279873	1520642	968685	44925	42003
天　津	1099145	234485	93501	414074	323468	13275	20343
河　北	2509434	360644	256399	642090	1248834	962	506
山　西	1768480	854188	109708	375484	422225	5723	1152
内蒙古	1023809	213124	79776	246742	482409	440	1318
辽　宁	3345305	761755	412843	557242	1553268	17030	43167
吉　林	994183	297062	75659	313388	299853	4526	3695
黑龙江	2381990	419417	236399	603547	1110933	6317	5379
上　海	3388868	604692	295582	886471	1421616	66395	114112
江　苏	6736705	598915	339927	1966204	3695215	71034	65411
浙　江	5551800	199735	231732	1446668	3649720	9337	14607
安　徽	2028785	475990	208189	614333	721478	7714	1082
福　建	2341860	265451	158343	460156	1412409	27867	17634
江　西	1379451	401741	225867	421933	321168	7616	1126
山　东	5710060	626058	848693	1744126	2452879	19143	19162
河　南	2697109	557873	298958	739299	1091095	6734	3150
湖　北	2610726	455001	293213	957524	890639	9302	5047
湖　南	2411087	542498	385520	700099	757472	16702	8796
广　东	5333058	821456	687964	2156801	1593577	58274	14986
广　西	1257454	428232	260373	302749	260398	421	5282
海　南	166445	30209	17081	87648	31051	70	387
重　庆	2372949	205042	169896	493612	1500126	3867	407
四　川	3809220	589346	320061	1083321	1810762	2444	3287
贵　州	649287	271737	96255	95095	183548	2653	
云　南	1841841	265544	242798	623195	709404	900	
西　藏	217226	41721	52050	75235	48220		
陕　西	1099818	218573	194173	389922	297149		
甘　肃	960402	253690	144541	314668	247195		310
青　海	355881	90846	43744	119103	101972	161	56
宁　夏	459999	119596	24165	100936	215242	60	
新　疆	758378	106004	59282	252223	340356	512	

3-34 各地区地方建筑业企业收入情况

单位：万元

地区	工程结算收入	工程结算成本	工程结算税金及附加	工程结算利润	经营费用	其他业务收入	#其他业务利润
全国总计	**259829633**	**229881504**	**9013158**	**19333424**	**1601548**	**5249422**	**887421**
北京	12529078	11097992	379140	978755	73191	213139	65496
天津	3974678	3564039	110256	281628	18755	128920	8367
河北	7842777	6864557	285374	646672	46175	158333	21481
山西	4012197	3526741	127339	317570	40548	85448	18665
内蒙古	3492247	2998553	130247	346473	16974	55762	10736
辽宁	11200916	9747911	400893	1025000	27112	130822	22754
吉林	3898993	3489548	138569	255927	14950	30255	3430
黑龙江	4270576	3824619	135144	286683	24130	64073	10744
上海	16883854	15183492	507363	1149997	43002	341374	69866
江苏	32029960	28187984	1155342	2438588	248045	1304661	135253
浙江	39700573	35950395	1378969	2288156	83053	432420	64057
安徽	7524491	6657659	261762	545940	59130	134930	23059
福建	7745859	6980088	277180	463072	25520	103149	35195
江西	4040917	3566890	160715	296102	17210	39132	10259
山东	18142091	15508873	613124	1789516	230578	531555	73428
河南	6748056	5874304	231339	582498	59915	90530	20779
湖北	7875331	6820512	280706	707300	66813	156105	16949
湖南	9544094	8453815	365363	663318	61597	80768	19390
广东	22604714	20057080	829915	1605169	112550	464087	120000
广西	3328197	2957352	128075	215685	27085	71970	18078
海南	512677	434733	17285	46347	14313	1260	852
重庆	6413780	5723143	223377	450564	16696	85748	13971
四川	9930002	8730006	349143	739692	111161	138522	29559
贵州	1824178	1643210	60952	107991	12025	22794	9110
云南	4360731	3849553	143236	320811	47132	74844	16393
西藏	292085	227307	13748	47666	3364	2936	1642
陕西	2669644	2300959	96655	214208	57822	57194	11292
甘肃	2355034	1989664	80763	257104	27503	111307	11765
青海	489292	443600	16000	28267	1426	2420	1496
宁夏	945726	845429	29434	66813	4051	48273	7398
新疆	2646886	2381499	85750	169915	9722	86693	15958

3-35 各地区地方建筑业企业费用情况

单位：万元

地 区	管理费用	#税金	#财产保险费	#差旅费	#工会经费	财务费用	#利息支出
全国总计	**11253634**	**506799**	**110383**	**564271**	**152657**	**1234628**	**914050**
北 京	757968	13337	2845	32405	5775	87945	80204
天 津	219694	5806	1241	6330	2106	20209	18808
河 北	376488	18900	2784	16725	4544	35959	22835
山 西	247441	9234	1568	13873	3452	28056	21036
内蒙古	151432	14052	2521	7050	2006	22874	17253
辽 宁	544653	24158	3919	24065	14799	31991	21267
吉 林	216377	7097	1276	8792	1858	10073	14625
黑龙江	248423	8037	1978	13809	3382	22694	17215
上 海	671369	13793	3925	24772		39414	34194
江 苏	1377314	52509	13687	77600	26287	124640	93920
浙 江	991929	40667	11317	59515	13726	167364	164684
安 徽	359900	18846	3210	18889	5324	29775	20326
福 建	278419	9374	1479	12955	3094	24435	24447
江 西	180737	11574	1698	9316	2191	16318	10260
山 东	878385	62484	12901	47459	11772	140661	92174
河 南	334159	25802	3424	18834	6084	33111	17923
湖 北	414697	29857	6271	20060	5140	47449	21949
湖 南	354201	24338	6849	21896	8543	51598	28128
广 东	998851	37259	9244	39548	11369	81897	51460
广 西	160704	8023	1529	8055	1842	10503	8447
海 南	18835	750	77	1308	131	2387	68
重 庆	248628	11383	3402	13220	3786	31711	22318
四 川	461604	21032	4743	27895	6743	61848	34923
贵 州	79679	3731	1028	3933	1063	9683	8574
云 南	198650	9274	1562	10315	2247	32225	22232
西 藏	17221	2950	107	988	78	1545	948
陕 西	134712	6950	1470	7709	1535	24689	12544
甘 肃	115211	7025	2735	7326	1133	19251	11514
青 海	29128	1811	290	1039	238	3083	2259
宁 夏	48619	1786	287	2013	577	7679	4677
新 疆	138207	4963	1018	6578	1835	13561	12838

3-36 各地区地方建筑业企业利润及税金情况

单位：万元

地　区	利润总额	#应交所得税	税金总额	工程结算税金及附加	管理费用中的税金
全国总计	**7790833**	**2096100**	**9519956**	**9013158**	**506799**
北　京	231344	81675	392477	379140	13337
天　津	54621	22154	116063	110256	5806
河　北	250564	74965	304274	285374	18900
山　西	64312	21682	136573	127339	9234
内蒙古	157124	34787	144298	130247	14052
辽　宁	422232	129751	425052	400893	24158
吉　林	19866	17578	145666	138569	7097
黑龙江	46688	19570	143181	135144	8037
上　海	596599	92958	521156	507363	13793
江　苏	1101677	320428	1207851	1155342	52509
浙　江	1233740	347470	1419637	1378969	40667
安　徽	174641	45873	280609	261762	18846
福　建	189215	64833	286554	277180	9374
江　西	102988	26305	172289	160715	11574
山　东	819838	214677	675608	613124	62484
河　南	221134	50670	257141	231339	25802
湖　北	210592	57636	310563	280706	29857
湖　南	276764	69248	389700	365363	24338
广　东	682901	168283	867174	829915	37259
广　西	60403	18068	136098	128075	8023
海　南	25166	2410	18034	17285	750
重　庆	186651	53631	234760	223377	11383
四　川	236512	70965	370174	349143	21032
贵　州	28986	7874	64683	60952	3731
云　南	176922	27336	152509	143236	9274
西　藏	28184	3003	16698	13748	2950
陕　西	63449	14050	103605	96655	6950
甘　肃	80225	18471	87788	80763	7025
青　海	-2942	1303	17811	16000	1811
宁　夏	17735	4620	31219	29434	1786
新　疆	32705	13830	90713	85750	4963

3-37 各地区地方建筑业企业应收工程款及企业亏损情况

地 区	应收工程款（万元）	#竣工工程	企业个数（个）	#亏损企业个数	亏损企业的比重（%）
全国总计	**47623906**	**26982620**	**57303**	**11159**	**19.5**
北 京	3277078	1705492	2412	716	29.7
天 津	1036608	529402	1009	257	25.5
河 北	1856738	1107136	1941	303	15.6
山 西	1316600	652758	1341	321	23.9
内蒙古	791007	495762	650	67	10.3
辽 宁	1831089	1138069	2957	550	18.6
吉 林	1432300	826637	852	303	35.6
黑龙江	1234342	671670	1682	482	28.7
上 海	4282375	1849073	2312	333	14.4
江 苏	5756206	3706562	5877	865	14.7
浙 江	2777301	1489393	3925	350	8.9
安 徽	1350428	828997	1889	347	18.4
福 建	1543212	895399	1675	321	19.2
江 西	469823	202165	1204	241	20.0
山 东	4879355	2904186	5507	980	17.8
河 南	725312	346239	2397	565	23.6
湖 北	1242330	693731	1997	280	14.0
湖 南	1372987	778047	1722	251	14.6
广 东	3250172	1833771	4061	784	19.3
广 西	701458	384237	978	260	26.6
海 南	78646	48305	119	29	24.4
重 庆	907236	522924	2176	505	23.2
四 川	1683130	992544	3414	667	19.5
贵 州	311585	176852	558	153	27.4
云 南	1028896	699588	1513	398	26.3
西 藏	48448	27194	168	18	10.7
陕 西	626458	324204	732	123	16.8
甘 肃	630495	366494	744	134	18.0
青 海	80832	61384	359	143	39.8
宁 夏	339600	191900	462	141	30.5
新 疆	761860	532504	670	272	40.6

3-38 各地区地方建筑业企业主要经济效益指标

地　区	产值利润率 (%)	产值利税率 (%)	资本利润率 (%)	资本利税率 (%)	人均利润 (元/人)	人均利税 (元/人)	资产负债率 (%)
全国总计	**2.7**	**6.1**	**11.0**	**24.5**	**2919**	**6485**	**62.9**
北　京	2.0	5.3	6.8	18.4	2772	7474	71.2
天　津	1.3	4.2	5.0	15.5	2022	6318	70.5
河　北	2.6	5.8	10.0	22.1	2318	5132	56.5
山　西	1.6	4.9	3.6	11.4	1453	4540	65.9
内蒙古	4.3	8.3	15.3	29.4	3463	6644	60.0
辽　宁	3.7	7.4	12.6	25.3	3778	7581	56.7
吉　林	0.5	4.0	2.0	16.7	510	4248	69.6
黑龙江	1.0	4.1	2.0	8.0	860	3498	57.4
上　海	3.9	7.4	17.6	33.0	6742	12632	71.8
江　苏	2.6	5.5	16.4	34.3	3284	6885	67.4
浙　江	2.7	5.7	22.2	47.8	3989	8580	65.4
安　徽	2.2	5.7	8.6	22.4	1928	5027	56.9
福　建	2.4	5.9	8.1	20.3	2800	7041	62.1
江　西	2.1	5.6	7.5	20.0	1792	4789	55.7
山　东	3.8	7.0	14.4	26.2	3228	5888	63.8
河　南	3.0	6.4	8.2	17.7	2035	4402	52.8
湖　北	2.5	6.2	8.1	20.0	2258	5587	45.3
湖　南	2.6	6.4	11.5	27.6	2581	6216	53.7
广　东	3.4	7.8	12.8	29.1	4277	9707	67.2
广　西	1.6	5.3	4.8	15.6	1542	5018	58.3
海　南	4.2	7.3	15.1	26.0	3724	6393	58.3
重　庆	2.6	5.9	7.9	17.8	2371	5353	51.2
四　川	2.1	5.4	6.2	15.9	1516	3889	54.1
贵　州	1.5	4.9	4.5	14.4	1232	3981	64.1
云　南	3.8	7.0	9.6	17.9	3358	6253	62.0
西　藏	6.9	11.1	13.0	20.7	7942	12648	33.8
陕　西	2.1	5.6	5.8	15.2	1773	4668	61.3
甘　肃	3.2	6.6	8.4	17.5	1912	4004	54.9
青　海	-0.5	2.8	-0.8	4.2	-340	1719	55.5
宁　夏	1.8	4.9	3.9	10.6	1248	3444	64.1
新　疆	1.3	4.7	4.3	16.3	1391	5250	68.4

四、按资质等级分组的建筑业企业

4-1 各地区总承包建筑业企业签订合同情况

单位：万元

地 区	合同总额	上年结转合同额	本年新签合同额
全国总计	**498140867**	**180694103**	**317446764**
北 京	33824020	14312566	19511454
天 津	11445903	4232255	7213648
河 北	16421152	5386937	11034215
山 西	15474475	5520856	9953619
内蒙古	5037979	1705720	3332259
辽 宁	18872462	6012972	12859490
吉 林	7615979	3082355	4533623
黑龙江	6643345	1888750	4754595
上 海	31113630	11763849	19349781
江 苏	49158034	13815149	35342885
浙 江	70971587	27783880	43187706
安 徽	13182765	4093320	9089445
福 建	12548235	4596232	7952004
江 西	7536774	2375006	5161768
山 东	29597079	9089801	20507279
河 南	15066712	5742483	9324230
湖 北	22554736	7761963	14792772
湖 南	19473370	7537142	11936227
广 东	35254425	15239941	20014484
广 西	6723672	2841879	3881793
海 南	1030591	371282	659309
重 庆	9845527	3699091	6146436
四 川	20270625	7139454	13131171
贵 州	5018877	2367314	2651564
云 南	8829974	3560545	5269430
西 藏	356137	157223	198914
陕 西	13209820	4688542	8521278
甘 肃	3121779	1118251	2003527
青 海	1939536	888558	1050978
宁 夏	1494142	422775	1071367
新 疆	4507529	1498015	3009514

4-2 各地区总承包建筑业企业承包工程完成情况

单位：万元

地 区	直接从建设单位承揽工程完成的产值	自行完成施工产值	分包出去工程的产值	从建设单位以外承揽工程完成的产值
全国总计	**297182143**	**288396690**	**8785454**	**9944164**
北 京	15725357	14941302	784055	504164
天 津	5898818	5539777	359041	66565
河 北	11450980	11330759	120221	188124
山 西	7703489	7525304	178185	147847
内蒙古	3519599	3493815	25784	71996
辽 宁	12147106	12034420	112687	157206
吉 林	4409937	4402650	7287	37000
黑龙江	5076147	5012284	63863	46815
上 海	16161873	13421573	2740300	1598699
江 苏	35291179	34891372	399807	2638435
浙 江	41892910	41386466	506443	809753
安 徽	8244146	8087470	156676	272067
福 建	7341771	7258320	83451	93832
江 西	4840140	4704975	135166	184555
山 东	21625914	21376491	249423	463789
河 南	9345784	9173079	172706	159086
湖 北	11333474	11230056	103418	293196
湖 南	11008909	10978855	30054	324144
广 东	18229501	16328187	1901314	689081
广 西	3781460	3774333	7127	147206
海 南	556687	554738	1949	3043
重 庆	6961415	6786834	174581	231954
四 川	12728233	12604444	123789	434966
贵 州	2583254	2572206	11048	38406
云 南	4830039	4810872	19167	70898
西 藏	347335	347335		20971
陕 西	6229788	6081385	148403	117714
甘 肃	2744055	2705857	38198	60598
青 海	842388	814290	28098	19328
宁 夏	1013374	979374	34000	9831
新 疆	3317084	3247871	69213	42897

4-3 各地区总承包建筑业总产值和竣工产值

单位：万元

地区	建筑业总产值	#装饰装修产值	#在外省完成的产值	按构成分组			竣工产值
				建筑工程产值	安装工程产值	其他产值	
全国总计	**298340854**	**9211765**	**78637336**	**266048119**	**24009850**	**8282885**	**205499417**
北京	15445466	1717778	5060462	14411070	807976	226421	9541398
天津	5606342	31674	2154603	4920573	538837	146932	3343088
河北	11518883	266423	2720388	9973722	1221835	323326	6538680
山西	7673150	171413	3317979	6923531	628067	121553	3928695
内蒙古	3565811	40015	183900	3107815	285185	172812	2828212
辽宁	12191626	230799	2792351	10626624	1185894	379108	8120506
吉林	4439649	36382	1211002	4013296	386685	39669	3063594
黑龙江	5059099	170034	892829	4261126	665516	132457	4016699
上海	15020271	665567	3534970	12711770	1778873	529629	10856801
江苏	37529807	484092	14458235	34730337	2399543	399927	30052328
浙江	42196220	1521189	16569001	38542545	2522938	1130737	29487842
安徽	8359537	191953	1726645	7505168	638675	215694	5588312
福建	7352152	224748	2292603	6750321	529768	72064	5094700
江西	4889529	155754	818615	4323061	361434	205035	3549158
山东	21840280	939515	2213875	18851181	2296997	692102	14003313
河南	9332164	231205	1805288	8024241	1090767	217157	6048431
湖北	11523252	228480	3604456	10207997	717903	597352	7387956
湖南	11302999	466351	3187406	9694756	681486	926757	8106690
广东	17017268	559562	1599025	15269261	1233475	514532	13386619
广西	3921538	118902	268734	3495561	346763	79214	2738300
海南	557780	13541	47746	517201	29037	11543	291391
重庆	7018788	138130	683630	6494571	353409	170808	4831474
四川	13039410	286438	3311352	11381727	1161354	496329	8750673
贵州	2610612	17557	586709	2138738	424975	46899	1589786
云南	4881770	101286	419887	4441653	329603	110515	3135190
西藏	368306	8015		340828	4012	23466	260200
陕西	6199099	92644	2470038	5669730	406170	123199	3240169
甘肃	2766455	45508	211713	2291253	426354	48848	2021444
青海	833618	6542	211831	715020	97085	21513	441008
宁夏	989205	4339	51422	871021	106888	11296	877078
新疆	3290768	45928	230642	2842426	352350	95992	2379681

4-4 各地区总承包建筑业企业房屋建筑面积

地 区	房屋建筑施工面积(万平方米)	#本年新开工	#实行投标承包面积	#本年新开工	房屋建筑竣工面积(万平方米)	房屋建筑面积竣工率(%)
全国总计	**341373.8**	**190328.1**	**280146.5**	**161985.8**	**154407.4**	**45.2**
北 京	15128.1	6598.8	13167.9	5905.2	4795.3	31.7
天 津	3750.2	2047.6	3494.7	1863.1	1387.1	37.0
河 北	10660.2	6278.1	9283.2	5650.0	5405.6	50.7
山 西	3972.9	2054.0	3504.7	1781.7	1596.9	40.2
内蒙古	2893.0	1956.9	2216.5	1651.6	1569.2	54.2
辽 宁	9903.4	6508.2	8832.3	5857.0	4963.4	50.1
吉 林	3064.1	2025.7	2763.2	1907.3	1705.7	55.7
黑龙江	4350.1	2973.1	3697.3	2494.7	2171.2	49.9
上 海	13761.2	6269.1	9919.9	4982.7	5454.9	39.6
江 苏	51084.7	30944.8	45033.7	26976.4	24871.1	48.7
浙 江	58563.7	30769.8	50692.3	27086.4	23938.1	40.9
安 徽	9471.4	5991.7	7687.0	5098.7	4869.1	51.4
福 建	10061.1	5141.9	6918.4	3775.6	4079.3	40.5
江 西	7117.5	4690.6	6212.7	4258.2	3928.1	55.2
山 东	24122.3	14643.0	19770.0	12422.3	11237.9	46.6
河 南	10279.3	6096.9	8765.6	5436.8	4601.6	44.8
湖 北	11136.0	6608.9	8886.8	5434.5	6408.3	57.5
湖 南	13629.8	7682.4	11270.2	6692.7	6780.2	49.7
广 东	25764.1	11776.8	16281.7	7790.0	9679.9	37.6
广 西	5489.1	2735.5	4287.7	2340.5	2202.6	40.1
海 南	634.2	332.0	483.8	258.0	202.2	31.9
重 庆	10475.1	5671.0	7527.2	4583.1	5074.2	48.4
四 川	16952.7	10297.2	13500.9	8672.3	8496.6	50.1
贵 州	3148.5	1497.3	2557.3	1385.4	1145.8	36.4
云 南	4436.3	2489.8	3427.7	2011.8	2381.2	53.7
西 藏	129.9	99.4	87.8	77.0	100.5	77.4
陕 西	4464.9	2263.9	3954.4	2106.5	1848.1	41.4
甘 肃	2797.2	1459.5	2170.1	1234.5	1359.1	48.6
青 海	397.9	229.7	290.3	177.4	193.3	48.6
宁 夏	1050.8	617.1	996.3	587.3	558.2	53.1
新 疆	2683.8	1577.2	2464.7	1487.4	1403.0	52.3

4-5 各地区按主要用途分的总承包建筑业企业房屋建筑竣工面积

单位：万平方米

地 区	合 计	厂房、仓库	住 宅	办公用房	批发和零售用 房	住宿和餐饮用 房
全国总计	**154407.4**	**27769.3**	**87436.2**	**13215.4**	**4156.5**	**2710.6**
北 京	4795.3	415.8	2911.8	706.9	105.5	105.4
天 津	1387.1	300.3	715.3	98.9	58.5	13.6
河 北	5405.6	608.1	3473.0	470.6	96.8	86.0
山 西	1596.9	271.0	824.6	133.9	49.2	40.4
内蒙古	1569.2	122.4	962.2	186.7	53.2	20.1
辽 宁	4963.4	790.6	3156.7	287.2	117.3	46.9
吉 林	1705.7	210.3	1116.5	118.7	35.6	15.7
黑龙江	2171.2	213.5	1244.8	175.1	59.4	40.8
上 海	5454.9	1571.3	2964.0	330.8	57.3	67.4
江 苏	24871.1	5971.3	12838.7	2134.7	708.3	449.9
浙 江	23938.1	6073.6	12216.6	2205.1	656.0	474.5
安 徽	4869.1	615.4	2969.0	379.7	105.8	82.2
福 建	4079.3	937.8	2231.0	308.8	66.8	65.8
江 西	3928.1	569.3	2400.2	291.9	122.9	57.7
山 东	11237.9	2052.2	6714.7	829.0	278.9	197.3
河 南	4601.6	415.0	2753.3	560.1	94.5	60.3
湖 北	6408.3	1161.5	3817.3	438.3	164.6	79.4
湖 南	6780.2	706.5	3502.9	864.2	261.3	208.8
广 东	9679.9	2713.5	4521.6	697.1	166.8	208.7
广 西	2202.6	136.3	1431.8	240.3	38.0	30.8
海 南	202.2	9.6	113.5	13.6	15.6	5.5
重 庆	5074.2	379.0	3706.3	303.2	141.4	52.8
四 川	8496.6	808.6	5570.2	528.0	391.9	125.1
贵 州	1145.8	121.9	592.3	141.1	30.2	38.0
云 南	2381.2	202.9	1292.8	259.1	105.0	52.6
西 藏	100.5	13.6	45.3	15.3	1.0	3.6
陕 西	1848.1	138.9	1172.4	188.8	39.1	16.7
甘 肃	1359.1	118.5	858.0	115.6	26.9	20.4
青 海	193.3	8.9	123.8	22.4	2.2	1.7
宁 夏	558.2	26.9	361.0	46.1	37.9	7.8
新 疆	1403.0	84.7	834.8	124.4	68.9	34.7

4-5 续表

单位：万平方米

地　区	居民服务业用　房	教育用房	文化、体育和娱乐用房	卫生医疗用　房	科研用房	其他用房
全国总计	**2146.0**	**8189.5**	**1766.7**	**1500.9**	**486.5**	**5029.8**
北　京	56.0	162.0	86.8	36.6	32.3	176.3
天　津	22.6	69.8	12.3	10.6	0.5	84.6
河　北	74.3	284.8	44.3	52.6	12.2	203.0
山　西	18.9	145.6	25.1	10.4	4.6	73.3
内蒙古	21.4	110.0	10.4	18.1	0.6	64.2
辽　宁	82.0	227.4	46.7	41.2	16.2	151.2
吉　林	32.1	86.8	11.4	20.3	2.8	55.5
黑龙江	50.6	185.5	49.7	35.6	12.8	103.3
上　海	57.0	154.3	57.7	39.4	4.4	151.3
江　苏	464.8	995.2	371.0	195.3	98.6	643.4
浙　江	256.8	932.5	255.3	154.4	89.1	624.3
安　徽	84.6	370.5	59.0	60.7	11.9	130.3
福　建	42.0	243.4	33.0	31.5	5.5	113.7
江　西	48.1	230.7	56.1	53.1	6.6	91.5
山　东	153.3	463.9	68.4	75.1	17.3	387.7
河　南	43.7	379.6	52.0	74.7	17.3	151.3
湖　北	49.8	390.7	41.8	66.1	19.2	179.8
湖　南	141.8	500.1	81.8	144.5	47.0	321.4
广　东	120.9	629.5	137.5	60.1	18.4	405.7
广　西	15.7	167.3	26.0	25.4	7.7	83.3
海　南	1.4	16.4	2.3	2.4	3.5	18.3
重　庆	60.8	214.2	24.9	29.9	12.3	149.3
四　川	110.6	460.6	79.6	89.1	20.7	312.3
贵　州	10.8	131.5	13.3	24.6	2.4	39.8
云　南	23.4	194.1	42.9	61.2	7.4	139.9
西　藏	4.0	5.7	4.6	0.6	0.2	6.6
陕　西	33.3	148.9	24.1	24.9	10.4	50.8
甘　肃	23.3	119.3	7.5	27.1	1.3	41.2
青　海	2.7	14.6	1.8	1.6	0.5	13.2
宁　夏	6.2	45.0	7.2	9.0	0.9	10.1
新　疆	33.3	109.6	32.5	24.9	2.0	53.2

4-6 各地区按主要用途分的总承包建筑业企业房屋建筑竣工价值

单位：万元

地 区	合 计	厂房、仓库	住 宅	办公用房	批发和零售用 房	住宿和餐饮用 房
全国总计	**126542897**	**22257388**	**67470606**	**12970076**	**3405773**	**2377322**
北 京	6618977	598072	3504133	1283441	143438	119860
天 津	1465570	297162	680886	117990	71857	14335
河 北	4277069	591177	2476311	412547	77169	68843
山 西	1462574	389766	591925	124103	44712	33299
内蒙古	1296173	140737	717274	170589	47844	18025
辽 宁	4126199	760769	2374142	295369	104475	47707
吉 林	1318748	189892	750019	111760	25210	8809
黑龙江	1882921	216616	956260	182963	67122	39370
上 海	6035385	1714988	2959488	481659	79685	74927
江 苏	21382660	4605501	10830754	2143280	594881	397325
浙 江	21544390	4379817	11343265	2258695	563108	533857
安 徽	3209066	488285	1822891	275667	70374	54073
福 建	3189513	658261	1730333	288151	57629	55788
江 西	2109481	326255	1195755	188302	71226	29325
山 东	8446234	1436290	4815446	755936	224296	153181
河 南	3050898	336369	1697721	425220	69400	44220
湖 北	4328020	1006538	2233942	329795	105683	53053
湖 南	5070292	583368	2329489	759586	208125	169413
广 东	8030920	1761043	3865718	715816	135531	157039
广 西	1533073	121041	921001	199396	21215	24851
海 南	166652	7307	93329	12751	12652	4048
重 庆	3558459	290303	2470046	256310	115526	44521
四 川	5245935	581278	3242186	363309	256908	85813
贵 州	770844	169316	318317	102912	23897	28879
云 南	1855973	181456	946855	236378	67601	40788
西 藏	98704	14577	41478	18118	747	1834
陕 西	1593344	147451	957627	161014	28258	15158
甘 肃	1079176	132139	626927	100665	17225	18006
青 海	162182	7413	100270	21797	1746	1567
宁 夏	444382	25617	251024	45122	41868	6462
新 疆	1189087	98584	625794	131437	56370	32946

4-6 续表 单位：万元

地　区	居民服务业用　房	教育用房	文化、体育和娱乐用房	卫生医疗用　房	科研用房	其他用房
全国总计	**1871244**	**7175771**	**2011567**	**1542483**	**543131**	**4917536**
北　京	114147	247477	170187	70317	48295	319611
天　津	25961	101600	16625	18409	723	120023
河　北	57153	248212	35081	60764	19954	229858
山　西	15571	145102	38488	8862	4794	65951
内蒙古	19231	95935	12048	25620	547	48324
辽　宁	69469	211136	53506	43322	17654	148649
吉　林	36089	80756	16749	16208	3092	80163
黑龙江	44405	171753	51652	35776	13664	103340
上　海	78898	208415	115379	75528	6264	240155
江　苏	424480	984405	402905	206247	106436	686447
浙　江	247601	976616	338706	177777	99362	625587
安　徽	49315	233190	68247	47266	10757	89002
福　建	28136	219764	26720	37461	5915	81354
江　西	25559	142122	37519	33453	5816	54148
山　东	127736	393093	61967	95429	17238	365623
河　南	28803	239216	39370	55588	12803	102186
湖　北	34845	278681	46807	52438	18961	167278
湖　南	96815	369393	79720	146018	67344	261023
广　东	101286	644363	144269	64719	15848	425288
广　西	10739	111847	23422	23304	8337	67919
海　南	1029	14769	2670	2807	2930	12360
重　庆	43340	159691	25107	27696	4894	121027
四　川	66627	299519	59157	65854	22992	202291
贵　州	6808	65932	15230	9889	1917	27748
云　南	19432	153427	37056	49803	8751	114426
西　藏	4198	5704	5118	611	306	6013
陕　西	33882	132065	28811	25056	12310	51712
甘　肃	23094	95137	6195	27554	953	31282
青　海	2831	11056	1054	1732	509	12208
宁　夏	5654	41297	6858	9076	1163	10242
新　疆	28113	94098	44942	27900	2601	46301

4-7 各地区总承包建筑业企业施工机械设备情况

地 区	年末自有施工机械设备总台数(台)	年末自有施工机械设备总功率(千瓦)	年末自有施工机械设备净值(万元)	技术装备率(元/人)	动力装备率(千瓦/人)
全国总计	**7329485**	**117650205**	**20875168**	**8899**	**5.0**
北 京	163206	3644869	602633	12032	7.3
天 津	65005	1737974	376519	20950	9.7
河 北	422859	6258588	828736	8725	6.6
山 西	205864	3309810	579024	12224	7.0
内蒙古	123116	1904682	284025	12054	8.1
辽 宁	246894	5179622	1044426	14724	7.3
吉 林	90847	2340529	310039	10076	7.6
黑龙江	140083	3058057	610179	16163	8.1
上 海	116178	2485685	612974	10641	4.3
江 苏	662609	11148205	1996147	6766	3.8
浙 江	568166	7564055	1712377	6109	2.7
安 徽	321808	4081122	773373	9038	4.8
福 建	158676	2610770	540283	8795	4.2
江 西	142163	2081782	345709	6347	3.8
山 东	567836	9547662	1534260	7098	4.4
河 南	391242	5377596	920376	8416	4.9
湖 北	408890	6413259	1135828	12036	6.8
湖 南	395834	5208904	853657	7739	4.7
广 东	568401	10665022	1486576	10804	7.8
广 西	180554	2398911	346036	8644	6.0
海 南	23942	591247	36687	5806	9.4
重 庆	146581	2269661	551336	7335	3.0
四 川	405175	6109091	1211943	7753	3.9
贵 州	67853	1175353	218118	7499	4.0
云 南	198672	2662628	568662	10984	5.1
西 藏	7359	135890	46540	15356	4.5
陕 西	162192	2397013	475513	11975	6.0
甘 肃	212852	2088219	324442	8703	5.6
青 海	42333	843804	138035	17997	11.0
宁 夏	33313	658774	119718	19250	10.6
新 疆	88982	1701421	290999	16487	9.6

4-8 各地区总承包建筑业企业主要生产效益指标

地　区	建筑业企业个数(个)	计算建筑业劳动生产率的平均人数(人)	按总产值计算的劳动生产率(元/人)	人均竣工产值(元/人)	人均施工面积(平方米/人)	人均竣工面积(平方米/人)
全国总计	**32389**	**25617458**	**116460**	**80219**	**133.3**	**60.3**
北　京	732	949756	162626	100462	159.3	50.5
天　津	240	284400	197129	117549	131.9	48.8
河　北	1303	1051696	109527	62173	101.4	51.4
山　西	713	542364	141476	72437	73.3	29.4
内蒙古	547	429033	83113	65921	67.4	36.6
辽　宁	1285	1019412	119595	79659	97.1	48.7
吉　林	529	388178	114371	78922	78.9	43.9
黑龙江	1045	546382	92593	73514	79.6	39.7
上　海	1116	842406	178302	128878	163.4	64.8
江　苏	2590	2957996	126876	101597	172.7	84.1
浙　江	1921	2789888	151247	105695	209.9	85.8
安　徽	1071	843190	99142	66276	112.3	57.7
福　建	807	617584	119047	82494	162.9	66.1
江　西	817	555807	87972	63856	128.1	70.7
山　东	3347	2383286	91639	58756	101.2	47.2
河　南	1451	1120825	83262	53964	91.7	41.1
湖　北	1272	900162	128013	82074	123.7	71.2
湖　南	1303	1073315	105309	75529	127.0	63.2
广　东	2245	1379063	123397	97070	186.8	70.2
广　西	661	392727	99854	69725	139.8	56.1
海　南	92	64042	87096	45500	99.0	31.6
重　庆	1316	747126	93944	64667	140.2	67.9
四　川	2270	1568458	83135	55792	108.1	54.2
贵　州	457	264689	98629	60062	118.9	43.3
云　南	1010	500014	97633	62702	88.7	47.6
西　藏	140	31273				
陕　西	641	457732	135431	70787	97.5	40.4
甘　肃	529	403009	68645	50159	69.4	33.7
青　海	248	92847	89784	47498	42.9	20.8
宁　夏	267	132191	74831	66349	79.5	42.2
新　疆	424	288607	114022	82454	93.0	48.6

4-9 各地区总承包建筑业企业营业额

单位：万元

地 区	企业营业额	在境外完成的营业额	企业总产值	#建筑业总产值
全国总计	**321246517**	**6261609**	**314984908**	**298340854**
北 京	18014762	1664898	16349864	15445466
天 津	6108029	54329	6053700	5606342
河 北	12269609	296303	11973306	11518883
山 西	8333934	24336	8309597	7673150
内蒙古	3619249	6933	3612316	3565811
辽 宁	12589225	193949	12395276	12191626
吉 林	4578540	75014	4503526	4439649
黑龙江	5369753	53116	5316637	5059099
上 海	18721913	168135	18553778	15020271
江 苏	40818519	1389544	39428976	37529807
浙 江	43994831	410588	43584243	42196220
安 徽	8849843	143121	8706722	8359537
福 建	7523226	67148	7456078	7352152
江 西	5037748	88202	4949546	4889529
山 东	23190487	397212	22793276	21840280
河 南	9965622	128059	9837563	9332164
湖 北	12552447	123711	12428736	11523252
湖 南	11957040	134698	11822342	11302999
广 东	17804512	87027	17717484	17017268
广 西	4119177	103645	4015531	3921538
海 南	567011	5251	561760	557780
重 庆	7205376	15974	7189402	7018788
四 川	13570306	147603	13422703	13039410
贵 州	2695637	6103	2689534	2610612
云 南	5064107	71448	4992660	4881770
西 藏	396836		396836	368306
陕 西	7525478	145845	7379633	6199099
甘 肃	3286928	38153	3248774	2766455
青 海	884755	34061	850694	833618
宁 夏	1056946	2374	1054572	989205
新 疆	3574670	184829	3389841	3290768

4−10 各地区总承包建筑业企业资产构成

单位：万元

地 区	资产合计	#流动资产小计	#长期投资	#固定资产小计	#无形及递延资产
全国总计	**262407373**	**189785820**	**18395266**	**47424074**	**5586904**
北 京	28333030	18592833	7429148	1941693	203280
天 津	5233116	3876085	299871	902466	63997
河 北	8652565	6060659	336714	1941692	272452
山 西	7502265	5274477	550282	1546272	98613
内蒙古	3136003	2172133	101522	757192	97913
辽 宁	9676947	7102232	220129	2095534	233798
吉 林	4341316	3296841	79467	864161	86861
黑龙江	5813239	4090306	151978	1461966	87225
上 海	16362122	13317415	1219252	1606958	133828
江 苏	24838535	19941079	783841	3563511	465289
浙 江	21385546	16980262	1046090	3036041	274103
安 徽	6504764	4475072	155008	1598755	251369
福 建	6142124	4764953	237816	1040086	84289
江 西	3772882	2490561	175503	938006	149406
山 东	19655427	14606837	649037	3716665	593722
河 南	7750508	5138526	178259	2110788	290279
湖 北	9540452	6174443	486414	2425738	411394
湖 南	7158296	4678924	236251	1982255	230787
广 东	20941863	15806149	1324168	3321200	377515
广 西	4071351	2504033	423675	1033458	101393
海 南	533029	346608	7448	160209	17475
重 庆	5733670	4183703	233956	1166673	128697
四 川	12573422	8213203	1176026	2809948	337493
贵 州	2659010	1893502	102414	548734	76119
云 南	5609242	3831778	310219	1323727	127369
西 藏	379881	195686	29744	139857	13160
陕 西	5470463	3880570	185192	1175062	152917
甘 肃	2911691	1946100	34945	882889	35393
青 海	1018158	622739	37769	323674	25040
宁 夏	1357239	962599	67320	293852	27647
新 疆	3349217	2365515	125807	715011	138083

4-11 各地区总承包建筑业企业流动资产、无形及递延资产

单位：万元

地 区	流动资产	#存货	无形及递延资产	#无形资产
全国总计	**189785820**	**50169863**	**5586904**	**4695054**
北 京	18592833	4089757	203280	146619
天 津	3876085	851425	63997	58414
河 北	6060659	1493419	272452	239859
山 西	5274477	979313	98613	57752
内蒙古	2172133	338121	97913	90112
辽 宁	7102232	1369142	233798	195560
吉 林	3296841	580394	86861	77088
黑龙江	4090306	896536	87225	72604
上 海	13317415	3213618	133828	121372
江 苏	19941079	7400197	465289	397920
浙 江	16980262	5379340	274103	240893
安 徽	4475072	1005916	251369	216937
福 建	4764953	1641674	84289	70922
江 西	2490561	669385	149406	118932
山 东	14606837	3552332	593722	512861
河 南	5138526	1442063	290279	258318
湖 北	6174443	1626422	411394	354293
湖 南	4678924	1098480	230787	196892
广 东	15806149	4983885	377515	303594
广 西	2504033	658475	101393	85119
海 南	346608	40715	17475	14798
重 庆	4183703	1350173	128697	105353
四 川	8213203	2166978	337493	291909
贵 州	1893502	376979	76119	67253
云 南	3831778	908845	127369	112429
西 藏	195686	35348	13160	5114
陕 西	3880570	915438	152917	95855
甘 肃	1946100	361830	35393	28104
青 海	622739	132597	25040	18175
宁 夏	962599	273316	27647	26983
新 疆	2365515	337749	138083	113018

4-12 各地区总承包建筑业企业固定资产情况

单位：万元

地 区	固定资产小计	固定资产原价	#生产经营用	固定资产折旧	#本年折旧	在建工程
全国总计	**47424074**	**62492352**	**49066991**	**21117527**	**3579969**	**4046320**
北 京	1941693	2847794	2300798	1055612	188493	138576
天 津	902466	1341631	1092017	515554	75027	62516
河 北	1941692	2695186	2146940	902463	153740	82538
山 西	1546272	2105109	1601920	689324	127803	93639
内蒙古	757192	968699	792897	327192	66817	63184
辽 宁	2095534	3052674	2517952	1091311	170432	60545
吉 林	864161	1202626	882633	388049	69877	21697
黑龙江	1461966	2030094	1763205	670766	101962	65624
上 海	1606958	2376786	1888400	1327141	177054	225348
江 苏	3563511	4872306	3954212	1712918	307064	293035
浙 江	3036041	3875128	3241559	1171290	222366	282169
安 徽	1598755	2056444	1720064	637576	119088	146064
福 建	1040086	1310191	972224	368233	74325	71358
江 西	938006	1236330	961798	375712	60935	61300
山 东	3716665	4708212	3669014	1469718	281008	336550
河 南	2110788	2544654	1962586	761216	144757	161858
湖 北	2425738	3231467	2216159	1117213	153004	196107
湖 南	1982255	2401069	1865214	783716	133180	238855
广 东	3321200	4172831	3362383	1568161	245673	470235
广 西	1033458	1206977	791691	339093	47967	165575
海 南	160209	164442	129471	21755	4566	13046
重 庆	1166673	1574845	1222979	451537	74837	31580
四 川	2809948	3532142	2739891	1156616	203313	339085
贵 州	548734	685903	500777	203577	36511	52757
云 南	1323727	1751161	1312984	562113	85429	104883
西 藏	139857	165000	108026	48925	7762	7229
陕 西	1175062	1547436	1206291	492690	91660	79646
甘 肃	882889	1046758	778475	293543	46060	57978
青 海	323674	441886	308391	141929	28603	18097
宁 夏	293852	382317	303621	110036	18651	20395
新 疆	715011	964257	752421	362552	62006	84853

4-13 各地区总承包建筑业企业负债及所有者权益

单位：万元

地　区	负债合计	流动负债	长期负债	所有者权益	#实收资本
全国总计	**173141101**	**163840827**	**9300274**	**89261716**	**64587956**
北　京	18175627	16284368	1891259	10157403	6458782
天　津	4118298	3833825	284473	1114818	923114
河　北	5531665	5335552	196113	3120900	2325230
山　西	5533421	5096763	436658	1964288	1781924
内蒙古	1898597	1744246	154351	1237406	951770
辽　宁	6113854	5962900	150954	3563093	2722120
吉　林	3107650	3001573	106077	1233666	950203
黑龙江	3683516	3553709	129807	2129723	1996740
上　海	12095141	11568578	526563	4266981	2812452
江　苏	17310254	16890032	420222	7528281	5017380
浙　江	14138264	13693147	445117	7247282	4493234
安　徽	4039825	3830760	209065	2464939	1650831
福　建	4009239	3890165	119075	2132884	1712965
江　西	2252496	2099490	153007	1520386	1217561
山　东	13365495	12809120	556375	6289932	4575041
河　南	4810084	4633828	176256	2940424	2581917
湖　北	5719585	5388660	330925	3820867	2486013
湖　南	4060855	3655288	405568	3097441	2304314
广　东	14690450	13808323	882128	6251413	4219045
广　西	2489478	2157159	332319	1581873	1214215
海　南	320338	208320	112018	212692	150058
重　庆	3141282	2940274	201008	2592388	2043624
四　川	7461837	7040648	421189	5111585	3773034
贵　州	1805550	1675028	130521	853460	668807
云　南	3570877	3412531	158346	2038365	1637317
西　藏	129640	118256	11383	250241	192629
陕　西	3850785	3694922	155862	1619678	1345776
甘　肃	1768374	1706478	61896	1143317	870059
青　海	647220	626936	20284	370938	371869
宁　夏	914966	879981	34985	442273	379538
新　疆	2386437	2299967	86470	962780	760396

4-14 各地区总承包建筑业企业实收资本

单位：万元

地　区	合　计	国家资本	集体资本	法人资本	个人资本	港澳台资本	外商资本
全国总计	**64587956**	**16107249**	**6110144**	**19706929**	**22362132**	**130118**	**171384**
北　京	6458782	3798396	222844	1959440	438216	19992	19894
天　津	923114	249889	56267	487921	126985		2052
河　北	2325230	375970	220741	706108	1022120	291	
山　西	1781924	858254	92019	571197	258154	1188	1112
内蒙古	951770	216993	51879	234500	446857	440	1100
辽　宁	2722120	920518	323119	424039	1042672	1735	10036
吉　林	950203	328213	70025	304714	242173	3680	1399
黑龙江	1996740	515127	205564	506107	760710	5120	4112
上　海	2812452	719562	222523	782347	988205	28590	71225
江　苏	5017380	532483	279453	1471585	2697001	9562	27297
浙　江	4493234	183441	184701	1228565	2892848	2619	1060
安　徽	1650831	427086	170481	522559	526968	3626	112
福　建	1712965	250617	130532	340381	970338	9992	11105
江　西	1217561	361324	216202	378409	255788	5837	
山　东	4575041	644806	699905	1545873	1673475	5943	5041
河　南	2581917	642384	258847	867594	812250	489	352
湖　北	2486013	526360	244789	1004877	706387	1600	2000
湖　南	2304314	516915	351249	748129	676126	9299	2597
广　东	4219045	719092	621126	1760219	1098884	15564	4160
广　西	1214215	467626	243991	305895	191413	8	5282
海　南	150058	30799	17081	81628	20550		
重　庆	2043624	186847	157361	462597	1235128	1600	92
四　川	3773034	1014133	289691	944326	1523288	239	1358
贵　州	668807	340530	91027	89521	145760	1969	
云　南	1637317	263651	229011	570109	573849	699	
西　藏	192629	30301	51021	68685	42622		
陕　西	1345776	323304	191737	563274	267462		
甘　肃	870059	286601	101852	279859	201748		
青　海	371869	113531	41670	132650	83982	36	
宁　夏	379538	104060	20222	87899	167358		
新　疆	760396	158437	53217	275925	272817		

4-15 各地区总承包建筑业企业收入情况

单位：万元

地 区	工程结算收入	工程结算成本	工程结算税金及附加	工程结算利润	经营费用	其他业务收入	#其他业务利润
全国总计	**279293106**	**249901049**	**9552153**	**18581166**	**1258739**	**5143493**	**788235**
北 京	17832744	16163366	523435	1097476	48468	297491	52450
天 津	5874326	5389830	169127	312597	2771	96154	5601
河 北	9477474	8384379	331043	719295	42756	219350	22714
山 西	7939199	7171033	241524	490468	36174	130759	25832
内蒙古	3413179	2929443	127142	340429	16166	43554	8219
辽 宁	11863891	10413725	453453	972393	24320	199446	25809
吉 林	4231835	3812793	142207	263500	13335	38508	4810
黑龙江	4917697	4458491	165210	275089	18908	57104	8738
上 海	17439112	15808774	540302	1071172	18864	430262	76211
江 苏	28070416	24949561	1014073	1940899	165883	974145	85440
浙 江	36418291	33158822	1274338	1930920	54211	240735	40076
安 徽	7956972	7148231	273332	493701	41710	141516	17564
福 建	7192026	6561020	256315	357911	16780	70250	24425
江 西	4139017	3670544	161683	291269	15522	35833	6726
山 东	18755139	16321408	631928	1621140	180663	395428	54697
河 南	8824394	7806116	295647	667546	55084	117479	22223
湖 北	11448914	10154740	379001	860352	54821	340550	34660
湖 南	10439325	9324286	389860	673536	51643	83608	19642
广 东	19947357	17961133	706789	1206519	72917	362479	88018
广 西	3576496	3205481	134792	211883	24341	81146	15465
海 南	483194	409446	16203	44183	13361	1227	839
重 庆	6376399	5730600	217326	411985	16487	80135	12771
四 川	11844334	10472390	423929	845332	102683	193941	40111
贵 州	2557708	2315270	84207	145270	12962	37246	18691
云 南	4576909	4066063	148630	320511	41704	75457	13802
西 藏	262047	205500	13014	40402	3130	1945	758
陕 西	5977339	5316865	199989	388391	72094	124713	22091
甘 肃	2466734	2094612	79961	266064	26097	111984	8758
青 海	803875	709743	25798	63969	4365	18438	5573
宁 夏	968104	873682	30243	61492	2687	32767	4543
新 疆	3218661	2913702	101653	195474	7833	109847	20977

4-16 各地区总承包建筑业企业费用情况

单位：万元

地 区	管理费用	#税金	#财产保险费	#差旅费	#工会经费	财务费用	#利息支出
全国总计	**11259451**	**456545**	**107234**	**547633**	**168892**	**1339454**	**1019890**
北 京	849801	14228	3047	38229	7888	166269	110995
天 津	233303	5794	1213	10742	3330	26930	25715
河 北	452340	22020	2990	20825	6828	46145	32365
山 西	411220	12095	1405	19165	6134	29728	30935
内蒙古	140237	16851	2470	6118	1885	20493	15097
辽 宁	490278	18979	3835	20535	14654	36676	24812
吉 林	220891	5533	1057	9298	2157	12666	16359
黑龙江	262506	8038	2015	13351	3982	17075	12314
上 海	682714	12829	3462	26155		48108	43948
江 苏	1069811	40331	11066	56490	23830	106315	80458
浙 江	781922	29454	8912	42659	11936	138493	141124
安 徽	337989	16174	2439	14430	5144	30856	22947
福 建	207331	6716	922	9903	3104	23507	24285
江 西	179726	10077	1524	9017	2229	15360	10326
山 东	842022	56371	12214	45148	13414	137677	91406
河 南	413919	25912	3833	24034	7312	44250	33390
湖 北	580955	26581	7190	30121	8493	68810	47368
湖 南	372290	23375	5965	23337	8564	56002	33434
广 东	764611	29185	7675	28335	10434	63182	56189
广 西	162771	7356	1388	7925	2540	12840	10510
海 南	15092	752	62	1004	133	2388	64
重 庆	221532	10054	2437	10921	4037	31971	23375
四 川	599627	19800	4542	28922	8019	68193	36876
贵 州	118236	4004	1595	5982	1763	10987	10325
云 南	199938	8049	1628	10142	2481	31330	20252
西 藏	14993	2345	101	913	76	1486	906
陕 西	251754	9156	2350	14935	3398	46874	30254
甘 肃	121126	6097	2724	6964	1349	18137	10898
青 海	55638	2340	5815	2363	707	3635	2949
宁 夏	42399	1583	217	1544	564	7025	4159
新 疆	162480	4466	1143	8127	2507	16049	15859

4-17 各地区总承包建筑业企业利润及税金情况

单位：万元

地区	利润总额	#应交所得税	税金总额	工程结算税金及附加	管理费用中的税金
全国总计	**7109477**	**1828250**	**10008698**	**9552153**	**456545**
北京	510774	78784	537664	523435	14228
天津	66437	21006	174921	169127	5794
河北	239511	67774	353063	331043	22020
山西	78148	22575	253619	241524	12095
内蒙古	162244	34204	143992	127142	16851
辽宁	425856	113570	472432	453453	18979
吉林	20195	17213	147740	142207	5533
黑龙江	26103	13938	173248	165210	8038
上海	484280	75939	553132	540302	12829
江苏	865946	256491	1054403	1014073	40331
浙江	1064077	312595	1303793	1274338	29454
安徽	135807	36565	289506	273332	16174
福建	139704	53109	263031	256315	6716
江西	95773	22098	171759	161683	10077
山东	669502	181962	688298	631928	56371
河南	215821	44356	321559	295647	25912
湖北	209192	60189	405582	379001	26581
湖南	257769	64202	413235	389860	23375
广东	498861	126969	735974	706789	29185
广西	46703	14974	142148	134792	7356
海南	26765	2376	16955	16203	752
重庆	173919	47766	227381	217326	10054
四川	237563	68506	443729	423929	19800
贵州	35602	8028	88211	84207	4004
云南	166429	24638	156679	148630	8049
西藏	26041	2036	15360	13014	2345
陕西	95113	19798	209146	199989	9156
甘肃	75869	17135	86058	79961	6097
青海	6553	2128	28138	25798	2340
宁夏	15524	3732	31826	30243	1583
新疆	37398	13592	106118	101653	4466

4-18 各地区总承包建筑业企业应收工程款及企业亏损情况

地 区	应收工程款(万元)	#竣工工程	企业个数(个)	#亏损企业个数	亏损企业的比重(%)
全国总计	**51871667**	**26958875**	**32389**	**4779**	**14.8**
北 京	4525329	2088883	732	165	22.5
天 津	1525413	663578	240	44	18.3
河 北	2231996	1254843	1303	163	12.5
山 西	1825728	792401	713	132	18.5
内蒙古	763572	469415	547	46	8.4
辽 宁	2123720	1117984	1285	175	13.6
吉 林	1525325	843577	529	188	35.5
黑龙江	1485450	847149	1045	296	28.3
上 海	4622194	1864214	1116	122	10.9
江 苏	5157902	3206000	2590	243	9.4
浙 江	2425414	1248266	1921	125	6.5
安 徽	1466862	815010	1071	122	11.4
福 建	1272930	648017	807	135	16.7
江 西	508839	186596	817	116	14.2
山 东	5105367	2914974	3347	439	13.1
河 南	957056	433354	1451	253	17.4
湖 北	1732719	701546	1272	109	8.6
湖 南	1478509	744805	1303	140	10.7
广 东	2965941	1557312	2245	372	16.6
广 西	692025	367408	661	139	21.0
海 南	71777	44276	92	20	21.7
重 庆	926225	511470	1316	158	12.0
四 川	1942505	1087727	2270	350	15.4
贵 州	413365	189525	457	101	22.1
云 南	995174	640372	1010	189	18.7
西 藏	40950	23684	140	13	9.3
陕 西	1012236	443462	641	84	13.1
甘 肃	674329	358318	529	69	13.0
青 海	142653	81132	248	87	35.1
宁 夏	307606	156954	267	53	19.9
新 疆	952557	656624	424	131	30.9

4-19 各地区总承包建筑业企业主要经济效益指标

地　区	产值利润率 (%)	产值利税率 (%)	资本利润率 (%)	资本利税率 (%)	人均利润 (元/人)	人均利税 (元/人)	资产负债率 (%)
全国总计	**2.4**	**5.7**	**11.0**	**26.5**	**2775**	**6682**	**66.0**
北　京	3.3	6.8	7.9	16.2	5378	11039	64.1
天　津	1.2	4.3	7.2	26.1	2336	8487	78.7
河　北	2.1	5.1	10.3	25.5	2277	5634	63.9
山　西	1.0	4.3	4.4	18.6	1441	6117	73.8
内蒙古	4.5	8.6	17.0	32.2	3782	7138	60.5
辽　宁	3.5	7.4	15.6	33.0	4177	8812	63.2
吉　林	0.5	3.8	2.1	17.7	520	4326	71.6
黑龙江	0.5	3.9	1.3	10.0	478	3649	63.4
上　海	3.2	6.9	17.2	36.9	5749	12315	73.9
江　苏	2.3	5.1	17.3	38.3	2927	6492	69.7
浙　江	2.5	5.6	23.7	52.7	3814	8487	66.1
安　徽	1.6	5.1	8.2	25.8	1611	5044	62.1
福　建	1.9	5.5	8.2	23.5	2262	6521	65.3
江　西	2.0	5.5	7.9	22.0	1723	4813	59.7
山　东	3.1	6.2	14.6	29.7	2809	5697	68.0
河　南	2.3	5.8	8.4	20.8	1926	4795	62.1
湖　北	1.8	5.3	8.4	24.7	2324	6830	60.0
湖　南	2.3	5.9	11.2	29.1	2402	6252	56.7
广　东	2.9	7.3	11.8	29.3	3617	8954	70.1
广　西	1.2	4.8	3.8	15.6	1189	4809	61.1
海　南	4.8	7.8	17.8	29.1	4179	6827	60.1
重　庆	2.5	5.7	8.5	19.6	2328	5371	54.8
四　川	1.8	5.2	6.3	18.1	1515	4344	59.3
贵　州	1.4	4.7	5.3	18.5	1345	4678	67.9
云　南	3.4	6.6	10.2	19.7	3328	6462	63.7
西　藏	7.1	11.2	13.5	21.5	8327	13238	34.1
陕　西	1.5	4.9	7.1	22.6	2078	6647	70.4
甘　肃	2.7	5.9	8.7	18.6	1883	4018	60.7
青　海	0.8	4.2	1.8	9.3	706	3736	63.6
宁　夏	1.6	4.8	4.1	12.5	1174	3582	67.4
新　疆	1.1	4.4	4.9	18.9	1296	4973	71.3

4-20 各地区按资质等级划分的总承包建筑业企业单位数

单位：个

地 区	合 计	特级	一级	二级	三级及以下
全国总计	**32389**	**174**	**2445**	**8817**	**20953**
北 京	732	27	169	234	302
天 津	240	4	49	76	111
河 北	1303	4	113	427	759
山 西	713	8	66	138	501
内蒙古	547	1	32	113	401
辽 宁	1285	9	123	290	863
吉 林	529	3	44	121	361
黑龙江	1045	5	80	365	595
上 海	1116	13	100	354	649
江 苏	2590	11	177	699	1703
浙 江	1921	16	153	485	1267
安 徽	1071	5	55	232	779
福 建	807	4	71	320	412
江 西	817	2	50	176	589
山 东	3347	7	158	755	2427
河 南	1451	2	114	380	955
湖 北	1272	7	82	405	778
湖 南	1303	6	104	320	873
广 东	2245	22	249	507	1467
广 西	661	1	33	135	492
海 南	92		14	49	29
重 庆	1316		80	496	740
四 川	2270	5	105	710	1450
贵 州	457	1	29	89	338
云 南	1010	4	32	228	746
西 藏	140			84	56
陕 西	641	5	68	223	345
甘 肃	529		35	178	316
青 海	248	1	10	71	166
宁 夏	267		9	48	210
新 疆	424	1	41	109	273

4-21 各地区按资质等级划分的总承包建筑业企业从业人员

单位：人

地区	合计	特级	一级	二级	三级及以下
全国总计	**23458604**	**1691851**	**6873720**	**7678384**	**7214649**
北京	500860	93801	272079	92902	42078
天津	179719	20636	89096	48318	21669
河北	949866	24780	239606	399876	285604
山西	473696	56062	201712	97035	118887
内蒙古	235627	5445	55701	83543	90938
辽宁	709353	57321	217883	195136	239013
吉林	307686	34408	112276	71514	89488
黑龙江	377526	44756	115166	128015	89589
上海	576076	105396	126941	198330	145409
江苏	2950115	380528	792287	870665	906635
浙江	2803048	398203	998371	803952	602522
安徽	855692	24805	160698	296443	373746
福建	614310	28377	194754	268255	122924
江西	544667	291	186166	139344	218866
山东	2161558	65580	524561	665925	905492
河南	1093627	21968	335318	381396	354945
湖北	943670	87992	231535	336936	287207
湖南	1103072	72410	333525	333720	363417
广东	1375914	51799	451230	420389	452496
广西	400306	12484	136755	126553	124514
海南	63187		26963	24713	11511
重庆	751646		193400	348536	209710
四川	1563199	29397	316360	672011	545431
贵州	290873	8861	112130	83745	86137
云南	517717	40050	111402	172244	194021
西藏	30307			22842	7465
陕西	397104	14138	155406	130911	96649
甘肃	372790		81390	163714	127686
青海	76701	9608	8646	25342	33105
宁夏	62192		18401	20728	23063
新疆	176500	2755	73962	55351	44432

4-22 各地区按资质等级划分的总承包建筑业总产值

单位：万元

地区	合计	特级	一级	二级	三级及以下
全国总计	**298340854**	**41200398**	**125971633**	**74720381**	**56448442**
北京	15445466	4727091	8242749	1762285	713342
天津	5606342	1151948	3355988	776658	321748
河北	11518883	1178708	5256800	3195002	1888373
山西	7673150	1992747	4149433	836181	694790
内蒙古	3565811	159751	1263603	1132101	1010357
辽宁	12191626	1561101	5214675	2774954	2640897
吉林	4439649	1070544	1825335	799720	744051
黑龙江	5059099	825115	1889230	1564506	780249
上海	15020271	2580756	5544744	3997087	2897684
江苏	37529807	6666509	13391759	9682411	7789129
浙江	42196220	7792046	18087934	9675228	6641011
安徽	8359537	701066	3170418	2448461	2039592
福建	7352152	403328	3236741	2661250	1050833
江西	4889529	613	2303833	1233227	1351856
山东	21840280	1488224	8102686	5839661	6409709
河南	9332164	436617	4460937	2379713	2054897
湖北	11523252	2883935	3999504	2689270	1950544
湖南	11302999	1402412	4841999	2615203	2443385
广东	17017268	1326606	7811968	4057732	3820962
广西	3921538	134474	1661955	1217032	908077
海南	557780		320593	179454	57733
重庆	7018788		2928888	2713251	1376649
四川	13039410	627814	4693564	4618047	3099985
贵州	2610612	146540	1493240	561216	409616
云南	4881770	574662	1699260	1460694	1147154
西藏	368306			309614	58691
陕西	6199099	1072638	3621388	969425	535648
甘肃	2766455		1297790	971589	497075
青海	833618	204232	202863	290521	136003
宁夏	989205		385592	310553	293060
新疆	3290768	90922	1516166	998337	685343

4-23 各地区按资质等级划分的总承包建筑业企业签订的合同额

单位：万元

地区	合计	特级	一级	二级	三级及以下
全国总计	**498140867**	**93201154**	**230571800**	**102734486**	**71633428**
北京	33824020	12756557	17599952	2582279	885233
天津	11445903	3613096	6512199	989068	331539
河北	16421152	1396537	8787043	3967169	2270403
山西	15474475	4696145	8802021	1089966	886344
内蒙古	5037979	251268	2211270	1396248	1179193
辽宁	18872462	3855250	8396631	3558486	3062095
吉林	7615979	3416768	2409272	997547	792392
黑龙江	6643345	1314217	2503400	1973178	852550
上海	31113630	8558498	12785321	5960846	3808965
江苏	49158034	9098231	19932937	11479858	8647009
浙江	70971587	15153378	31520698	14684741	9612769
安徽	13182765	967648	6333776	3334394	2546948
福建	12548235	611067	5892991	4490897	1553281
江西	7536774	2061	4128204	1760074	1646435
山东	29597079	2551785	12467840	7173713	7403741
河南	15066712	1117760	8285849	3179741	2483362
湖北	22554736	9116481	7644744	3345251	2448260
湖南	19473370	3832348	8477197	3796935	3366890
广东	35254425	3198945	18969711	7030277	6055491
广西	6723672	404387	3047176	1966299	1305809
海南	1030591		684066	272209	74317
重庆	9845527		4609881	3599293	1636353
四川	20270625	1525210	8851335	6011340	3882741
贵州	5018877	486038	2977322	960216	595301
云南	8829974	1705551	3368384	2247636	1508403
西藏	356137			302401	53736
陕西	13209820	2428624	8574635	1451241	755319
甘肃	3121779		1393584	1118260	609935
青海	1939536	1025694	377479	359211	177152
宁夏	1494142		749573	382148	362422
新疆	4507529	117607	2277310	1273570	839042

4-24 各地区按资质等级划分的总承包建筑业企业竣工产值

单位：万元

地区	合计	特级	一级	二级	三级及以下
全国总计	**205499417**	**25055165**	**80064029**	**55857917**	**44522307**
北京	9541398	2752805	5080925	1116112	591557
天津	3343088	368203	2171503	530416	272967
河北	6538680	437008	2305754	2279517	1516402
山西	3928695	866786	1947245	584404	530260
内蒙古	2828212	144534	882948	943576	857155
辽宁	8120506	669574	3189512	2138009	2123411
吉林	3063594	657629	1140894	610495	654576
黑龙江	4016699	461751	1519892	1368012	667044
上海	10856801	1981759	3960700	2925988	1988354
江苏	30052328	4948503	10776736	7805799	6521290
浙江	29487842	4817697	12227181	7213533	5229431
安徽	5588312	401909	1751085	1786122	1649197
福建	5094700	390751	1973411	1945196	785342
江西	3549158	1385	1498697	922908	1126169
山东	14003313	914943	4525428	4095310	4467633
河南	6048431	47446	2537476	1876834	1586676
湖北	7387956	1518523	2210750	2050097	1608585
湖南	8106690	1015398	3134538	1960235	1996520
广东	13386619	1330433	5870462	3188606	2997120
广西	2738300	106969	1056156	853275	721900
海南	291391		140242	114223	36926
重庆	4831474		1933355	1881666	1016453
四川	8750673	391465	2483554	3381923	2493731
贵州	1589786	162982	766257	355209	305337
云南	3135190	228401	904649	1094268	907872
西藏	260200			206769	53431
陕西	3240169	318473	1787832	690417	443447
甘肃	2021444		869758	725703	425983
青海	441008	29139	99458	210808	101603
宁夏	877078		342185	272358	262535
新疆	2379681	90702	975450	730130	583399

4-25 各地区按资质等级划分的总承包建筑业企业房屋施工面积

单位：万平方米

地区	合计	特级	一级	二级	三级及以下
全国总计	**341373.8**	**41426.1**	**115490.3**	**98613.3**	**85844.1**
北京	15128.1	5139.1	7932.2	1570.7	486.1
天津	3750.2	325.8	2367.2	780.8	276.4
河北	10660.2	630.0	3091.5	4013.6	2925.1
山西	3972.9	518.0	1656.8	829.2	968.9
内蒙古	2893.0	77.2	519.5	1070.1	1226.2
辽宁	9903.4	893.5	3044.5	2838.6	3126.8
吉林	3064.1	256.4	1451.2	581.6	774.9
黑龙江	4350.1	335.1	1559.6	1554.1	901.2
上海	13761.2	3508.0	3198.9	4256.7	2797.7
江苏	51084.7	10077.9	15407.1	13545.0	12054.8
浙江	58563.7	11465.2	23454.4	13606.2	10037.9
安徽	9471.4	618.5	1966.9	3383.7	3502.3
福建	10061.1	553.7	3809.9	3889.9	1807.6
江西	7117.5	5.2	1973.7	2233.9	2904.8
山东	24122.3	1456.7	6865.7	7267.6	8532.4
河南	10279.3	21.9	3690.6	3394.0	3172.8
湖北	11136.0	1628.1	3070.6	3479.1	2958.2
湖南	13629.8	1110.7	4225.4	3788.0	4505.7
广东	25764.1	1809.9	9907.6	6533.8	7512.7
广西	5489.1		1791.1	1931.9	1766.1
海南	634.2		299.9	260.3	74.0
重庆	10475.1		3929.0	4101.7	2444.3
四川	16952.7	432.2	3787.5	7138.8	5594.2
贵州	3148.5	0.9	1270.5	888.4	988.7
云南	4436.3	255.8	996.7	1798.3	1385.5
西藏	129.9			85.3	44.6
陕西	4464.9	145.4	1922.2	1482.5	914.8
甘肃	2797.2		926.5	1050.0	820.6
青海	397.9	0.1	63.8	147.7	186.3
宁夏	1050.8		321.3	383.5	345.9
新疆	2683.8	161.0	988.3	728.2	806.3

4–26 各地区按资质等级划分的总承包建筑业企业房屋竣工面积

单位：万平方米

地区	合计	特级	一级	二级	三级及以下
全国总计	**154407.4**	**15080.3**	**44141.9**	**47796.1**	**47389.2**
北京	4795.3	1288.0	2612.7	633.4	261.4
天津	1387.1	80.9	760.6	343.6	202.1
河北	5405.6	241.1	1205.8	2371.4	1587.3
山西	1596.9	178.5	539.8	390.3	488.4
内蒙古	1569.2	42.3	214.1	531.7	781.2
辽宁	4963.4	312.4	1350.6	1438.3	1862.0
吉林	1705.7	120.5	671.6	356.7	556.9
黑龙江	2171.2	143.2	650.3	813.7	564.1
上海	5454.9	1085.5	1207.6	1680.1	1481.6
江苏	24871.1	4218.4	7176.3	6552.4	6923.9
浙江	23938.1	4100.1	8579.3	6200.7	5058.0
安徽	4869.1	211.5	805.0	1636.1	2216.5
福建	4079.3	411.8	1310.6	1575.6	781.3
江西	3928.1	3.0	945.6	1087.4	1892.1
山东	11237.9	505.9	2606.5	3550.0	4575.6
河南	4601.6	6.8	1151.9	1682.3	1760.7
湖北	6408.3	1005.4	1251.2	2269.1	1882.5
湖南	6780.2	390.4	1779.2	1842.2	2768.4
广东	9679.9	412.1	3208.2	2720.5	3339.1
广西	2202.6		548.9	779.6	874.0
海南	202.2		77.4	94.4	30.4
重庆	5074.2		1550.2	2137.2	1386.8
四川	8496.6	87.9	1498.7	3860.8	3049.1
贵州	1145.8		361.1	305.3	479.3
云南	2381.2	116.7	436.6	1007.4	820.5
西藏	100.5			62.6	37.9
陕西	1848.1	47.1	665.1	652.1	483.8
甘肃	1359.1		374.2	544.4	440.5
青海	193.3	0.1	25.3	76.9	91.0
宁夏	558.2		152.9	198.6	206.7
新疆	1403.0	70.9	424.6	401.4	506.1

4-27 各地区按资质等级划分的总承包建筑业企业自有施工机械设备台数

单位：台

地区	合计	特级	一级	二级	三级及以下
全国总计	**7329485**	**325233**	**1635646**	**2626032**	**2742574**
北京	163206	42598	67477	37507	15624
天津	65005	4423	25093	21448	14041
河北	422859	8109	87230	195231	132289
山西	205864	16341	43423	41701	104399
内蒙古	123116	2636	18235	39499	62746
辽宁	246894	9286	87700	58497	91411
吉林	90847	6249	29056	25235	30307
黑龙江	140083	13914	34050	52334	39785
上海	116178	10201	34812	44712	26453
江苏	662609	58202	182241	224411	197755
浙江	568166	33507	155499	212216	166944
安徽	321808	7348	51718	102146	160596
福建	158676	1931	41078	66349	49318
江西	142163	114	42259	29762	70028
山东	567836	11765	111391	184979	259701
河南	391242	5127	76624	144122	165369
湖北	408890	39097	73094	164831	131868
湖南	395834	17810	69564	139272	169188
广东	568401	6867	158007	187825	215702
广西	180554	1408	24981	56689	97476
海南	23942		13171	6725	4046
重庆	146581		27312	73268	46001
四川	405175	8708	66642	167046	162779
贵州	67853	2222	15175	16584	33872
云南	198672	9451	15680	75083	98458
西藏	7359			4611	2748
陕西	162192	1773	27800	77684	54935
甘肃	212852		23267	125920	63665
青海	42333	4711	4672	13396	19554
宁夏	33313		4956	8733	19624
新疆	88982	1435	23439	28216	35892

4-28 各地区按资质等级划分的总承包建筑业企业自有施工机械设备总功率

单位：万千瓦

地 区	合 计	特级	一级	二级	三级及以下
全国总计	**11765.0**	**986.0**	**3638.5**	**3702.2**	**3438.3**
北 京	364.5	101.5	177.9	58.4	26.7
天 津	173.8	29.1	95.2	28.8	20.7
河 北	625.9	22.2	239.0	202.5	162.2
山 西	331.0	76.4	126.8	54.6	73.1
内蒙古	190.5	6.9	48.1	66.0	69.5
辽 宁	518.0	34.3	204.2	122.7	156.8
吉 林	234.1	32.2	108.5	48.0	45.4
黑龙江	305.8	55.2	72.6	112.9	65.2
上 海	248.6	32.7	104.5	81.7	29.7
江 苏	1114.8	142.0	318.9	386.9	266.9
浙 江	756.4	61.8	221.4	263.2	210.0
安 徽	408.1	28.0	105.6	136.2	138.4
福 建	261.1	5.4	76.3	108.5	70.8
江 西	208.2	0.4	84.7	48.1	75.0
山 东	954.8	13.3	250.6	282.3	408.6
河 南	537.8	12.4	186.3	176.7	162.4
湖 北	641.3	163.1	141.3	187.5	149.5
湖 南	520.9	33.5	131.5	169.5	186.5
广 东	1066.5	24.5	360.3	302.7	378.9
广 西	239.9	5.5	45.9	93.7	94.7
海 南	59.1		35.5	16.3	7.3
重 庆	227.0		58.5	109.8	58.6
四 川	610.9	45.9	131.4	236.2	197.4
贵 州	117.5	12.0	37.4	32.1	36.0
云 南	266.3	16.3	54.2	93.5	102.3
西 藏	13.6			11.1	2.5
陕 西	239.7	16.6	86.3	71.1	65.8
甘 肃	208.8		50.0	83.8	75.0
青 海	84.4	8.5	9.3	42.9	23.6
宁 夏	65.9		11.3	17.6	36.9
新 疆	170.1	6.3	65.0	56.9	42.0

4-29 各地区按资质等级划分的总承包建筑业企业实收资本

单位：万元

地 区	合 计	特级	一级	二级	三级及以下
全国总计	**64587956**	**8161097**	**17677253**	**21601866**	**17147740**
北 京	6458782	3706280	1855260	640098	257144
天 津	923114	167396	453820	208791	93107
河 北	2325230	109992	709868	937520	567851
山 西	1781924	355935	433921	659312	332757
内蒙古	951770	71170	185511	334165	360924
辽 宁	2722120	217174	961936	763183	779827
吉 林	950203	105481	306170	289822	248730
黑龙江	1996740	194510	486292	864473	451465
上 海	2812452	440536	833881	971274	566762
江 苏	5017380	438616	1323586	1776528	1478651
浙 江	4493234	485144	1206051	1455613	1346427
安 徽	1650831	92667	349494	571108	637563
福 建	1712965	82667	414893	823562	391843
江 西	1217561	1876	377387	393277	445021
山 东	4575041	208721	1073291	1554781	1738248
河 南	2581917	82044	793771	927295	778807
湖 北	2486013	320881	579513	898542	687077
湖 南	2304314	176175	742241	711125	674774
广 东	4219045	314864	1410101	1300583	1193497
广 西	1214215	7487	283198	514117	409412
海 南	150058		66642	60051	23365
重 庆	2043624		464202	1024893	554529
四 川	3773034	242650	802753	1544677	1182954
贵 州	668807	30000	204831	203683	230293
云 南	1637317	100698	264419	600382	671818
西 藏	192629			147116	45512
陕 西	1345776	170035	441541	460229	273971
甘 肃	870059		260275	394795	214989
青 海	371869	30100	69472	158733	113564
宁 夏	379538		81434	118314	179790
新 疆	760396	8000	241501	293826	217070

4-30 各地区按资质等级划分的总承包建筑业企业资产

单位：万元

地 区	合 计	特级	一级	二级	三级及以下
全国总计	**262407373**	**41431971**	**104081680**	**68046737**	**48846985**
北 京	28333030	14410195	10825329	2248326	849180
天 津	5233116	1098088	3159619	734916	240493
河 北	8652565	723781	4347183	2234611	1346991
山 西	7502265	1864227	3273690	1545010	819338
内蒙古	3136003	142360	1009567	1123774	860302
辽 宁	9676947	1090227	4129521	2390979	2066221
吉 林	4341316	706505	2039324	884466	711022
黑龙江	5813239	1009766	1799613	2019791	984069
上 海	16362122	2725560	6472475	4676236	2487851
江 苏	24838535	2255091	8777379	7991703	5814362
浙 江	21385546	3050101	6925722	6441077	4968646
安 徽	6504764	639379	2295973	1948708	1620704
福 建	6142124	669470	2027386	2346107	1099161
江 西	3772882	2150	1717423	1017623	1035687
山 东	19655427	1528678	7459789	5326917	5340042
河 南	7750508	330583	3510029	2168509	1741388
湖 北	9540452	2877289	3139999	2074816	1448349
湖 南	7158296	992748	2941385	1743250	1480913
广 东	20941863	1745536	9506090	5222682	4467556
广 西	4071351	123444	1456398	1415063	1076446
海 南	533029		303093	157160	72777
重 庆	5733670		2323906	2339343	1070421
四 川	12573422	1479545	4653092	3796251	2644536
贵 州	2659010	144428	1478091	537540	498951
云 南	5609242	564109	1898631	1538214	1608288
西 藏	379881			318001	61880
陕 西	5470463	902941	2956941	1035084	575497
甘 肃	2911691		1438931	955402	517359
青 海	1018158	204043	230519	350043	233554
宁 夏	1357239		429823	477628	449787
新 疆	3349217	151733	1554760	987509	655216

4-31 各地区按资质等级划分的总承包建筑业企业所有者权益

单位：万元

地区	合计	特级	一级	二级	三级及以下
全国总计	**89261716**	**13704979**	**25491472**	**28157124**	**21908141**
北京	10157403	6614770	2484971	727645	330016
天津	1114818	226193	561918	209828	116879
河北	3120900	139719	956146	1250952	774083
山西	1964288	431919	459496	685025	387849
内蒙古	1237406	31074	260319	501293	444720
辽宁	3563093	404507	1254996	952258	951332
吉林	1233666	166526	391173	360396	315571
黑龙江	2129723	219136	526161	902220	482206
上海	4266981	644145	1479940	1336031	806865
江苏	7528281	739013	2103924	2682459	2002885
浙江	7247282	1002804	2144588	2185668	1914222
安徽	2464939	338617	586921	751496	787905
福建	2132884	126544	553427	977449	475465
江西	1520386	1931	483360	497802	537294
山东	6289932	258744	1659202	2144795	2227192
河南	2940424	106845	797445	1091058	945077
湖北	3820867	641975	1051227	1246908	880757
湖南	3097441	215096	1117473	929576	835296
广东	6251413	481206	2224534	1923762	1621911
广西	1581873	37406	404449	608646	531372
海南	212692		101896	76642	34154
重庆	2592388		652213	1262763	677413
四川	5111585	450563	1242215	1948120	1470688
贵州	853460	26619	289197	271112	266534
云南	2038365	116388	364891	719404	837681
西藏	250241			197444	52797
陕西	1619678	220550	528061	560552	310515
甘肃	1143317		371056	487738	284524
青海	370938	33853	44142	166965	125978
宁夏	442273		88473	152600	201200
新疆	962780	28836	307659	348521	277764

4-32 各地区按资质等级划分的总承包建筑业企业负债

单位：万元

地 区	合 计	特级	一级	二级	三级及以下
全国总计	**173141101**	**27726993**	**78585652**	**39889613**	**26938844**
北 京	18175627	7795424	8340358	1520681	519165
天 津	4118298	871894	2597702	525088	123614
河 北	5531665	584062	3391037	983659	572908
山 西	5533421	1432308	2809639	859985	431490
内蒙古	1898597	111286	749248	622482	415582
辽 宁	6113854	685720	2874525	1438722	1114888
吉 林	3107650	539979	1648151	524070	395450
黑龙江	3683516	790630	1273452	1117571	501862
上 海	12095141	2081415	4992535	3340205	1680987
江 苏	17310254	1516078	6673456	5309243	3811477
浙 江	14138264	2047296	4781134	4255409	3054424
安 徽	4039825	300762	1709052	1197212	832799
福 建	4009239	542926	1473959	1368659	623696
江 西	2252496	219	1234063	519821	498394
山 东	13365495	1269935	5800588	3182122	3112851
河 南	4810084	223738	2712584	1077451	796311
湖 北	5719585	2235314	2088771	827908	567592
湖 南	4060855	777652	1823912	813674	645617
广 东	14690450	1264330	7281556	3298920	2845645
广 西	2489478	86038	1051949	806417	545074
海 南	320338		201197	80517	38623
重 庆	3141282		1671693	1076581	393008
四 川	7461837	1028982	3410876	1848131	1173848
贵 州	1805550	117810	1188895	266428	232417
云 南	3570877	447720	1533740	818810	770607
西 藏	129640			120557	9083
陕 西	3850785	682390	2428880	474532	264982
甘 肃	1768374		1067875	467664	232835
青 海	647220	170190	186376	183078	107576
宁 夏	914966		341351	325028	248587
新 疆	2386437	122897	1247100	638988	377453

4-33 各地区按资质等级划分的总承包建筑业企业总收入

单位：万元

地 区	合 计	特级	一级	二级	三级及以下
全国总计	**284436599**	**41750158**	**123849460**	**68299624**	**50537357**
北 京	18130235	5867376	9768730	1735340	758789
天 津	5970479	1316071	3573805	761835	318768
河 北	9696824	650559	4593353	2783664	1669248
山 西	8069958	2303786	4286435	829041	650696
内蒙古	3456733	144593	1212054	1092850	1007236
辽 宁	12063337	1575934	5249141	2686060	2552203
吉 林	4270343	999939	1754229	810320	705855
黑龙江	4974801	1080465	1706008	1428324	760004
上 海	17869374	3727167	6606727	4410346	3125134
江 苏	29044561	4740659	11096914	7697320	5509668
浙 江	36659026	6794848	15251097	8623990	5989091
安 徽	8098488	671973	3259504	2268815	1898197
福 建	7262276	531656	3148336	2561148	1021135
江 西	4174850	620	2002450	966072	1205708
山 东	19150566	1493523	7469517	4955931	5231597
河 南	8941872	527412	4265267	2234536	1914657
湖 北	11789464	3306874	4106205	2550483	1825903
湖 南	10522933	1383914	4405342	2466083	2267594
广 东	20309836	1520799	10682338	4364793	3741906
广 西	3657642	135997	1630425	1059524	831696
海 南	484421		267113	158175	59134
重 庆	6456533		2853480	2407367	1195687
四 川	12038275	733962	4580093	4026619	2697601
贵 州	2594954	146649	1495370	561691	391244
云 南	4652365	634160	1630466	1329408	1058332
西 藏	263992			212389	51603
陕 西	6102052	1122015	3597166	876225	506646
甘 肃	2578718		1219814	855854	503051
青 海	822312	230330	197554	280412	114017
宁 夏	1000871		418777	278450	303645
新 疆	3328508	108880	1521752	1026562	671315

4-34 各地区按资质等级划分的总承包建筑业企业利税总额

单位：万元

地　区	合　计	特级	一级	二级	三级及以下
全国总计	**17118175**	**2421718**	**6177210**	**4628981**	**3890267**
北　京	1048437	532390	379703	85561	50783
天　津	241359	46782	134799	36747	23031
河　北	592573	33688	239773	182456	136657
山　西	331767	92612	158350	40758	40047
内蒙古	306236	4098	75514	128927	97697
辽　宁	898288	80389	429822	178290	209787
吉　林	167934	47577	50321	35432	34605
黑龙江	199351	47422	58701	56603	36626
上　海	1037411	177198	343180	268357	248676
江　苏	1920350	314189	660319	551025	394817
浙　江	2367870	462424	890541	592573	422332
安　徽	425313	31690	140048	125763	127811
福　建	402736	34687	146730	157609	63711
江　西	267533	50	103948	65190	98344
山　东	1357800	71164	404584	392297	489755
河　南	537380	28733	175548	156275	176824
湖　北	614774	130054	164318	170349	150053
湖　南	671004	56579	273892	165680	174852
广　东	1234834	86083	493610	345152	309989
广　西	188851	5283	61299	58557	63712
海　南	43720		26453	12791	4476
重　庆	401300		152287	169580	79433
四　川	681293	44418	183957	261108	191809
贵　州	123813	4726	59334	35004	24750
云　南	323108	22041	81182	117480	102405
西　藏	41400			30595	10805
陕　西	304259	49537	153625	61115	39983
甘　肃	161927		62930	65258	33738
青　海	34691	12374	4924	13079	4315
宁　夏	47350		14607	15752	16991
新　疆	143516	5531	52912	53620	31454

4-35 各地区按资质等级划分的总承包建筑业企业利润总额

单位：万元

地　区	合　计	特级	一级	二级	三级及以下
全国总计	**7109477**	**1079283**	**2113299**	**2075421**	**1841474**
北　京	510774	372073	83441	29569	25691
天　津	66437	9785	34422	11054	11176
河　北	239511	3848	88502	75023	72138
山　西	78148	27218	23841	13348	13741
内蒙古	162244	14	28759	78907	54564
辽　宁	425856	29683	216210	77097	102867
吉　林	20195	14998	-6467	3298	8366
黑龙江	26103	3540	4309	10220	8033
上　海	484280	53448	137723	140052	153057
江　苏	865946	153785	299641	251059	161462
浙　江	1064077	231057	362566	276285	194170
安　徽	135807	9917	32366	43915	49609
福　建	139704	15701	37259	64475	22270
江　西	95773	-1	32419	26196	37160
山　东	669502	26876	153675	209325	279626
河　南	215821	8850	41094	73292	92586
湖　北	209192	35123	35179	70758	68133
湖　南	257769	13533	109725	63252	71259
广　东	498861	38627	158856	150525	150853
广　西	46703	1386	6777	16392	22148
海　南	26765		18086	6285	2393
重　庆	173919		60204	78448	35268
四　川	237563	5510	36860	111357	83836
贵　州	35602	408	11861	15530	7803
云　南	166429	3758	31299	70339	61032
西　藏	26041			19937	6103
陕　西	95113	12412	36482	27102	19118
甘　肃	75869		29533	33457	12879
青　海	6553	5506	-2235	3555	-273
宁　夏	15524		1398	6960	7166
新　疆	37398	2230	9514	18411	7243

4-36 各地区按资质等级划分的总承包建筑业企业工程结算利润

单位：万元

地　区	合　计	特级	一级	二级	三级及以下
全国总计	**18581166**	**2371782**	**7095529**	**4927591**	**4186264**
北　京	1097476	311549	593023	122528	70377
天　津	312597	60030	183490	44011	25067
河　北	719295	36363	321507	213162	148265
山　西	490468	162365	212595	59223	56285
内蒙古	340429	8451	100106	128943	102929
辽　宁	972393	89006	464900	204629	213859
吉　林	263500	62316	90891	52997	57297
黑龙江	275089	48714	88897	87326	50152
上　海	1071172	187623	360307	286152	237091
江　苏	1940899	288927	668326	558467	425180
浙　江	1930920	322617	700966	502839	404498
安　徽	493701	47371	169116	134009	143205
福　建	357911	41195	129772	125402	61542
江　西	291269	13	120313	74353	96590
山　东	1621140	80621	514809	464911	560800
河　南	667546	46351	251695	188959	180541
湖　北	860352	206334	251200	217234	185584
湖　南	673536	72101	264280	172964	164191
广　东	1206519	65074	469927	331414	340104
广　西	211883	5788	75038	64066	66991
海　南	44183		27712	12320	4151
重　庆	411985		145157	186771	80058
四　川	845332	97550	237243	289870	220669
贵　州	145270	4832	80014	35917	24508
云　南	320511	28668	113290	88210	90342
西　藏	40402			31356	9046
陕　西	388391	63282	197837	77841	49431
甘　肃	266064		140207	72863	52994
青　海	63969	26833	10963	18833	7340
宁　夏	61492		16571	22847	22075
新　疆	195474	7809	95379	57178	35108

4-37 各地区按资质等级划分的总承包建筑业企业税金总额

单位：万元

地 区	合 计	特级	一级	二级	三级及以下
全国总计	**10008698**	**1342435**	**4063910**	**2553560**	**2048792**
北 京	537664	160318	296263	55992	25092
天 津	174921	36996	100377	25693	11855
河 北	353063	29839	151271	107434	64519
山 西	253619	65394	134509	27410	26306
内蒙古	143992	4084	46755	50020	43133
辽 宁	472432	50707	213612	101193	106920
吉 林	147740	32579	56789	32134	26238
黑龙江	173248	43882	54391	46383	28592
上 海	553132	123750	205458	128305	95619
江 苏	1054403	160404	360678	299966	233355
浙 江	1303793	231368	527975	316288	228162
安 徽	289506	21773	107682	81849	78202
福 建	263031	18986	109471	93134	41441
江 西	171759	51	71530	38994	61184
山 东	688298	44288	250909	182972	210130
河 南	321559	19883	134454	82983	84238
湖 北	405582	94931	129139	99591	81921
湖 南	413235	43046	164167	102428	103593
广 东	735974	47456	334754	194627	159137
广 西	142148	3897	54522	42165	41564
海 南	16955		8366	6506	2083
重 庆	227381		92083	91132	44165
四 川	443729	38908	147097	149751	107974
贵 州	88211	4318	47473	19474	16947
云 南	156679	18283	49883	47141	41373
西 藏	15360			10658	4702
陕 西	209146	37124	117143	34013	20865
甘 肃	86058		33397	31801	20859
青 海	28138	6868	7159	9523	4588
宁 夏	31826		13209	8793	9824
新 疆	106118	3301	43397	35209	24211

4-38 各地区按资质等级划分的总承包建筑业企业工程结算收入

单位：万元

地区	合计	特级	一级	二级	三级及以下
全国总计	**279293106**	**40767275**	**120997399**	**67431686**	**50096746**
北京	17832744	5782365	9583590	1716666	750122
天津	5874326	1297553	3509217	750033	317523
河北	9477474	636956	4402822	2774859	1662836
山西	7939199	2256566	4219533	817906	645195
内蒙古	3413179	131367	1196020	1086726	999067
辽宁	11863891	1569805	5086955	2664056	2543075
吉林	4231835	992544	1729787	805829	703675
黑龙江	4917697	1076961	1681162	1411344	748230
上海	17439112	3644248	6399867	4298461	3096536
江苏	28070416	4447486	10525053	7626019	5471858
浙江	36418291	6779117	15166041	8535508	5937626
安徽	7956972	644218	3197990	2235081	1879684
福建	7192026	531546	3102930	2542736	1014814
江西	4139017	611	1981389	961554	1195464
山东	18755139	1447366	7266052	4848915	5192806
河南	8824394	526637	4174183	2218746	1904828
湖北	11448914	3207321	3917508	2515769	1808316
湖南	10439325	1362100	4364579	2452519	2260128
广东	19947357	1396552	10542697	4308668	3699441
广西	3576496	134844	1577019	1048808	815826
海南	483194		266973	157279	58942
重庆	6376399		2787834	2398662	1189903
四川	11844334	721721	4461421	3983216	2677977
贵州	2557708	146540	1469630	553531	388008
云南	4576909	626559	1596272	1312459	1041618
西藏	262047			211337	50710
陕西	5977339	1093902	3520311	861360	501767
甘肃	2466734		1189447	792994	484294
青海	803875	217355	197399	275647	113474
宁夏	968104		409457	275830	282817
新疆	3218661	95037	1474265	989173	660187

4-39 各地区按资质等级划分的总承包建筑业企业管理费用

单位：万元

地区	合计	特级	一级	二级	三级及以下
全国总计	**11259451**	**1578956**	**4756848**	**2746980**	**2176666**
北京	849801	255341	451945	94481	48034
天津	233303	46297	139810	34963	12233
河北	452340	34028	228490	121627	68194
山西	411220	146270	182325	41994	40632
内蒙古	140237	9713	48382	40362	41780
辽宁	490278	48952	228466	109575	103285
吉林	220891	49776	91874	44566	34675
黑龙江	262506	57770	83711	78286	42739
上海	682714	132158	275092	178509	96957
江苏	1069811	133710	364507	314990	256604
浙江	781922	86005	301568	204513	189836
安徽	337989	37928	125096	88054	86912
福建	207331	12604	93830	65420	35476
江西	179726	17	87947	38731	53031
山东	842022	55676	327405	218270	240670
河南	413919	36072	199235	98985	79628
湖北	580955	153276	193664	132540	101475
湖南	372290	53007	136909	98590	83785
广东	764611	50687	342178	179945	191801
广西	162771	3685	72408	45435	41243
海南	15092		7446	6045	1601
重庆	221532		81573	100266	39692
四川	599627	87064	233095	168364	111105
贵州	118236	3240	74828	24202	15966
云南	199938	23693	70094	57287	48866
西藏	14993			10600	4393
陕西	251754	37241	145793	42064	26656
甘肃	121126		62137	34150	24839
青海	55638	19348	11948	16852	7490
宁夏	42399		14424	12731	15245
新疆	162480	5402	80670	44586	31823

4-40 各地区按资质等级划分的总承包建筑业企业财务费用

单位：万元

地　区	合　计	特级	一级	二级	三级及以下
全国总计	**1339454**	**194096**	**571513**	**308590**	**265255**
北　京	166269	57913	98751	8113	1492
天　津	26930	5811	17475	2010	1633
河　北	46145	2118	24902	11888	7237
山　西	29728	1159	19821	5244	3504
内蒙古	20493	1271	6589	6142	6490
辽　宁	36676	2187	21623	6831	6034
吉　林	12666	1748	5067	2814	3037
黑龙江	17075	3887	6654	4085	2448
上　海	48108	7440	29371	6984	4313
江　苏	106315	15590	39588	30533	20605
浙　江	138493	17084	53171	39980	28258
安　徽	30856	1322	15113	5753	8668
福　建	23507	8112	10307	3603	1485
江　西	15360	1	5858	3782	5719
山　东	137677	7100	50040	37567	42970
河　南	44250	2752	19448	11674	10376
湖　北	68810	22782	15369	14811	15849
湖　南	56002	5393	21822	13805	14983
广　东	63182	1654	18184	18153	25192
广　西	12840	1336	3973	3775	3756
海　南	2388		2238	-46	196
重　庆	31971		14067	11290	6615
四　川	68193	10590	12573	23947	21084
贵　州	10987	1146	7511	794	1536
云　南	31330	3647	10662	9609	7413
西　藏	1486			1318	168
陕　西	46874	11042	22125	8576	5131
甘　肃	18137		5857	7068	5212
青　海	3635	485	1351	1223	576
宁　夏	7025		1505	3656	1863
新　疆	16049	527	10501	3610	1412

4-41 各地区按资质等级划分的总承包建筑业企业应收工程款

单位：万元

地区	合计	特级	一级	二级	三级及以下
全国总计	**51871667**	**9077148**	**24438071**	**10568210**	**7788238**
北京	4525329	1461545	2596009	371000	96774
天津	1525413	226605	1057334	186262	55213
河北	2231996	237537	1179291	544124	271045
山西	1825728	378910	1057694	229086	160039
内蒙古	763572	42577	296064	220526	204406
辽宁	2123720	429710	1004956	349745	339309
吉林	1525325	303446	828425	207257	186197
黑龙江	1485450	377688	544518	401882	161362
上海	4622194	2629921	1133718	466052	392503
江苏	5157902	688489	1989529	1455251	1024633
浙江	2425414	367555	1157708	469155	430996
安徽	1466862	152997	571269	429724	312872
福建	1272930	62582	788237	286599	135513
江西	508839	574	353277	85298	69690
山东	5105367	452270	2281906	1266714	1104478
河南	957056	55420	570999	175568	155070
湖北	1732719	435677	722518	326262	248263
湖南	1478509	177875	573966	397940	328727
广东	2965941	177775	1756603	452001	579563
广西	692025	15060	336749	157569	182648
海南	71777		36196	26166	9415
重庆	926225		479218	312872	134135
四川	1942505	119670	853000	569393	400443
贵州	413365	527	243524	94086	75227
云南	995174	79828	383642	290232	241472
西藏	40950			30848	10102
陕西	1012236	80704	622477	181464	127591
甘肃	674329		398279	170840	105211
青海	142653	39217	28269	51649	23518
宁夏	307606		133406	86135	88066
新疆	952557	82990	459292	276512	133763

4-42 各地区专业承包建筑业企业签订合同情况

单位：万元

地区	合同总额	上年结转合同额	本年新签合同额
全国总计	**61325897**	**15182485**	**46143412**
北京	5272733	1561526	3711207
天津	2645113	699111	1946003
河北	1619135	419253	1199882
山西	987739	213976	773763
内蒙古	270038	48344	221694
辽宁	3201690	557782	2643907
吉林	432110	36472	395638
黑龙江	767336	117114	650222
上海	5223711	1570748	3652964
江苏	6512497	1077760	5434737
浙江	6232644	1494783	4737861
安徽	1476746	220761	1255985
福建	1832134	570955	1261178
江西	1162220	466316	695905
山东	3700320	532331	3167990
河南	2106439	530624	1575815
湖北	2678815	626911	2051904
湖南	1306844	291840	1015004
广东	7587801	2433246	5154554
广西	412340	113323	299018
海南	57695	25040	32655
重庆	955343	184327	771016
四川	2323159	690276	1632884
贵州	108579	33307	75272
云南	635826	141638	494189
西藏	35974	9502	26471
陕西	718215	228387	489828
甘肃	509922	198019	311903
青海	67838	16278	51560
宁夏	134870	13252	121618
新疆	350075	59286	290790

4-43 各地区专业承包建筑业企业承包工程完成情况

单位：万元

地 区	直接从建设单位承揽工程完成的产值	自行完成施工产值	分包出去工程的产值	从建设单位以外承揽工程完成的产值
全国总计	**44151655**	**43322069**	**829586**	**3858045**
北 京	3093723	3054844	38879	440126
天 津	1780903	1694927	85976	242434
河 北	1296121	1291633	4489	42415
山 西	794018	791770	2249	27245
内蒙古	246225	246125	100	1108
辽 宁	2585983	2581721	4262	43182
吉 林	412140	407214	4925	8957
黑龙江	646044	645914	131	23943
上 海	3406245	3276142	130103	596049
江 苏	5343430	5225366	118064	934320
浙 江	4641949	4605313	36636	385898
安 徽	1223312	1216752	6560	59121
福 建	1324340	1312104	12236	75516
江 西	765478	735865	29613	35014
山 东	3143752	3122435	21316	128277
河 南	1275763	1263622	12141	65712
湖 北	1876255	1858547	17708	111366
湖 南	834671	819178	15493	71316
广 东	4871078	4618729	252349	359891
广 西	285739	285379	360	45184
海 南	37386	37386		1759
重 庆	779343	762768	16575	54101
四 川	1602972	1593716	9256	56896
贵 州	100359	99662	698	1981
云 南	500461	498631	1831	13269
西 藏	37717	37717		96
陕 西	386135	381113	5023	4900
甘 肃	358600	358084	516	9477
青 海	75072	74562	510	1157
宁 夏	131939	131939		8506
新 疆	294501	292915	1586	8830

4-44 各地区专业承包建筑业总产值和竣工产值

单位：万元

地 区	建筑业总产值	#装饰装修产值	#在外省完成的产值	按构成分组			竣工产值
				建筑工程产值	安装工程产值	其他产值	
全国总计	**47180115**	**11326411**	**8312075**	**28595721**	**14346762**	**4237632**	**33161994**
北 京	3494970	1318201	626688	2803602	670330	21038	2069783
天 津	1937360	226252	309815	840413	604635	492312	1253285
河 北	1334048	122664	298367	611188	496721	226140	1011382
山 西	819015	110159	218517	459793	239344	119878	403060
内蒙古	247233	16401	422	163749	66484	17000	207309
辽 宁	2624902	681637	339109	1481025	1055220	88657	1937531
吉 林	416171	60032	3455	254825	153448	7898	359665
黑龙江	669856	116166	77955	272119	323523	74215	458245
上 海	3872191	1295749	374768	2112412	1337434	422345	2784853
江 苏	6159686	1556012	1548451	4411813	1484278	263595	4851867
浙 江	4991211	1288909	924019	2917494	1663382	410336	3671380
安 徽	1275873	261708	206990	758455	355304	162114	1005238
福 建	1387619	381078	352859	700059	509476	178084	985422
江 西	770879	124138	208000	486014	160945	123919	538837
山 东	3250712	468400	252858	1668539	1140906	441267	2289047
河 南	1329334	128175	407929	908236	307319	113779	792633
湖 北	1969913	256574	290937	1122297	506238	341378	1301403
湖 南	890494	152409	215291	422567	351275	116653	623293
广 东	4978621	1959381	934753	3367256	1391441	219924	3292873
广 西	330562	55790	16939	151969	157227	21367	239907
海 南	39145	19996	11046	13703	24458	984	23265
重 庆	816870	222599	35492	475703	282946	58220	464180
四 川	1650612	230452	439570	1060452	392085	198076	1183752
贵 州	101642	9461	1563	55806	42337	3499	67236
云 南	511899	99276	12151	318087	172435	21377	318787
西 藏	37813	964		33929	3542	342	33029
陕 西	386013	48635	140480	218327	149411	18274	250670
甘 肃	367561	43189	26938	231609	105561	30392	302650
青 海	75719	9400	3142	27669	35465	12585	67203
宁 夏	140445	20455	26179	107665	28704	4076	129827
新 疆	301745	42150	7397	138947	134889	27909	244381

4-45 各地区专业承包建筑业企业房屋建筑面积

地　区	房屋建筑施工面积(万平方米)	#本年新开工	#实行投标承包面积	#本年新开工	房屋建筑竣工面积(万平方米)	房屋建筑面积竣工率(%)
全国总计	**11370.9**	**7415.1**	**7435.1**	**5097.9**	**4998.8**	**44.0**
北　京	289.5	77.6	247.1	62.2	67.0	23.2
天　津	190.3	122.5	85.3	61.6	97.3	51.1
河　北	601.2	368.0	497.6	341.2	338.6	56.3
山　西	75.6	43.2	60.0	36.5	41.6	55.0
内蒙古	65.9	32.8	54.7	32.0	54.1	82.2
辽　宁	321.5	260.7	256.8	212.0	147.6	45.9
吉　林	101.8	63.8	48.1	46.1	39.0	38.3
黑龙江	117.6	90.0	97.8	82.5	78.5	66.7
上　海	376.8	206.6	182.3	100.4	188.5	50.0
江　苏	1157.5	940.7	841.0	696.1	520.8	45.0
浙　江	1320.0	888.9	707.9	510.3	699.0	53.0
安　徽	402.2	279.3	296.7	217.2	212.2	52.8
福　建	207.1	140.3	56.8	46.7	112.1	54.1
江　西	163.7	111.5	149.6	84.2	102.4	62.5
山　东	1327.6	949.1	937.0	669.9	645.2	48.6
河　南	533.9	350.6	405.8	278.3	185.5	34.7
湖　北	955.1	695.9	741.8	575.6	488.6	51.2
湖　南	145.0	88.5	94.3	50.6	65.8	45.4
广　东	1121.9	508.1	757.8	330.5	348.0	31.0
广　西	29.0	8.7	4.2	3.2	7.1	24.4
海　南	58.2	44.1	2.0	0.3	2.9	5.0
重　庆	247.5	155.1	139.7	122.2	81.0	32.7
四　川	971.7	645.3	385.2	302.9	195.6	20.1
贵　州	4.3	3.0	2.4	1.1	3.7	85.9
云　南	154.9	106.8	90.3	75.7	88.9	57.4
西　藏	21.4	17.2	15.7	10.0	13.9	64.7
陕　西	99.0	58.7	51.4	43.8	44.7	45.2
甘　肃	211.3	88.5	167.4	69.7	96.1	45.5
青　海	9.6	4.4	9.5	4.4	0.7	7.8
宁　夏	5.8	2.6	0.9	0.5	5.8	100.0
新　疆	83.8	62.6	48.1	30.1	26.4	31.5

4-46 各地区按主要用途分的专业承包建筑业企业房屋建筑竣工面积

单位：万平方米

地 区	合 计	厂房、仓库	住 宅	办公用房	批发和零售用 房	住宿和餐饮用 房
全国总计	**4998.8**	**1878.8**	**2034.8**	**359.4**	**77.6**	**75.8**
北 京	67.0	17.5	19.1	3.7	0.4	0.3
天 津	97.3	74.6	13.2	1.2		3.1
河 北	338.6	33.5	220.9	42.8	3.3	10.7
山 西	41.6	13.3	13.8	2.9	1.6	0.4
内蒙古	54.1	5.9	36.9	5.0		0.8
辽 宁	147.6	49.8	80.5	7.9	0.5	0.7
吉 林	39.0	1.4	35.4	2.0		
黑龙江	78.5	20.9	4.7	2.5	0.8	3.8
上 海	188.5	85.8	70.8	14.2	1.8	0.1
江 苏	520.8	213.4	123.5	73.0	21.6	17.4
浙 江	699.0	568.9	73.0	22.0	0.5	2.1
安 徽	212.2	58.7	104.9	14.0	3.5	2.9
福 建	112.1	74.6	26.8	5.7		1.5
江 西	102.4	44.4	35.7	1.8	1.8	
山 东	645.2	238.7	281.7	58.1	13.1	5.4
河 南	185.5	40.0	99.0	12.3	6.4	6.5
湖 北	488.6	109.7	299.0	22.5	1.6	4.4
湖 南	65.8	21.4	28.2	4.9	1.4	0.3
广 东	348.0	107.3	142.0	21.9	11.6	5.5
广 西	7.1	4.8	0.4	0.1		
海 南	2.9		1.0	0.7		1.3
重 庆	81.0	22.9	43.9	3.3	1.2	0.1
四 川	195.6	25.5	133.8	10.7	3.9	1.2
贵 州	3.7	1.1	1.2	0.8		
云 南	88.9	24.3	36.6	9.2	1.0	0.9
西 藏	13.9	3.5	5.4	1.2		1.9
陕 西	44.7	0.6	34.3	3.0	0.2	0.2
甘 肃	96.1	12.0	49.9	10.0	0.9	2.2
青 海	0.7		0.5	0.2		
宁 夏	5.8	2.0	3.8			
新 疆	26.4	2.4	15.1	1.8	0.6	2.2

4-46 续表

单位：万平方米

地区	居民服务业用房	教育用房	文化、体育和娱乐用房	卫生医疗用房	科研用房	其他用房
全国总计	**77.3**	**174.7**	**70.2**	**43.8**	**10.0**	**196.4**
北京	0.3	14.3	1.7	4.8	2.2	2.8
天津	0.7	2.3	0.1			2.1
河北	10.5	7.6	1.2	0.1	0.3	7.6
山西		2.2	1.5	0.9		5.1
内蒙古		3.2		0.3		2.1
辽宁	1.8	2.3	0.3			3.9
吉林	0.2					
黑龙江	12.3	29.3	2.0	0.2		2.0
上海	2.3	2.3	1.0	1.1	0.2	8.9
江苏	2.1	11.1	17.9	13.9	0.4	26.6
浙江	0.1	2.0	22.3	0.0		8.1
安徽	4.2	10.9	4.6	0.0	0.5	8.1
福建		0.8				2.7
江西	5.8	2.0				10.9
山东	6.8	8.0	3.9	5.6		24.0
河南	3.7	8.0	0.4	0.5		8.6
湖北	9.5	23.3	1.0	0.7	4.5	12.5
湖南		5.4	1.2	0.4		2.5
广东	8.5	10.0	0.9	5.7	1.2	33.4
广西		0.5				1.3
海南						
重庆			4.6	2.9		2.1
四川	5.4	7.6	1.5	1.3		4.8
贵州		0.2	0.2	0.1		0.0
云南	0.2	3.2	1.3	0.0	0.6	11.7
西藏	0.5	0.7		0.1		0.6
陕西	0.1	2.8	1.8	0.8		0.9
甘肃	1.3	12.9	0.9	3.8		2.1
青海						0.1
宁夏						
新疆	1.0	2.0	0.0	0.4		0.8

4-47 各地区按主要用途分的专业承包建筑业企业房屋建筑竣工价值

单位：万元

地　区	合　计	厂房、仓库	住　宅	办公用房	批发和零售用房	住宿和餐饮用房
全国总计	**3352998**	**955309**	**1475162**	**302812**	**60547**	**53199**
北　京	88784	13466	26889	3989	232	198
天　津	58288	40763	8331	1177		3583
河　北	242902	22146	160046	29877	1943	6987
山　西	25428	6692	9016	2039	2105	200
内蒙古	42471	9385	24287	3838		738
辽　宁	99091	29322	58731	5715	375	525
吉　林	32629	1035	29533	1711		
黑龙江	68395	11475	5774	2281	570	3491
上　海	180473	58603	82685	20903	1842	72
江　苏	360905	102818	98333	75407	14001	12357
浙　江	374197	256185	60472	9837	110	1852
安　徽	117377	27368	61688	7590	2404	1824
福　建	45394	28517	10206	3664		752
江　西	41505	16308	14644	898	1528	
山　东	398446	108908	192750	48593	12720	3184
河　南	110143	20502	57358	8158	5605	4350
湖　北	323622	74578	190568	17706	1052	3389
湖　南	39430	13263	15173	3701	857	145
广　东	316218	59837	152512	21944	8952	1357
广　西	2973	1623	392	62		
海　南	1272		300	290		682
重　庆	57876	11079	33738	3037	1168	96
四　川	115518	14847	73940	8203	2755	519
贵　州	2089	787	618	433		
云　南	60518	9472	27102	7164	997	669
西　藏	14015	2608	6482	1354		1580
陕　西	30800	1125	22589	1987	140	75
甘　肃	77138	8769	37153	9859	850	2072
青　海	656		191	85		
宁　夏	3945	1186	2760			
新　疆	20502	2644	10903	1309	340	2503

4-47 续表

单位：万元

地　区	居民服务业用　房	教育用房	文化、体育和娱乐用房	卫生医疗用　房	科研用房	其他用房
全国总计	**51019**	**143150**	**69885**	**47765**	**11772**	**182380**
北　京	210	19879	1926	11826	5100	5069
天　津	388	2325	90			1631
河　北	6836	6186	1090	11	35	7747
山　西		1451	829	432		2664
内蒙古		3037		400		785
辽　宁	1417	1455	414			1137
吉　林	350					
黑龙江	9899	31275	2047	260		1324
上　海	2480	3966	765	907	369	7880
江　苏	1667	8831	11866	12184	176	23265
浙　江	49	950	36869	9		7864
安　徽	2065	6629	2808	17	175	4809
福　建		663				1593
江　西	2404	1071				4652
山　东	2082	4743	2602	4479		18386
河　南	1514	4833	175	218		7430
湖　北	5641	15230	792	621	2945	11101
湖　南		2960	846	210		2274
广　东	5218	6842	832	6105	2656	49963
广　西		483				413
海　南						
重　庆			2108	5248		1401
四　川	5746	4557	536	1193		3222
贵　州		112	65	60		14
云　南	206	1633	690		316	12270
西　藏	600	574		109		709
陕　西	42	1700	1737	436		970
甘　肃	1265	10777	727	2912		2754
青　海						380
宁　夏						
新　疆	940	989	71	128		674

4-48 各地区专业承包建筑业企业施工机械设备情况

地 区	年末自有施工机械设备总台数(台)	年末自有施工机械设备总功率(千瓦)	年末自有施工机械设备净值(万元)	技术装备率(元/人)	动力装备率(千瓦/人)
全国总计	**1469042**	**20005369**	**4162534**	**11756**	**5.7**
北 京	92598	825215	190801	11415	4.9
天 津	35005	721569	317740	36605	8.3
河 北	54160	905740	146779	11198	6.9
山 西	37295	645096	135100	16705	8.0
内蒙古	10052	136269	26719	9738	5.0
辽 宁	73923	1268104	267020	13368	6.3
吉 林	12473	268637	52507	6725	3.4
黑龙江	25820	361478	69487	13002	6.8
上 海	49702	643428	240190	16737	4.5
江 苏	196666	2721078	585305	13087	6.1
浙 江	128505	1318232	327855	10346	4.2
安 徽	62368	616458	116214	8400	4.5
福 建	48489	457240	90056	9237	4.7
江 西	17912	244526	66423	11559	4.3
山 东	95493	1643030	293601	8783	4.9
河 南	55468	899924	143681	9241	5.8
湖 北	104514	1368742	219690	11015	6.9
湖 南	42897	539250	101227	12196	6.5
广 东	141451	1813635	301161	10525	6.3
广 西	14226	150064	27973	9829	5.3
海 南	2144	28514	1805	4959	7.8
重 庆	26302	307934	72178	9283	4.0
四 川	54299	615820	133312	8139	3.8
贵 州	4754	51065	8629	6396	3.8
云 南	19394	383746	63132	13103	8.0
西 藏	1847	25895	3276	7760	6.1
陕 西	10054	187318	30884	12298	7.5
甘 肃	29338	427498	57946	11280	8.3
青 海	5423	77641	13793	15406	8.7
宁 夏	6196	157644	22954	17420	12.0
新 疆	10274	194579	35098	18881	10.5

4-49 各地区专业承包建筑业企业主要生产效益指标

地　区	建筑业企业个数(个)	计算建筑业劳动生产率的平均人数(人)	按总产值计算的劳动生产率(元/人)	人均竣工产值(元/人)	人均施工面积(平方米/人)	人均竣工面积(平方米/人)
全国总计	**26361**	**3834349**	**123046**	**86487**	**29.7**	**13.0**
北　京	1881	244406	142999	84686	11.8	2.7
天　津	837	106494	181922	117686	17.9	9.1
河　北	704	136764	97544	73951	44.0	24.8
山　西	690	82604	99150	48794	9.2	5.0
内蒙古	111	36757	67262	56400	17.9	14.7
辽　宁	1768	258575	101514	74931	12.4	5.7
吉　林	360	50030	83184	71890	20.4	7.8
黑龙江	680	80796	82907	56716	14.6	9.7
上　海	1270	193936	199663	143597	19.4	9.7
江　苏	3319	464402	132637	104476	24.9	11.2
浙　江	2020	326421	152907	112474	40.4	21.4
安　徽	852	132551	96255	75838	30.3	16.0
福　建	896	107205	129436	91919	19.3	10.5
江　西	413	60628	127149	88876	27.0	16.9
山　东	2244	334847	97081	68361	39.6	19.3
河　南	1007	158377	83935	50047	33.7	11.7
湖　北	800	200597	98203	64876	47.6	24.4
湖　南	450	79848	111524	78060	18.2	8.2
广　东	1884	283302	175735	116232	39.6	12.3
广　西	333	29509	112021	81299	9.8	2.4
海　南	30	3815	102608	60983	152.6	7.6
重　庆	882	78535	104013	59105	31.5	10.3
四　川	1230	177122	93191	66833	54.9	11.0
贵　州	123	13057	77845	51494	3.3	2.9
云　南	518	51157	100064	62315	30.3	17.4
西　藏	28	4213				
陕　西	143	26362	146428	95087	37.6	17.0
甘　肃	247	55547	66171	54485	38.0	17.3
青　海	124	10885	69563	61739	8.9	0.7
宁　夏	206	19699	71295	65905	3.0	3.0
新　疆	311	25908	116468	94327	32.4	10.2

4–50 各地区专业承包建筑业企业营业额

单位：万元

地区	企业营业额	在境外完成的营业额	企业总产值	#建筑业总产值
全国总计	**50693280**	**317558**	**50375722**	**47180115**
北京	3708711	6307	3702404	3494970
天津	2226913	62407	2164507	1937360
河北	1246780	4582	1242198	1334048
山西	827809	1593	826216	819015
内蒙古	256416	193	256223	247233
辽宁	2861770	12485	2849286	2624902
吉林	417658	58	417600	416171
黑龙江	693709	55	693653	669856
上海	4366142	8182	4357960	3872191
江苏	6879339	30370	6848968	6159686
浙江	5253824	24865	5228959	4991211
安徽	1307782	20377	1287405	1275873
福建	1490606	16502	1474104	1387619
江西	797885	2379	795506	770879
山东	3464335	36241	3428093	3250712
河南	1379257	1834	1377424	1329334
湖北	2208587	24001	2184586	1969913
湖南	993593	16383	977209	890494
广东	5278127	33681	5244446	4978621
广西	374762	482	374280	330562
海南	39405		39405	39145
重庆	862339		862339	816870
四川	1745240		1745240	1650612
贵州	105453	15	105438	101642
云南	525371	1068	524304	511899
西藏	39088		39088	37813
陕西	390931		390931	386013
甘肃	397692	2248	395444	367561
青海	77628		77628	75719
宁夏	145318	1136	144182	140445
新疆	330813	10114	320699	301745

4-51 各地区专业承包建筑业企业资产构成

单位：万元

地 区	资产合计	#流动资产小计	#长期投资	#固定资产小计	#无形及递延资产
全国总计	**52449936**	**38482248**	**2398466**	**10452657**	**922053**
北 京	4381927	3508460	229106	584980	51159
天 津	2151644	1547065	44525	523430	27002
河 北	1112171	699001	40817	341208	29018
山 西	1002279	675804	16119	284747	23425
内蒙古	305529	195077	10044	86661	10563
辽 宁	2862541	2064152	80854	657443	57057
吉 林	516159	324115	32589	150648	7375
黑龙江	1224827	709054	292561	212173	8182
上 海	4415744	3670979	145677	543683	30418
江 苏	7257273	5503509	280736	1339983	114856
浙 江	4558175	3509890	183801	778602	76658
安 徽	1211398	837886	48012	291585	31206
福 建	1583129	1230111	96342	231477	13074
江 西	713478	500516	22487	169295	19069
山 东	3717854	2541006	196358	860099	91892
河 南	1479534	1000456	42483	379570	47647
湖 北	1860505	1172367	80137	527324	58641
湖 南	1055371	738437	39685	247011	26734
广 东	4984378	3913245	170521	810485	76948
广 西	483894	331240	58147	82783	10880
海 南	65545	51821	4147	9237	333
重 庆	934888	659635	57943	201867	13831
四 川	1890792	1332121	63526	454442	36544
贵 州	199629	139342	19754	34823	5594
云 南	750790	528870	49563	150601	19355
西 藏	61611	22277	1369	33104	4193
陕 西	360012	263263	7736	78736	7314
甘 肃	497673	297716	37201	157192	4414
青 海	105126	57082	4259	40519	3070
宁 夏	270586	171392	11622	84511	2883
新 疆	435476	286357	30344	104442	12720

4-52 各地区专业承包建筑业企业流动资产、无形及递延资产

单位：万元

地　区	流动资产	#存货	无形及递延资产	#无形资产
全国总计	**38482248**	**10513441**	**922053**	**733603**
北　京	3508460	1115314	51159	42737
天　津	1547065	442689	27002	22202
河　北	699001	167095	29018	24181
山　西	675804	142818	23425	20858
内蒙古	195077	54467	10563	6707
辽　宁	2064152	479937	57057	42189
吉　林	324115	36412	7375	4747
黑龙江	709054	183095	8182	4807
上　海	3670979	1233357	30418	19718
江　苏	5503509	1767008	114856	95199
浙　江	3509890	1009266	76658	60998
安　徽	837886	192045	31206	26609
福　建	1230111	335371	13074	7654
江　西	500516	104901	19069	15876
山　东	2541006	579236	91892	70616
河　南	1000456	277369	47647	48479
湖　北	1172367	353204	58641	42206
湖　南	738437	157135	26734	19069
广　东	3913245	898396	76948	57185
广　西	331240	64731	10880	10029
海　南	51821	12803	333	217
重　庆	659635	154970	13831	10305
四　川	1332121	352956	36544	28175
贵　州	139342	31284	5594	5244
云　南	528870	147655	19355	17649
西　藏	22277	2534	4193	4014
陕　西	263263	53414	7314	4842
甘　肃	297716	70679	4414	3302
青　海	57082	14233	3070	3179
宁　夏	171392	41232	2883	2649
新　疆	286357	37837	12720	11961

4-53 各地区专业承包建筑业企业固定资产情况

单位：万元

地　区	固定资产小计	固定资产原价	#生产经营用	固定资产折旧	#本年折旧	在建工程
全国总计	**10452657**	**13722185**	**10565527**	**4532020**	**872860**	**870159**
北　京	584980	792706	555674	283610	54165	54025
天　津	523430	681453	512716	235088	44727	71576
河　北	341208	442748	355219	131996	28236	16602
山　西	284747	368045	301925	109765	20785	18850
内蒙古	86661	122417	74290	43905	13780	4301
辽　宁	657443	924567	778932	311612	50538	24279
吉　林	150648	197029	127594	57713	16687	7204
黑龙江	212173	275521	242340	77949	14663	9015
上　海	543683	802672	618218	331481	61635	54924
江　苏	1339983	1619392	1295557	481538	98042	146379
浙　江	778602	968711	794332	300676	63375	85653
安　徽	291585	370913	285068	112224	22246	20821
福　建	231477	284346	202628	95722	19447	32536
江　西	169295	219494	163496	64169	10920	10819
山　东	860099	1107293	850486	358611	66637	63058
河　南	379570	514059	382416	176237	31513	18421
湖　北	527324	678725	492425	200948	39833	26906
湖　南	247011	334450	279145	113679	19084	20158
广　东	810485	1102292	836974	409759	75999	84824
广　西	82783	115828	79679	39070	7253	6025
海　南	9237	12645	6284	3464	895	6
重　庆	201867	263851	192694	71453	14449	3381
四　川	454442	611100	447501	213975	45242	39948
贵　州	34823	43514	31079	13288	2150	3783
云　南	150601	204399	149632	71934	13141	15609
西　藏	33104	38467	29771	11876	3237	759
陕　西	78736	113837	89513	38635	6721	1242
甘　肃	157192	203036	149426	67057	9395	13107
青　海	40519	44959	28821	12890	2227	3789
宁　夏	84511	116914	95321	37599	6659	4265
新　疆	104442	146802	116374	54097	9182	7896

4-54 各地区专业承包建筑业企业负债及所有者权益

单位：万元

地 区	负债合计	流动负债	长期负债	所有者权益	#实收资本
全国总计	**30486295**	**29523466**	**962829**	**21963641**	**17125807**
北 京	2828758	2771634	57124	1553169	1361685
天 津	1300481	1283385	17096	851163	560974
河 北	490959	466667	24292	621212	474623
山 西	536630	511135	25495	465649	425507
内蒙古	189083	171755	17327	116446	94652
辽 宁	1481504	1447493	34011	1381037	1037327
吉 林	276055	262846	13209	240104	207737
黑龙江	578427	568617	9810	646400	589020
上 海	3032160	2943029	89131	1383584	1009442
江 苏	4503748	4371205	132543	2753525	1887552
浙 江	2840501	2801003	39499	1717673	1177561
安 徽	602618	584134	18484	608780	483112
福 建	850326	835852	14474	732803	705226
江 西	399382	382201	17181	314096	246548
山 东	2109725	1996120	113606	1608129	1579908
河 南	779149	728690	50460	700385	592189
湖 北	860468	817035	43433	1000037	716340
湖 南	672268	642375	29893	383103	307203
广 东	2961719	2859716	102003	2022659	1384005
广 西	250578	231346	19233	233315	158989
海 南	27575	27521	54	37969	19877
重 庆	436057	419730	16326	498832	410737
四 川	1004821	973698	31122	885971	679664
贵 州	119175	115238	3937	80454	72566
云 南	434485	418504	15982	316305	275700
西 藏	19423	18648	774	42189	24598
陕 西	225145	218767	6378	134867	113763
甘 肃	250522	241050	9472	247151	193210
青 海	42935	39768	3168	62191	57689
宁 夏	139948	137268	2680	130638	113036
新 疆	241671	237036	4635	193805	165369

4-55 各地区专业承包建筑业企业实收资本

单位：万元

地 区	合 计	国家资本	集体资本	法人资本	个人资本	港澳台资本	外商资本
全国总计	**17125807**	**2044933**	**1232947**	**5379551**	**7946952**	**294058**	**227366**
北 京	1361685	81468	81161	587376	549254	34641	27784
天 津	560974	72467	46896	182410	227635	13275	18292
河 北	474623	56458	45243	138173	233571	671	506
山 西	425507	70074	20962	164295	165601	4535	40
内蒙古	94652	6160	27896	23790	36588		218
辽 宁	1037327	189962	122675	161516	514157	15885	33131
吉 林	207737	40129	22752	80026	61687	846	2296
黑龙江	589020	52895	41232	141069	351361	1196	1267
上 海	1009442	139859	105278	241973	434315	45130	42887
江 苏	1887552	145431	61124	579505	1001907	61472	38114
浙 江	1177561	64769	51031	284624	756873	6718	13547
安 徽	483112	70207	38953	174087	194724	4089	1052
福 建	705226	32846	27901	177554	442413	17875	6638
江 西	246548	55590	11234	111139	65680	1779	1126
山 东	1579908	141831	150801	470502	789452	13200	14121
河 南	592189	83624	41282	179006	279234	6245	2798
湖 北	716340	141507	55772	286249	220161	9125	3527
湖 南	307203	71662	37681	102912	81346	7403	6199
广 东	1384005	157892	78117	598499	495303	43368	10827
广 西	158989	17489	16382	53080	71626	413	
海 南	19877	1400		7520	10501	70	387
重 庆	410737	46490	17975	77776	265845	2336	315
四 川	679664	140043	39255	205132	291100	2205	1929
贵 州	72566	14734	5228	14134	37788	683	
云 南	275700	23371	15128	101231	135770	202	
西 藏	24598	11420	1029	6551	5598		
陕 西	113763	23785	6185	49856	33938		
甘 肃	193210	28652	42722	75393	46134		310
青 海	57689	13348	2074	23783	18304	125	56
宁 夏	113036	26304	3944	32312	50416	60	
新 疆	165369	23067	15037	48080	78672	512	

4-56 各地区专业承包建筑业企业收入情况

单位：万元

地区	工程结算收入	工程结算成本	工程结算税金及附加	工程结算利润	经营费用	其他业务收入	#其他业务利润
全国总计	**45812274**	**38663311**	**1461810**	**5144970**	**542183**	**1736039**	**314370**
北京	3788281	3233249	112081	384762	58190	136547	31001
天津	2013467	1698167	50694	247411	17195	94007	5163
河北	1087759	906230	36329	130982	14217	11922	3025
山西	796427	678921	25418	77819	14269	21009	4375
内蒙古	247573	215993	8598	21515	1466	17013	2779
辽宁	2624969	2153938	94891	364391	11749	76462	9831
吉林	404665	336085	16258	50119	2203	3149	749
黑龙江	670851	568184	17984	76514	8169	19314	4544
上海	4239589	3665876	111410	430275	32028	141830	27351
江苏	5541772	4656467	189877	608173	87254	374598	56203
浙江	4424624	3736589	134211	522687	31137	198388	25279
安徽	1187083	1000858	39720	127534	18971	22504	7482
福建	1361165	1149682	46660	153099	11725	35597	11279
江西	706018	587387	23180	91650	3801	8520	4328
山东	2979347	2413672	90071	403463	72142	183564	28322
河南	1283246	1101638	38547	131609	11452	23182	5581
湖北	1837218	1534619	60682	207160	34757	30520	6624
湖南	816357	683183	28172	94733	10269	21708	3285
广东	5250188	4494126	191767	518600	45695	129292	40912
广西	297250	234964	9942	47585	4759	14710	4270
海南	35234	28896	1256	4059	1024	70	38
重庆	782075	666679	25900	84190	5306	39943	4598
四川	1556124	1325929	49939	162619	17637	62496	8814
贵州	94933	81078	2997	9742	1116	3756	1553
云南	484616	404270	16071	54776	9500	15319	4628
西藏	30038	21806	734	7264	234	991	884
陕西	374157	329046	11113	28549	5448	6990	2815
甘肃	389062	330898	11987	39953	6224	16901	2372
青海	53886	48066	1405	3851	564	950	418
宁夏	147394	123075	4371	18568	1381	16102	3232
新疆	306907	253743	9542	41319	2303	8685	2638

4-57 各地区专业承包建筑业企业费用情况

单位：万元

地区	管理费用	#税金	#财产保险费	#差旅费	#工会经费	财务费用	#利息支出
全国总计	**3369611**	**127441**	**26083**	**185608**	**32024**	**191547**	**138291**
北京	317577	4812	1224	14847	1576	3458	1783
天津	145408	2367	831	3682	1132	5491	4428
河北	74390	3342	537	4203	747	5190	3080
山西	60709	1785	693	4822	771	4378	2602
内蒙古	20624	2632	74	1023	197	3294	2680
辽宁	225533	8804	1319	11803	3599	7778	4974
吉林	46003	2007	259	2478	536	-15	560
黑龙江	61010	1613	330	3058	383	8002	7237
上海	283036	4756	1615	10235		7995	5482
江苏	398460	15771	3013	25973	4202	25504	19439
浙江	268806	12015	2798	19830	2789	30167	25584
安徽	86470	4100	890	6816	1023	4956	3103
福建	108092	3176	615	5700	902	3200	2419
江西	41993	2064	277	2150	606	3952	3182
山东	216597	14339	2702	13076	2038	21288	13379
河南	86939	9794	485	6101	1600	9030	4456
湖北	133770	7564	1235	6614	1465	10725	5779
湖南	66508	2469	1246	5002	1932	3399	1810
广东	347077	10337	2617	15540	2866	14637	8950
广西	32952	1127	216	1895	335	302	532
海南	4696	88	17	321	7	-8	5
重庆	60787	2158	1082	4088	558	2291	1879
四川	126283	3769	679	7515	1220	7777	5144
贵州	9203	265	133	387	128	623	522
云南	39199	1659	277	2636	302	2322	1920
西藏	2228	605	6	75	2	59	42
陕西	22447	693	162	1332	232	-459	2257
甘肃	31009	1443	278	1857	451	3610	2819
青海	4455	157	48	296	40	254	107
宁夏	15757	445	93	797	88	716	527
新疆	31590	1286	334	1461	299	1635	1610

4-58 各地区专业承包建筑业企业利润及税金情况

单位：万元

地区	利润总额	#应交所得税	税金总额	工程结算税金及附加	管理费用中的税金
全国总计	**1957145**	**483715**	**1589251**	**1461810**	**127441**
北京	101353	32692	116893	112081	4812
天津	103700	23919	53061	50694	2367
河北	53866	15378	39671	36329	3342
山西	15054	5892	27203	25418	1785
内蒙古	133	907	11230	8598	2632
辽宁	118007	32610	103695	94891	8804
吉林	4766	3083	18265	16258	2007
黑龙江	26239	7391	19597	17984	1613
上海	184851	28800	116167	111410	4756
江苏	253511	70576	205648	189877	15771
浙江	260067	68918	146226	134211	12015
安徽	44507	10871	43820	39720	4100
福建	57193	14010	49836	46660	3176
江西	59893	6129	25244	23180	2064
山东	198335	45952	104409	90071	14339
河南	39834	12646	48342	38547	9794
湖北	57202	12806	68246	60682	7564
湖南	29920	6726	30641	28172	2469
广东	206963	44424	202104	191767	10337
广西	20948	4604	11069	9942	1127
海南	-891	208	1344	1256	88
重庆	25561	7141	28058	25900	2158
四川	39353	12843	53708	49939	3769
贵州	2728	913	3262	2997	265
云南	21295	4688	17730	16071	1659
西藏	2143	967	1339	734	605
陕西	5711	1719	11806	11113	693
甘肃	10696	1921	13430	11987	1443
青海	-756	186	1562	1405	157
宁夏	5531	1649	4816	4371	445
新疆	9432	3149	10828	9542	1286

4-59 各地区专业承包建筑业企业应收工程款及企业亏损情况

地 区	应收工程款（万元）	#竣工工程	企业个数（个）	#亏损企业个数	亏损企业的比重（%）
全国总计	**7122494**	**4487590**	**26361**	**6670**	**25.3**
北 京	591496	323618	1881	595	31.6
天 津	330110	155786	837	224	26.8
河 北	167873	125259	704	149	21.2
山 西	153668	91465	690	197	28.6
内蒙古	41903	34245	111	21	18.9
辽 宁	339613	233269	1768	391	22.1
吉 林	92065	60669	360	129	35.8
黑龙江	126127	93436	680	202	29.7
上 海	491560	241189	1270	223	17.6
江 苏	934247	631310	3319	629	19.0
浙 江	497195	317624	2020	227	11.2
安 徽	166175	116004	852	234	27.5
福 建	355509	274511	896	188	21.0
江 西	66076	36866	413	128	31.0
山 东	557724	396243	2244	560	25.0
河 南	170787	65397	1007	319	31.7
湖 北	289783	206541	800	186	23.3
湖 南	138282	77862	450	118	26.2
广 东	715420	422114	1884	428	22.7
广 西	50579	26294	333	121	36.3
海 南	11228	7129	30	11	36.7
重 庆	134861	90980	882	351	39.8
四 川	209839	117814	1230	338	27.5
贵 州	33518	29704	123	59	48.0
云 南	121664	83090	518	212	40.9
西 藏	7498	3511	28	5	17.9
陕 西	103094	61472	143	45	31.5
甘 肃	78883	61657	247	73	29.6
青 海	14246	11045	124	60	48.4
宁 夏	49260	38453	206	90	43.7
新 疆	82215	53033	311	157	50.5

4-60 各地区专业承包建筑业企业主要经济效益指标

地　区	产值利润率 (%)	产值利税率 (%)	资本利润率 (%)	资本利税率 (%)	人均利润 (元/人)	人均利税 (元/人)	资产负债率 (%)
全国总计	**4.1**	**7.5**	**11.4**	**20.7**	**5104**	**9249**	**58.1**
北　京	2.9	6.2	7.4	16.0	4147	8930	64.6
天　津	5.4	8.1	18.5	27.9	9738	14720	60.4
河　北	4.0	7.0	11.3	19.7	3939	6839	44.1
山　西	1.8	5.2	3.5	9.9	1822	5116	53.5
内蒙古	0.1	4.6	0.1	12.0	36	3091	61.9
辽　宁	4.5	8.4	11.4	21.4	4564	8574	51.8
吉　林	1.1	5.5	2.3	11.1	953	4603	53.5
黑龙江	3.9	6.8	4.5	7.8	3248	5673	47.2
上　海	4.8	7.8	18.3	29.8	9532	15521	68.7
江　苏	4.1	7.5	13.4	24.3	5459	9887	62.1
浙　江	5.2	8.1	22.1	34.5	7967	12447	62.3
安　徽	3.5	6.9	9.2	18.3	3358	6664	49.7
福　建	4.1	7.7	8.1	15.2	5335	9984	53.7
江　西	7.8	11.0	24.3	34.5	9879	14043	56.0
山　东	6.1	9.3	12.6	19.2	5923	9041	56.7
河　南	3.0	6.6	6.7	14.9	2515	5567	52.7
湖　北	2.9	6.4	8.0	17.5	2852	6254	46.2
湖　南	3.4	6.8	9.7	19.7	3747	7584	63.7
广　东	4.2	8.2	15.0	29.6	7305	14439	59.4
广　西	6.3	9.7	13.2	20.1	7099	10850	51.8
海　南	-2.3	1.2	-4.5	2.3	-2334	1189	42.1
重　庆	3.1	6.6	6.2	13.1	3255	6827	46.6
四　川	2.4	5.6	5.8	13.7	2222	5254	53.1
贵　州	2.7	5.9	3.8	8.3	2089	4588	59.7
云　南	4.2	7.6	7.7	14.2	4163	7628	57.9
西　藏							
陕　西	1.5	4.5	5.0	15.4	2166	6645	62.5
甘　肃	2.9	6.6	5.5	12.5	1926	4343	50.3
青　海	-1.0	1.1	-1.3	1.4	-694	741	40.8
宁　夏	3.9	7.4	4.9	9.2	2808	5252	51.7
新　疆	3.1	6.7	5.7	12.3	3641	7820	55.5

4-61 各地区按资质等级划分的专业承包建筑业企业单位数

单位：个

地区	合计	一级	二级	三级及以下
全国总计	**26361**	**1808**	**7356**	**17197**
北京	1881	217	516	1148
天津	837	50	135	652
河北	704	61	193	450
山西	690	27	199	464
内蒙古	111	5	33	73
辽宁	1768	78	425	1265
吉林	360	15	117	228
黑龙江	680	45	249	386
上海	1270	114	367	789
江苏	3319	180	803	2336
浙江	2020	110	317	1593
安徽	852	42	216	594
福建	896	81	380	435
江西	413	45	111	257
山东	2244	97	594	1553
河南	1007	59	452	496
湖北	800	96	332	372
湖南	450	33	120	297
广东	1884	235	493	1156
广西	333	9	82	242
海南	30	9	12	9
重庆	882	49	274	559
四川	1230	60	407	763
贵州	123	3	59	61
云南	518	35	190	293
西藏	28		5	23
陕西	143	16	42	85
甘肃	247	18	93	136
青海	124	2	32	90
宁夏	206	4	58	144
新疆	311	13	50	248

4-62 各地区按资质等级划分的专业承包建筑业企业从业人员

单位：人

地　区	合　计	一级	二级	三级及以下
全国总计	**3540645**	**811298**	**1267433**	**1461914**
北　京	167151	62715	50057	54379
天　津	86803	21903	26050	38850
河　北	131073	32397	60304	38372
山　西	80872	11895	30791	38186
内蒙古	27438	2621	16116	8701
辽　宁	199753	34139	65530	100084
吉　林	78075	6710	47628	23737
黑龙江	53445	12351	19461	21633
上　海	143510	38143	44580	60787
江　苏	447232	105975	158357	182900
浙　江	316879	89386	78513	148980
安　徽	138356	22497	50661	65198
福　建	97490	27558	42991	26941
江　西	57466	20808	16448	20210
山　东	334282	33602	108332	192348
河　南	155489	50956	61731	42802
湖　北	199441	48044	98479	52918
湖　南	82997	14096	33595	35306
广　东	286151	91389	81469	113293
广　西	28460	3276	10224	14960
海　南	3639	1801	1037	801
重　庆	77756	12151	32912	32693
四　川	163791	34535	62955	66301
贵　州	13491	893	6037	6561
云　南	48181	10091	19610	18480
西　藏	4221		1383	2838
陕　西	25113	8245	6338	10530
甘　肃	51371	8480	23292	19599
青　海	8953	668	2241	6044
宁　夏	13177	1448	5785	5944
新　疆	18589	2525	4526	11538

4-63 各地区按资质等级划分的专业承包建筑业总产值

单位：万元

地区	合计	一级	二级	三级及以下
全国总计	**47180115**	**17668326**	**14693426**	**14818362**
北京	3494970	1821763	767679	905527
天津	1937360	976958	361103	599299
河北	1334048	489944	544565	299539
山西	819015	300909	233418	284689
内蒙古	247233	63892	116527	66814
辽宁	2624902	779425	859735	985742
吉林	416171	80892	162062	173218
黑龙江	669856	152010	291905	225942
上海	3872191	1681231	955582	1235379
江苏	6159686	1965989	2135750	2057948
浙江	4991211	1673451	1328401	1989359
安徽	1275873	366090	472052	437731
福建	1387619	569978	493043	324599
江西	770879	476721	134222	159935
山东	3250712	451257	1296167	1503288
河南	1329334	616687	448231	264416
湖北	1969913	631840	942453	395620
湖南	890494	303739	328960	257796
广东	4978621	2685450	1135669	1157501
广西	330562	65994	136358	128211
海南	39145	21435	10822	6889
重庆	816870	214048	330612	272210
四川	1650612	624095	591498	435020
贵州	101642	1871	48584	51187
云南	511899	175985	184294	151621
西藏	37813		19074	18739
陕西	386013	245007	61665	79342
甘肃	367561	124630	147948	94983
青海	75719	28113	13002	34604
宁夏	140445	20639	54383	65423
新疆	301745	58285	87667	155793

4-64 各地区按资质等级划分的专业承包建筑业企业签订的合同额

单位：万元

地　区	合　计	一级	二级	三级及以下
全国总计	**61325897**	**26453187**	**17898125**	**16974585**
北　京	5272733	2895736	1379629	997367
天　津	2645113	1496679	441144	707291
河　北	1619135	673905	630603	314627
山　西	987739	401688	266317	319734
内蒙古	270038	70186	125352	74500
辽　宁	3201690	1089242	1048444	1064003
吉　林	432110	77681	171128	183301
黑龙江	767336	184531	318256	264549
上　海	5223711	2639173	1200421	1384118
江　苏	6512497	2370324	2055783	2086389
浙　江	6232644	2243153	1640660	2348831
安　徽	1476746	420882	550591	505273
福　建	1832134	787958	630475	413702
江　西	1162220	796225	176958	189037
山　东	3700320	632975	1412261	1655085
河　南	2106439	1331312	517592	257535
湖　北	2678815	978393	1224673	475749
湖　南	1306844	548960	425066	332818
广　东	7587801	4253324	1629624	1704852
广　西	412340	98104	178929	135308
海　南	57695	30537	18604	8554
重　庆	955343	269845	371878	313620
四　川	2323159	1067063	763963	492133
贵　州	108579	2040	49235	57304
云　南	635826	188883	233252	213691
西　藏	35974		13215	22759
陕　西	718215	570628	67282	80305
甘　肃	509922	225349	175641	108933
青　海	67838	7999	19011	40828
宁　夏	134870	24125	54679	56066
新　疆	350075	76288	107462	166326

4-65 各地区按资质等级划分的专业承包建筑业企业竣工产值

单位：万元

地区	合计	一级	二级	三级及以下
全国总计	**33161994**	**11157599**	**10674144**	**11330251**
北京	2069783	877254	505408	687121
天津	1253285	494146	300193	458946
河北	1011382	314325	446719	250339
山西	403060	135957	86195	180908
内蒙古	207309	60191	94396	52721
辽宁	1937531	478648	681690	777193
吉林	359665	71543	142040	146082
黑龙江	458245	81506	190210	186529
上海	2784853	1205700	629149	950005
江苏	4851867	1430593	1776176	1645097
浙江	3671380	1049253	976755	1645372
安徽	1005238	289763	382232	333243
福建	985422	367114	370868	247441
江西	538837	307006	119037	112795
山东	2289047	296728	842363	1149956
河南	792633	252703	329284	210647
湖北	1301403	358164	646588	296652
湖南	623293	173977	266416	182901
广东	3292873	1801164	735838	755872
广西	239907	51526	94666	93715
海南	23265	13352	7656	2257
重庆	464180	116591	195805	151784
四川	1183752	475369	381156	327227
贵州	67236	1266	32266	33704
云南	318787	107190	104859	106739
西藏	33029		18345	14684
陕西	250670	124671	69384	56615
甘肃	302650	126019	113458	63174
青海	67203	28113	11285	27804
宁夏	129827	17205	50932	61690
新疆	244381	50566	72777	121038

4-66 各地区按资质等级划分的专业承包建筑业企业房屋施工面积

单位：万平方米

地 区	合 计	一级	二级	三级及以下
全国总计	**11370.9**	**3088.0**	**4725.9**	**3557.0**
北 京	289.5	260.6	9.3	19.5
天 津	190.3	99.0	52.8	38.6
河 北	601.2	154.4	362.8	84.0
山 西	75.6	20.0	10.6	45.1
内蒙古	65.9		45.4	20.5
辽 宁	321.5	15.1	190.5	115.9
吉 林	101.8	8.0	47.0	46.8
黑龙江	117.6	18.1	15.7	83.7
上 海	376.8	112.6	60.0	204.2
江 苏	1157.5	209.1	510.3	438.1
浙 江	1320.0	663.7	437.7	218.6
安 徽	402.2	59.9	158.6	183.7
福 建	207.1		137.7	69.4
江 西	163.7	45.0	20.8	97.8
山 东	1327.6	174.2	448.8	704.6
河 南	533.9	203.6	252.4	77.9
湖 北	955.1	188.6	596.3	170.2
湖 南	145.0	11.6	67.0	66.4
广 东	1121.9	519.6	326.0	276.3
广 西	29.0		19.9	9.1
海 南	58.2	5.8	52.1	0.3
重 庆	247.5	24.0	123.4	100.1
四 川	971.7	199.5	544.3	227.9
贵 州	4.3		1.4	3.0
云 南	154.9	46.1	65.5	43.4
西 藏	21.4		5.1	16.3
陕 西	99.0	8.3	29.1	61.7
甘 肃	211.3	39.6	95.7	76.0
青 海	9.6			9.6
宁 夏	5.8			5.8
新 疆	83.8	1.5	39.6	42.7

4-67 各地区按资质等级划分的专业承包建筑业企业房屋竣工面积

单位：万平方米

地 区	合 计	一级	二级	三级及以下
全国总计	**4998.8**	**1053.5**	**2165.0**	**1780.3**
北 京	67.0	43.6	6.9	16.5
天 津	97.3	51.6	28.6	17.1
河 北	338.6	74.4	221.5	42.7
山 西	41.6	12.5	8.4	20.7
内蒙古	54.1		35.4	18.7
辽 宁	147.6	5.6	106.3	35.7
吉 林	39.0		5.0	34.0
黑龙江	78.5	14.6	6.0	57.8
上 海	188.5	30.1	42.5	116.0
江 苏	520.8	80.2	246.4	194.2
浙 江	699.0	265.7	275.6	157.7
安 徽	212.2	9.1	82.0	121.1
福 建	112.1		77.4	34.7
江 西	102.4	40.5	16.7	45.2
山 东	645.2	74.4	241.8	329.0
河 南	185.5	39.4	99.5	46.5
湖 北	488.6	104.9	314.4	69.3
湖 南	65.8	6.5	28.7	30.6
广 东	348.0	125.8	76.1	146.1
广 西	7.1		3.0	4.1
海 南	2.9		2.9	
重 庆	81.0	18.9	33.5	28.6
四 川	195.6	2.0	103.0	90.5
贵 州	3.7		1.1	2.6
云 南	88.9	31.2	32.0	25.7
西 藏	13.9		3.3	10.6
陕 西	44.7		9.3	35.4
甘 肃	96.1	20.9	47.9	27.3
青 海	0.7			0.7
宁 夏	5.8			5.8
新 疆	26.4	1.5	9.6	15.3

4-68 各地区按资质等级划分的专业承包建筑业企业自有施工机械设备台数

单位：台

地 区	合 计	一级	二级	三级及以下
全国总计	**1469042**	**342300**	**565125**	**561617**
北 京	92598	35325	30284	26989
天 津	35005	12630	8487	13888
河 北	54160	9858	29819	14483
山 西	37295	5541	14266	17488
内蒙古	10052	1183	4749	4120
辽 宁	73923	13940	24962	35021
吉 林	12473	2740	5122	4611
黑龙江	25820	6426	11693	7701
上 海	49702	15417	21670	12615
江 苏	196666	44963	77068	74635
浙 江	128505	27242	34035	67228
安 徽	62368	13048	25176	24144
福 建	48489	13226	22046	13217
江 西	17912	5096	5492	7324
山 东	95493	9199	33980	52314
河 南	55468	14628	25536	15304
湖 北	104514	20976	52941	30597
湖 南	42897	4464	16936	21497
广 东	141451	56658	42340	42453
广 西	14226	2647	6111	5468
海 南	2144	838	36	1270
重 庆	26302	4107	15385	6810
四 川	54299	9037	26188	19074
贵 州	4754	112	1518	3124
云 南	19394	4175	8733	6486
西 藏	1847		665	1182
陕 西	10054	2811	2156	5087
甘 肃	29338	3486	9303	16549
青 海	5423	565	2170	2688
宁 夏	6196	520	2658	3018
新 疆	10274	1442	3600	5232

4-69 各地区按资质等级划分的专业承包建筑业企业自有施工机械设备总功率

单位：万千瓦

地区	合计	一级	二级	三级及以下
全国总计	**2000.5**	**521.4**	**736.6**	**742.5**
北京	82.5	29.9	23.3	29.4
天津	72.2	35.3	13.1	23.8
河北	90.6	23.7	46.3	20.6
山西	64.5	15.2	19.2	30.1
内蒙古	13.6	3.2	5.4	5.1
辽宁	126.8	30.7	39.7	56.3
吉林	26.9	4.0	8.2	14.8
黑龙江	36.1	9.7	15.2	11.3
上海	64.3	18.4	18.1	27.8
江苏	272.1	72.6	107.3	92.1
浙江	131.8	29.9	39.1	62.8
安徽	61.6	12.6	23.1	26.0
福建	45.7	8.2	24.7	12.9
江西	24.5	9.6	6.4	8.5
山东	164.3	13.0	63.4	87.9
河南	90.0	35.0	35.9	19.0
湖北	136.9	32.1	71.1	33.6
湖南	53.9	10.2	17.8	25.8
广东	181.4	57.4	64.6	59.3
广西	15.0	2.4	7.5	5.2
海南	2.9	2.4		0.4
重庆	30.8	6.9	17.9	6.0
四川	61.6	18.5	23.2	19.9
贵州	5.1	0.8	1.6	2.7
云南	38.4	14.8	10.3	13.2
西藏	2.6		1.1	1.5
陕西	18.7	7.6	5.1	6.0
甘肃	42.7	7.9	15.5	19.3
青海	7.8	1.9	1.5	4.3
宁夏	15.8	2.9	5.4	7.4
新疆	19.5	4.3	5.6	9.6

4-70 各地区按资质等级划分的专业承包建筑业企业实收资本

单位：万元

地区	合计	一级	二级	三级及以下
全国总计	**17125807**	**3480585**	**6798302**	**6846920**
北京	1361685	432311	506605	422769
天津	560974	146144	126971	287860
河北	474623	102187	226092	146343
山西	425507	57875	181095	186537
内蒙古	94652	13385	46569	34698
辽宁	1037327	205746	360114	471467
吉林	207737	31145	89419	87173
黑龙江	589020	73629	191883	323508
上海	1009442	209484	370972	428987
江苏	1887552	347820	746732	793000
浙江	1177561	206627	332746	638188
安徽	483112	62310	189694	231107
福建	705226	211595	291089	202543
江西	246548	82842	82024	81682
山东	1579908	136662	826226	617020
河南	592189	140471	306118	145600
湖北	716340	154533	362605	199203
湖南	307203	50218	134437	122548
广东	1384005	419874	456130	508002
广西	158989	14418	66413	78157
海南	19877	8800	5914	5163
重庆	410737	75271	185460	150006
四川	679664	142557	296247	240859
贵州	72566	3668	38928	29970
云南	275700	38542	135578	101580
西藏	24598		7948	16650
陕西	113763	43189	29965	40609
甘肃	193210	36332	96011	60867
青海	57689	7048	19269	31372
宁夏	113036	10763	40273	62000
新疆	165369	15140	48778	101452

4-71 各地区按资质等级划分的专业承包建筑业企业资产

单位：万元

地区	合计	一级	二级	三级及以下
全国总计	**52449936**	**15106712**	**18060940**	**19282284**
北京	4381927	1832043	1241060	1308824
天津	2151644	920083	424340	807221
河北	1112171	305167	492680	314324
山西	1002279	246465	366581	389234
内蒙古	305529	67800	163256	74473
辽宁	2862541	800266	874582	1187694
吉林	516159	107944	202579	205636
黑龙江	1224827	173809	422312	628706
上海	4415744	1493815	1228394	1693535
江苏	7257273	1938612	2583268	2735393
浙江	4558175	1114636	1265086	2178453
安徽	1211398	238306	449275	523816
福建	1583129	303103	792782	487244
江西	713478	336737	183994	192746
山东	3717854	476629	1585772	1655454
河南	1479534	566662	625996	286876
湖北	1860505	570049	850515	439941
湖南	1055371	270031	392484	392857
广东	4984378	1893482	1528310	1562586
广西	483894	60948	196305	226641
海南	65545	43885	11662	9998
重庆	934888	196264	404742	333883
四川	1890792	587256	749857	553679
贵州	199629	4853	89821	104955
云南	750790	167504	304862	278424
西藏	61611		20871	40741
陕西	360012	180519	90690	88803
甘肃	497673	113398	247565	136710
青海	105126	14240	25671	65215
宁夏	270586	24614	99316	146656
新疆	435476	57594	146315	231566

4-72 各地区按资质等级划分的专业承包建筑业企业所有者权益

单位：万元

地 区	合 计	一级	二级	三级及以下
全国总计	**21963641**	**4982182**	**8267095**	**8714364**
北 京	1553169	502700	546358	504111
天 津	851163	371877	143180	336106
河 北	621212	128768	304321	188124
山 西	465649	43270	207776	214604
内蒙古	116446	15520	59607	41319
辽 宁	1381037	327720	459678	593639
吉 林	240104	33485	102631	103988
黑龙江	646400	90190	200512	355698
上 海	1383584	328309	457987	597288
江 苏	2753525	573230	1072854	1107441
浙 江	1717673	336946	486202	894526
安 徽	608780	86924	237010	284845
福 建	732803	141586	349060	242158
江 西	314096	108492	101267	104337
山 东	1608129	187621	667710	752798
河 南	700385	187767	344305	168313
湖 北	1000037	265911	484124	250002
湖 南	383103	63882	161640	157582
广 东	2022659	656057	662895	703707
广 西	233315	25940	93223	114153
海 南	37969	24540	6995	6434
重 庆	498832	109652	215895	173285
四 川	885971	192399	395334	298238
贵 州	80454	3387	43034	34033
云 南	316305	45506	151980	118819
西 藏	42189		8800	33389
陕 西	134867	50844	35972	48052
甘 肃	247151	40053	128589	78510
青 海	62191	6093	19435	36663
宁 夏	130638	10631	51735	68272
新 疆	193805	22884	66989	103933

4-73 各地区按资质等级划分的专业承包建筑业企业负债

单位：万元

地区	合计	一级	二级	三级及以下
全国总计	**30486295**	**10124530**	**9793845**	**10567920**
北京	2828758	1329342	694702	804714
天津	1300481	548206	281160	471115
河北	490959	176399	188359	126200
山西	536630	203195	158805	174630
内蒙古	189083	52280	103649	33154
辽宁	1481504	472546	414903	594055
吉林	276055	74459	99948	101648
黑龙江	578427	83619	221800	273008
上海	3032160	1165506	770407	1096247
江苏	4503748	1365382	1510415	1627951
浙江	2840501	777690	778884	1283927
安徽	602618	151382	212265	238971
福建	850326	161518	443722	245086
江西	399382	228245	82728	88409
山东	2109725	289008	918062	902655
河南	779149	378895	281691	118564
湖北	860468	304138	366391	189939
湖南	672268	206149	230844	235275
广东	2961719	1237425	865415	858879
广西	250578	35008	103082	112488
海南	27575	19344	4667	3564
重庆	436057	86612	188846	160598
四川	1004821	394857	354523	255441
贵州	119175	1466	46787	70923
云南	434485	121999	152882	159605
西藏	19423		12070	7352
陕西	225145	129676	54718	40751
甘肃	250522	73345	118976	58200
青海	42935	8147	6236	28552
宁夏	139948	13983	47581	78384
新疆	241671	34710	79327	127634

4-74 各地区按资质等级划分的专业承包建筑业企业总收入

单位：万元

地　区	合　计	一级	二级	三级及以下
全国总计	**47548313**	**17498646**	**14836896**	**15212772**
北　京	3924828	1950927	963597	1010303
天　津	2107474	1077182	392755	637537
河　北	1099680	344720	501722	253238
山　西	817435	310902	227429	279104
内蒙古	264587	61632	127180	75775
辽　宁	2701431	882247	838282	980902
吉　林	407814	87019	161466	159329
黑龙江	690165	148461	291698	250006
上　海	4381419	1738271	1194160	1448988
江　苏	5916371	1851360	2072885	1992126
浙　江	4623012	1404086	1259206	1959721
安　徽	1209587	339525	440951	429110
福　建	1396762	526617	531473	338672
江　西	714539	442442	132140	139957
山　东	3162911	446129	1237606	1479176
河　南	1306428	636536	405735	264157
湖　北	1867738	627325	875766	364648
湖　南	838064	290279	304577	243208
广　东	5379480	2797045	1244917	1337519
广　西	311960	50320	131556	130084
海　南	35304	18539	10129	6636
重　庆	822019	203652	322032	296335
四　川	1618620	649017	520189	449414
贵　州	98689	1871	42865	53954
云　南	499935	153794	183086	163055
西　藏	31029		13436	17593
陕　西	381147	243310	63345	74493
甘　肃	405962	121018	187334	97610
青　海	54837	11832	10574	32431
宁　夏	163496	22456	52624	88416
新　疆	315593	60133	96184	159275

4-75 各地区按资质等级划分的专业承包建筑业企业利税总额

单位：万元

地　区	合　计	一级	二级	三级及以下
全国总计	**3546396**	**1103152**	**1099954**	**1343290**
北　京	218246	82786	51582	83878
天　津	156761	98658	16925	41179
河　北	93537	23352	42501	27685
山　西	42257	10519	15790	15948
内蒙古	11363	-968	5555	6776
辽　宁	221702	74379	62877	84446
吉　林	23031	2649	8639	11742
黑龙江	45837	7480	14320	24037
上　海	301017	95301	80398	125319
江　苏	459159	125503	148871	184785
浙　江	406294	102075	108991	195228
安　徽	88327	24444	33698	30185
福　建	107030	32442	41582	33005
江　西	85138	65236	8408	11494
山　东	302744	27015	118894	156835
河　南	88176	32950	30724	24502
湖　北	125448	36188	68558	20702
湖　南	60560	15019	22917	22624
广　东	409067	180084	98819	130164
广　西	32017	2858	14931	14228
海　南	454	-597	589	462
重　庆	53620	13981	20471	19168
四　川	93061	31323	29906	31832
贵　州	5990	186	2260	3544
云　南	39025	6919	18156	13950
西　藏	3482		283	3199
陕　西	17517	8422	4922	4174
甘　肃	24126	728	18631	4767
青　海	807	-738	183	1362
宁　夏	10346	1202	2479	6665
新　疆	20260	3758	7095	9407

4-76 各地区按资质等级划分的专业承包建筑业企业利润总额

单位：万元

地 区	合 计	一级	二级	三级及以下
全国总计	**1957145**	**537449**	**603980**	**815716**
北 京	101353	27678	22890	50785
天 津	103700	75512	6931	21257
河 北	53866	12157	23942	17767
山 西	15054	1736	7361	5956
内蒙古	133	-3096	-360	3588
辽 宁	118007	40550	30782	46675
吉 林	4766	-265	2466	2564
黑龙江	26239	3176	5764	17300
上 海	184851	46331	51365	87155
江 苏	253511	59687	81216	112608
浙 江	260067	60524	69904	129639
安 徽	44507	12972	17361	14174
福 建	57193	15050	21598	20545
江 西	59893	50897	3379	5618
山 东	198335	12921	78666	106748
河 南	39834	9487	15923	14425
湖 北	57202	15454	35403	6346
湖 南	29920	5208	12239	12473
广 东	206963	71752	52245	82966
广 西	20948	1026	10508	9414
海 南	-891	-1289	170	228
重 庆	25561	7446	8339	9776
四 川	39353	11053	13294	15006
贵 州	2728	121	648	1960
云 南	21295	1901	11579	7815
西 藏	2143		28	2115
陕 西	5711	1180	3263	1268
甘 肃	10696	-3285	12729	1252
青 海	-756	-905	-169	318
宁 夏	5531	491	913	4127
新 疆	9432	1979	3605	3847

4-77 各地区按资质等级划分的专业承包建筑业企业工程结算利润

单位：万元

地 区	合 计	一级	二级	三级及以下
全国总计	**5144970**	**1522725**	**1667030**	**1955215**
北 京	384762	141660	101347	141756
天 津	247411	126287	37445	83679
河 北	130982	36452	53783	40748
山 西	77819	19919	28833	29067
内蒙古	21515	2408	11169	7938
辽 宁	364391	124261	105570	134561
吉 林	50119	9444	18262	22413
黑龙江	76514	11448	29583	35483
上 海	430275	123625	131377	175273
江 苏	608173	157027	204172	246974
浙 江	522687	132918	132913	256856
安 徽	127534	31590	48349	47595
福 建	153099	45871	60967	46261
江 西	91650	62192	13651	15808
山 东	403463	45706	164964	192793
河 南	131609	44472	50963	36174
湖 北	207160	59067	104759	43334
湖 南	94733	24359	35464	34909
广 东	518600	198294	141247	179059
广 西	47585	4363	20371	22851
海 南	4059	1391	1409	1259
重 庆	84190	22084	32938	29168
四 川	162619	54310	56611	51698
贵 州	9742	223	4948	4571
云 南	54776	13230	22861	18685
西 藏	7264		3262	4002
陕 西	28549	14510	5696	8344
甘 肃	39953	4737	24113	11104
青 海	3851	-663	1500	3014
宁 夏	18568	1723	5805	11040
新 疆	41319	9819	12700	18801

4-78 各地区按资质等级划分的专业承包建筑业企业税金总额

单位：万元

地区	合计	一级	二级	三级及以下
全国总计	**1589251**	**565703**	**495974**	**527575**
北京	116893	55108	28692	33093
天津	53061	23146	9994	19922
河北	39671	11195	18559	9918
山西	27203	8783	8429	9992
内蒙古	11230	2128	5915	3187
辽宁	103695	33829	32095	37771
吉林	18265	2914	6173	9178
黑龙江	19597	4304	8555	6738
上海	116167	48970	29033	38163
江苏	205648	65816	67655	72177
浙江	146226	41550	39087	65590
安徽	43820	11473	16337	16010
福建	49836	17392	19985	12460
江西	25244	14339	5029	5876
山东	104409	14095	40228	50087
河南	48342	23463	14801	10077
湖北	68246	20734	33156	14356
湖南	30641	9811	10678	10152
广东	202104	108332	46574	47198
广西	11069	1832	4424	4814
海南	1344	691	419	234
重庆	28058	6535	12131	9392
四川	53708	20270	16613	16825
贵州	3262	65	1612	1585
云南	17730	5018	6577	6135
西藏	1339		255	1084
陕西	11806	7241	1659	2906
甘肃	13430	4013	5902	3515
青海	1562	166	352	1044
宁夏	4816	711	1567	2538
新疆	10828	1779	3490	5560

4-79 各地区按资质等级划分的专业承包建筑业企业工程结算收入

单位：万元

地 区	合 计	一级	二级	三级及以下
全国总计	**45812274**	**17136724**	**14222251**	**14453299**
北 京	3788281	1915212	881259	991810
天 津	2013467	1067352	344537	601578
河 北	1087759	342832	499247	245680
山 西	796427	303104	221259	272064
内蒙古	247573	61489	115995	70089
辽 宁	2624969	849513	829843	945614
吉 林	404665	86890	160188	157587
黑龙江	670851	143191	283226	244435
上 海	4239589	1689765	1169308	1380516
江 苏	5541772	1787438	1896994	1857340
浙 江	4424624	1357672	1217951	1849001
安 徽	1187083	332544	434807	419731
福 建	1361165	523562	508501	329102
江 西	706018	439491	131040	135488
山 东	2979347	434783	1190527	1354037
河 南	1283246	631292	392662	259292
湖 北	1837218	610379	871179	355660
湖 南	816357	280441	298976	236940
广 东	5250188	2758558	1211627	1280003
广 西	297250	50081	122982	124186
海 南	35234	18529	10129	6577
重 庆	782075	201354	306691	274030
四 川	1556124	644573	498950	412601
贵 州	94933	1871	42476	50586
云 南	484616	152602	179318	152697
西 藏	30038		13432	16606
陕 西	374157	239236	60685	74236
甘 肃	389062	119864	176065	93132
青 海	53886	11832	10508	31546
宁 夏	147394	22438	49643	75313
新 疆	306907	58838	92247	155822

4－80 各地区按资质等级划分的专业承包建筑业企业管理费用

单位：万元

地区	合计	一级	二级	三级及以下
全国总计	**3369611**	**985581**	**1115933**	**1268098**
北京	317577	120413	96439	100725
天津	145408	49692	29824	65892
河北	74390	24758	27360	22272
山西	60709	16798	21944	21967
内蒙古	20624	2906	13122	4597
辽宁	225533	70104	69718	85711
吉林	46003	10822	16779	18402
黑龙江	61010	9867	25605	25538
上海	283036	88979	90345	103712
江苏	398460	98549	132073	167839
浙江	268806	57963	66259	144585
安徽	86470	21993	31019	33458
福建	108092	31250	47843	28999
江西	41993	21419	10337	10236
山东	216597	34838	88481	93277
河南	86939	30817	34017	22104
湖北	133770	41456	57843	34472
湖南	66508	19767	23729	23012
广东	347077	131813	93090	122174
广西	32952	3591	13592	15770
海南	4696	2679	1254	764
重庆	60787	13852	24326	22608
四川	126283	42667	46704	36912
贵州	9203	103	4591	4509
云南	39199	11287	12581	15332
西藏	2228		526	1703
陕西	22447	12040	3707	6700
甘肃	31009	8114	14762	8133
青海	4455	242	1352	2860
宁夏	15757	1122	5844	8791
新疆	31590	5681	10867	15042

4-81 各地区按资质等级划分的专业承包建筑业企业财务费用

单位：万元

地 区	合 计	一级	二级	三级及以下
全国总计	**191547**	**63161**	**71090**	**57295**
北 京	3458	4565	434	-1541
天 津	5491	1407	2298	1787
河 北	5190	1052	2890	1249
山 西	4378	1365	1336	1677
内蒙古	3294	2642	535	117
辽 宁	7778	3285	1703	2790
吉 林	-15	-655	321	319
黑龙江	8002	325	1185	6492
上 海	7995	531	4214	3250
江 苏	25504	9570	11104	4830
浙 江	30167	14044	8229	7894
安 徽	4956	1132	1753	2071
福 建	3200	795	1187	1218
江 西	3952	2355	740	857
山 东	21288	2351	9743	9194
河 南	9030	4697	3031	1302
湖 北	10725	3172	5850	1704
湖 南	3399	879	724	1796
广 东	14637	6101	5369	3167
广 西	302	48	119	134
海 南	-8	9	-17	
重 庆	2291	1135	1334	-179
四 川	7777	2233	2807	2737
贵 州	623	-1	122	502
云 南	2322	322	1101	899
西 藏	59		51	7
陕 西	-459	-1273	304	511
甘 肃	3610	898	1763	949
青 海	254	-1	30	225
宁 夏	716	110	272	334
新 疆	1635	69	561	1004

4-82 各地区按资质等级划分的专业承包建筑业企业应收工程款

单位：万元

地　区	合　计	一级	二级	三级及以下
全国总计	**7122494**	**2659717**	**2270100**	**2192677**
北　京	591496	316706	144562	130229
天　津	330110	206929	50865	72316
河　北	167873	56193	69795	41885
山　西	153668	42595	51542	59531
内蒙古	41903	14088	14210	13604
辽　宁	339613	74295	121566	143751
吉　林	92065	23000	39284	29782
黑龙江	126127	41074	39987	45066
上　海	491560	189653	156321	145586
江　苏	934247	272829	321822	339597
浙　江	497195	152478	148366	196350
安　徽	166175	48016	68283	49876
福　建	355509	205426	102754	47330
江　西	66076	44122	8695	13259
山　东	557724	109924	207742	240058
河　南	170787	85731	53549	31507
湖　北	289783	122263	119213	48308
湖　南	138282	44691	44283	49308
广　东	715420	357263	165782	192376
广　西	50579	4544	24476	21558
海　南	11228	6883	2233	2113
重　庆	134861	29970	57475	47416
四　川	209839	66258	74018	69564
贵　州	33518	315	14262	18941
云　南	121664	47174	43744	30746
西　藏	7498		4482	3016
陕　西	103094	54236	31519	17339
甘　肃	78883	14983	42836	21064
青　海	14246	5604	2694	5948
宁　夏	49260	7012	16759	25489
新　疆	82215	15463	26986	39766

4-83 各地区劳务分包建筑业企业生产经营情况

单位：万元

地区	建筑业总产值	营业收入	工程结算税金及附加	利润总额	从业人员劳动报酬	劳动、失业保险费
全国总计	**2087063**	**1885213**	**58730**	**60645**	**1006214**	**21910**
北京	29252	28036	662	977	9807	129
天津	51461	60715	1854	1499	13108	482
河北	124590	129875	4248	2776	72061	1487
山西	13868	12816	353	-184	5504	235
内蒙古	1465	1465	44	136	453	24
辽宁	43786	44892	1615	-148	9537	650
吉林	5460	5461	172	145	2026	151
黑龙江	9048	8437	277	57	2999	108
上海	80637	78799	4214	1632	13333	454
江苏	479462	398317	16362	23241	207545	5590
浙江	271743	277841	8166	4654	152776	1533
安徽	165826	144465	3821	4440	96127	978
福建	154291	136734	2302	3544	128869	3601
江西	5520	5736	193	71	1080	42
山东	102508	91938	3408	5279	24128	1517
河南	71797	62141	1401	2357	34092	275
湖北	85464	85998	1122	1080	38458	228
湖南	111992	63481	2238	2761	37082	2020
广东	9914	11588	389	-237	8983	596
广西	22105	19961	628	231	14864	98
海南						
重庆	88191	79252	2165	3104	40777	144
四川	118802	103025	1979	2891	78217	1281
贵州	294	294	8	14	127	
云南	4631	3031	71	61	2057	10
西藏						
陕西	1299	1257	65	22	240	13
甘肃	7684	4190	99	116	1155	59
青海	762	690	22	2	142	
宁夏	2674	2717	107	-28	340	6
新疆	22541	22064	745	153	10329	202

5-1 各行业建筑业企业签订合同情况

单位：万元

地　区	合同总额	上年结转合同额	本年新签合同额
总　计	**559466764**	**195876588**	**363590176**
房屋和土木工程建筑业	498197315	180148773	318048542
房屋工程建筑	321471818	111655086	209816732
土木工程建筑	176725497	68493687	108231811
铁路道路隧道桥梁	112648892	43669118	68979773
水利和港口	29010888	12169028	16841861
工矿	18951660	8315635	10636025
架线和管道	10972956	2949224	8023733
其他	5141101	1390682	3750419
建筑安装业	39830154	11050463	28779691
建筑装饰业	15104398	3035468	12068930
其他建筑业	6334898	1641884	4693014

5-2 各行业建筑业企业承包工程完成情况

单位：万元

行　业	直接从建设单位承揽工程完成的产值	自行完成施工产值	分包出去工程的产值	从建设单位以外承揽工程完成的产值
总　计	**341333798**	**331718759**	**9615039**	**13802209**
房屋和土木工程建筑业	296998659	288921567	8077092	9906416
房屋工程建筑	203743281	199517892	4225389	5885652
土木工程建筑	93255378	89403675	3851702	4020764
铁路道路隧道桥梁	56823629	55354799	1468829	2280198
水利和港口	13276163	12317383	958780	741636
工矿	10984653	9986751	997902	377639
架线和管道	8703220	8334302	368917	303413
其他	3467714	3410441	57273	317877
建筑安装业	28044586	26858138	1186448	2414197
建筑装饰业	11750406	11549384	201023	819712
其他建筑业	4540147	4389670	150477	661885

5-3 各行业建筑业总产值和竣工产值

单位：万元

行业	建筑业总产值	#装饰装修产值	#在外省完成的产值
总计	**345520968**	**20538176**	**86949411**
房屋和土木工程建筑业	298827983	9051178	78770184
房屋工程建筑	205403544	8352997	46608854
土木工程建筑	93424439	698182	32161331
铁路道路隧道桥梁	57634997	357316	21468149
水利和港口	13059019	62321	4859735
工矿	10364390	104998	3697094
架线和管道	8637716	58382	1472402
其他	3728318	115165	663952
建筑安装业	29272335	865293	5324081
建筑装饰业	12369096	10498964	2138528
其他建筑业	5051555	122741	716618

5-3 续表

单位：万元

行业	按构成分组			竣工产值
	建筑工程产值	安装工程产值	其他产值	
总计	**294643840**	**38356612**	**12520517**	**238661411**
房屋和土木工程建筑业	270828841	19430653	8568489	206079517
房屋工程建筑	191008630	9270573	5124341	148235179
土木工程建筑	79820211	10160080	3444148	57844338
铁路道路隧道桥梁	55304828	799964	1530206	34676544
水利和港口	11853243	559401	646375	7465512
工矿	6048817	3607309	708263	6574858
架线和管道	3492003	4895536	250177	6644228
其他	3121320	297870	309128	2483197
建筑安装业	10847824	17082354	1342156	20346113
建筑装饰业	10010367	1082220	1276509	8551814
其他建筑业	2956808	761385	1333363	3683968

5-4 各行业建筑业企业房屋建筑面积

行业	房屋建筑施工面积（万平方米）	#本年新开工	#实行投标承包面积	#本年新开工	房屋建筑竣工面积（万平方米）	房屋建筑面积竣工率（%）
总计	**352744.7**	**197743.1**	**287581.7**	**167083.7**	**159406.2**	**45.2**
房屋和土木工程建筑业	341459.0	190602.6	279557.9	161857.1	154782.3	45.3
房屋工程建筑	332028.0	185445.4	272072.5	157608.4	150852.6	45.4
土木工程建筑	9431.0	5157.3	7485.4	4248.7	3929.7	41.7
铁路道路隧道桥梁	4216.9	2249.5	3289.9	1813.4	1697.5	40.3
水利和港口	861.7	477.4	660.9	391.4	427.6	49.6
工矿	2335.4	1248.6	2006.6	1143.8	930.3	39.8
架线和管道	603.9	333.7	448.1	262.7	233.5	38.7
其他	1413.1	848.0	1079.9	637.4	640.9	45.4
建筑安装业	10269.6	6453.7	7435.1	4827.2	4222.1	41.1
建筑装饰业	85.0	39.5	47.0	19.5	34.3	40.4
其他建筑业	931.1	647.4	541.7	379.9	367.5	39.5

5-5 各行业建筑业企业施工机械设备情况

行业	年末自有施工机械设备总台数（台）	年末自有施工机械设备总功率（千瓦）	年末自有施工机械设备净值（万元）	技术装备率（元/人）	动力装备率（千瓦/人）
总计	**8798527**	**137655574**	**25037702**	**9273**	**5.1**
房屋和土木工程建筑业	7297295	119798820	21833755	9247	5.1
房屋工程建筑	5781079	73853034	12191176	6530	4.0
土木工程建筑	1516216	45945786	9642579	19512	9.3
铁路道路隧道桥梁	701187	25163178	5509344	18711	8.5
水利和港口	333581	10168065	2079026	27358	13.4
工矿	192676	5208407	1129255	23724	10.9
架线和管道	195866	3586302	586468	11667	7.1
其他	92906	1819834	338486	13086	7.0
建筑安装业	857252	11086608	1903618	9160	5.3
建筑装饰业	501647	3458108	553281	5990	3.7
其他建筑业	142333	3312038	747047	19333	8.6

5-6 按主要用途分的各行业建筑业企业房屋建筑竣工面积

单位：万平方米

行　　业	合　计	厂房、仓库	住宅	办公用房	批发和零售用房	住宿和餐饮用房
总　　计	**159406.2**	**29648.1**	**89471.0**	**13574.8**	**4234.1**	**2786.4**
房屋和土木工程建筑业	154782.3	28210.0	87422.8	13174.6	4145.1	2713.5
房屋工程建筑	150852.6	26954.0	85716.0	12833.1	4084.4	2655.7
土木工程建筑	3929.7	1256.0	1706.8	341.6	60.8	57.8
铁路道路隧道桥梁	1697.5	322.1	901.2	226.8	37.2	18.3
水利和港口	427.6	108.9	209.2	28.4	9.0	7.6
工矿	930.3	499.2	249.7	39.6	2.4	23.2
架线和管道	233.5	119.1	85.4	11.5	3.2	1.3
其他	640.9	206.6	261.3	35.2	8.9	7.3
建筑安装业	4222.1	1221.2	1955.5	366.9	85.7	66.7
建筑装饰业	34.3	4.1	15.7	5.6		0.2
其他建筑业	367.5	212.8	77.0	27.6	3.3	6.1

5-6 续表

单位：万平方米

行　　业	居民服务业用房	教育用房	文化、体育和娱乐用房	卫生医疗用房	科研用房	其他用房
总　　计	**2223.3**	**8364.2**	**1836.9**	**1544.8**	**496.4**	**5226.3**
房屋和土木工程建筑业	2161.0	8133.1	1782.7	1503.8	475.4	5060.3
房屋工程建筑	2111.8	7976.7	1764.6	1475.0	471.4	4809.9
土木工程建筑	49.2	156.4	18.1	28.8	4.1	250.4
铁路道路隧道桥梁	20.2	80.4	7.5	14.7	2.5	66.4
水利和港口	11.3	22.2	4.2	2.9		24.0
工矿	4.3	30.5	2.3	4.1		75.0
架线和管道	2.1	0.8	0.5	1.0		8.6
其他	11.2	22.5	3.6	6.2	1.6	76.3
建筑安装业	51.2	220.1	47.5	39.4	16.8	151.1
建筑装饰业			0.1	0.4		8.4
其他建筑业	11.1	11.1	6.6	1.2	4.2	6.5

5-7 按主要用途分的各行业建筑业企业房屋建筑竣工价值

单位：万元

行业	合计	厂房、仓库	住宅	办公用房	批发和零售用房	住宿和餐饮用房
总计	**129895895**	**23212697**	**68945769**	**13272887**	**3466319**	**2430521**
房屋和土木工程建筑业	126442459	22249507	67436317	12890855	3406383	2381837
房屋工程建筑	122788700	20881807	66144952	12461184	3351513	2330663
土木工程建筑	3653759	1367701	1291365	429671	54871	51173
铁路道路隧道桥梁	1473871	229636	692693	310364	40746	16217
水利和港口	370568	102704	165021	29104	7580	8954
工矿	1025132	680582	177466	44491	805	20596
架线和管道	265653	189491	52369	9772	1297	888
其他	518535	165289	203817	35940	4442	4519
建筑安装业	3205642	865734	1438048	357599	56743	44929
建筑装饰业	31099	2451	21842	4111		31
其他建筑业	216696	95005	49562	20322	3193	3725

5-7 续表

单位：万元

行业	居民服务业用房	教育用房	文化、体育和娱乐用房	卫生医疗用房	科研用房	其他用房
总计	**1922263**	**7318921**	**2081452**	**1590247**	**554903**	**5099916**
房屋和土木工程建筑业	1875078	7122125	2030644	1559053	536302	4954358
房屋工程建筑	1837151	6975025	2016044	1533610	533685	4723067
土木工程建筑	37927	147100	14601	25443	2617	231291
铁路道路隧道桥梁	12987	86914	6622	14866	1847	60979
水利和港口	10045	18812	2260	2512	1	23576
工矿	2844	26935	1493	3440		66480
架线和管道	1300	305	379	762		9091
其他	10750	14134	3846	3863	770	71166
建筑安装业	38330	182625	37202	29886	15077	139468
建筑装饰业			50	272		2343
其他建筑业	8855	14171	13555	1037	3524	3747

5–8 各行业建筑业企业主要生产效益指标

行业	建筑业企业个数（个）	计算劳动生产率的平均人数（人）	按总产值计算的劳动生产率（元/人）	人均竣工产值（元/人）	人均施工面积（平方米/人）	人均竣工面积（平方米/人）
总计	**58750**	**29451807**	**117317**	**81035**	**119.8**	**54.1**
房屋和土木工程建筑业	34814	25767865	115969	79975	132.5	60.1
房屋工程建筑	25081	20215169	101609	73329	164.2	74.6
土木工程建筑	9733	5552696	168251	104173	17.0	7.1
铁路道路隧道桥梁	4462	3373700	170836	102785	12.5	5.0
水利和港口	1527	795762	164107	93816	10.8	5.4
工矿	574	550160	188389	119508	42.4	16.9
架线和管道	1682	540551	159795	122916	11.2	4.3
其他	1488	292523	127454	84889	48.3	21.9
建筑安装业	9336	2230821	131218	91205	46.0	18.9
建筑装饰业	11552	1027825	120342	83203	0.8	0.3
其他建筑业	3048	425296	118777	86621	21.9	8.6

5–9 各行业建筑业企业营业额

单位：万元

行业	企业营业额	在境外完成的营业额	企业总产值	#建筑业总产值
总计	**371939797**	**6579167**	**365360629**	**345520968**
房屋和土木工程建筑业	321230668	6229584	315001084	298827983
房屋工程建筑	219040681	4169219	214871462	205403544
土木工程建筑	102189987	2060365	100129622	93424439
铁路道路隧道桥梁	61606039	1143721	60462318	57634997
水利和港口	15232407	709742	14522665	13059019
工矿	11722363	163601	11558761	10364390
架线和管道	9693842	37797	9656045	8637716
其他	3935336	5503	3929833	3728318
建筑安装业	31944364	292763	31651602	29272335
建筑装饰业	13336285	41359	13294926	12369096
其他建筑业	5428480	15462	5413017	5051555

5-10 各行业建筑业企业资产构成

单位：万元

行业	资产合计	#流动资产小计	#长期投资	#固定资产小计	#无形及递延资产
总计	**314857308**	**228268068**	**20793732**	**57876731**	**6508957**
房屋和土木工程建筑业	263629787	190190261	17864803	48731129	5635060
房屋工程建筑	162919492	121092412	8662988	28553888	3842480
土木工程建筑	100710296	69097849	9201815	20177241	1792579
铁路道路隧道桥梁	61187404	42470215	6188122	11302586	997180
水利和港口	14853686	8754307	1617874	4025960	382630
工矿	9334032	6366178	566604	2125653	191798
架线和管道	11297508	8495502	713574	1910852	142401
其他	4037667	3011648	115643	812191	78571
建筑安装业	32437702	24294337	1818791	5639103	560461
建筑装饰业	11910496	9284217	421335	1972475	179371
其他建筑业	6879322	4499254	688804	1534023	134065

5-11 各行业建筑业企业流动资产、无形及递延资产

单位：万元

行业	流动资产	#存货	#无形及递延资产	#无形资产
总计	**228268068**	**60683304**	**6508957**	**5428657**
房屋和土木工程建筑业	190190261	50577335	5635060	4746228
房屋工程建筑	121092412	34132286	3842480	3203404
土木工程建筑	69097849	16445049	1792579	1542824
铁路道路隧道桥梁	42470215	10362120	997180	862797
水利和港口	8754307	1615846	382630	336804
工矿	6366178	1484973	191798	155550
架线和管道	8495502	2188199	142401	120369
其他	3011648	793911	78571	67303
建筑安装业	24294337	6678108	560461	460997
建筑装饰业	9284217	2503658	179371	118921
其他建筑业	4499254	924203	134065	102512

5-12 各行业建筑业企业固定资产情况

单位：万元

行业	固定资产小计	固定资产原价	#生产经营用	固定资产折旧	#本年折旧	在建工程
总计	**57876731**	**76214536**	**59632518**	**25649547**	**4452829**	**4916480**
房屋和土木工程建筑业	48731129	64288899	50655667	21676317	3718450	4090905
房屋工程建筑	28553888	35020647	26811873	10346932	1755870	2520464
土木工程建筑	20177241	29268253	23843794	11329384	1962581	1570440
铁路道路隧道桥梁	11302586	16432939	13613570	6394418	1103494	801786
水利和港口	4025960	5923902	4610345	2415836	403890	421321
工矿	2125653	3240251	2718420	1267104	224656	124202
架线和管道	1910852	2614978	2100376	909665	166631	162751
其他	812191	1056183	801083	342361	63909	60381
建筑安装业	5639103	7418263	5637691	2549509	455144	520554
建筑装饰业	1972475	2451426	1687285	742585	147267	200200
其他建筑业	1534023	2055949	1651875	681137	131968	104822

5-13 各行业建筑业企业负债及所有者权益

单位：万元

行业	负债合计	流动负债	长期负债	所有者权益	#实收资本
总计	**203627396**	**193364293**	**10263103**	**111225356**	**81713763**
房屋和土木工程建筑业	172870011	163500822	9369189	90755221	65561034
房屋工程建筑	105192418	100756522	4435896	57727074	42491155
土木工程建筑	67677593	62744300	4933294	33028147	23069879
铁路道路隧道桥梁	40879827	38031147	2848681	20307577	14255053
水利和港口	9775410	8223194	1552215	5078276	3346636
工矿	6685011	6389016	295995	2644465	1835825
架线和管道	7834132	7676819	157313	3463376	2412064
其他	2503214	2424125	79090	1534453	1220302
建筑安装业	20749076	20148299	600777	11688626	8917158
建筑装饰业	6182003	6023513	158490	5728493	4993386
其他建筑业	3826306	3691659	134647	3053017	2242185

5-14 各行业建筑业企业实收资本

单位：万元

行业	合计	国家资本	集体资本	法人资本	个人资本	港澳台资本	外商资本
总计	**81713763**	**18152182**	**7343091**	**25086480**	**30309085**	**424176**	**398750**
房屋和土木工程建筑业	65561034	16184456	6231511	19734540	23068946	143380	198201
房屋工程建筑	42491155	6335806	5150719	12740461	18054760	88042	121368
土木工程建筑	23069879	9848650	1080792	6994080	5014186	55338	76833
铁路道路隧道桥梁	14255053	6366182	545111	4222097	3086170	21254	14239
水利和港口	3346636	1697740	107640	1050619	489222	1415	
工矿	1835825	944278	72061	553355	234179	3512	28439
架线和管道	2412064	552480	284092	857385	683433	14309	20365
其他	1220302	287969	71888	310624	521182	14848	13790
建筑安装业	8917158	1278357	795849	3151790	3517811	88723	84628
建筑装饰业	4993386	189043	191864	1560757	2802944	154815	93963
其他建筑业	2242185	500326	123867	639393	919383	37258	21958

5-15 各行业建筑业企业收入情况

单位：万元

行业	工程结算收入	工程结算成本	工程结算税金及附加	工程结算利润	经营费用	其他业务收入	#其他业务利润
总计	**325105381**	**288564361**	**11013963**	**23726136**	**1800922**	**6879532**	**1102605**
房屋和土木工程建筑业	279491851	249708193	9541952	18897420	1344287	5099698	787562
房屋工程建筑	184222899	165513364	6484819	11348711	876006	2861602	444729
土木工程建筑	95268951	84194829	3057133	7548709	468281	2238096	342833
铁路道路隧道桥梁	57516634	51457912	1835276	3984363	239083	785548	122473
水利和港口	13813569	12161328	445978	1141792	64471	429032	59160
工矿	11386002	10009982	342077	987402	46540	385502	60129
架线和管道	8952374	7456071	291951	1112796	91556	433749	74967
其他	3600373	3109535	141851	322356	26631	204266	26105
建筑安装业	28492449	24254239	917923	3062040	258247	1324820	214750
建筑装饰业	12112994	10337302	404318	1236216	135158	234169	55307
其他建筑业	5008087	4264627	149770	530460	63230	220845	44986

5-16 各行业建筑业企业费用情况

单位：万元

行业	管理费用	#税金	#财产保险费	#差旅费	#工会经费	财务费用	#利息支出
总计	**14629062**	**583986**	**133317**	**733240**	**200916**	**1531001**	**1158181**
房屋和土木工程建筑业	11227471	464978	107739	559501	166289	1363243	1032009
房屋工程建筑	6333483	309236	60562	312377	97153	874530	627707
土木工程建筑	4893989	155742	47177	247124	69136	488712	404302
铁路道路隧道桥梁	2460323	87539	24006	131579	34238	352858	282390
水利和港口	796412	22628	13826	40304	11267	69533	70568
工矿	661075	18338	3021	31010	12104	38563	31168
架线和管道	752868	20471	4545	32387	9540	12052	8947
其他	223311	6767	1779	11845	1988	15707	11229
建筑安装业	2169777	70514	15634	104769	26297	96864	78763
建筑装饰业	846840	32716	6173	47705	4608	47381	33987
其他建筑业	384974	15778	3771	21266	3722	23514	13422

5-17 各行业建筑业企业利润及税金情况

单位：万元

行业	利润总额	#应交所得税	税金总额	工程结算税金及附加	管理费用中的税金
总计	**9066623**	**2311965**	**11597949**	**11013963**	**583986**
房屋和土木工程建筑业	7415874	1888095	10006930	9541952	464978
房屋工程建筑	4684387	1238149	6794055	6484819	309236
土木工程建筑	2731487	649946	3212875	3057133	155742
铁路道路隧道桥梁	1462997	344121	1922814	1835276	87539
水利和港口	340154	78592	468606	445978	22628
工矿	354319	75391	360415	342077	18338
架线和管道	453381	124144	312422	291951	20471
其他	120636	27699	148618	141851	6767
建筑安装业	1068286	262855	988437	917923	70514
建筑装饰业	376181	106427	437034	404318	32716
其他建筑业	206282	54588	165548	149770	15778

5-18 各行业总承包和专业承包企业应收工程款及企业亏损情况

行业	应收工程款(万元)	#竣工工程	企业个数(个)	#亏损企业个数	亏损企业的比重(%)
总计	**58994161**	**31446465**	**58750**	**11449**	**19.5**
房屋和土木工程建筑业	51682611	27001153	34814	5280	15.2
房屋工程建筑	35636824	18715629	25081	3471	13.8
土木工程建筑	16045787	8285524	9733	1809	18.6
铁路道路隧道桥梁	9794160	5097187	4462	779	17.5
水利和港口	2338712	999925	1527	276	18.1
工矿	2016051	1021768	574	106	18.5
架线和管道	1249837	751225	1682	287	17.1
其他	647028	415419	1488	361	24.3
建筑安装业	4812421	2818915	9336	2153	23.1
建筑装饰业	1626539	1040074	11552	3284	28.4
其他建筑业	872590	586323	3048	732	24.0

5-19 各行业总承包和专业承包企业主要经济效益指标

行业	产值利润率(%)	产值利税率(%)	资本利润率(%)	资本利税率(%)	人均利润(元/人)	人均利税(元/人)	资产负债率(%)
总计	**2.6**	**6.0**	**11.1**	**25.3**	**3078**	**7016**	**64.7**
房屋和土木工程建筑业	2.5	5.8	11.3	26.6	2878	6761	65.6
房屋工程建筑	2.3	5.6	11.0	27.0	2317	5678	64.6
土木工程建筑	2.9	6.4	11.8	25.8	4919	10705	67.2
铁路道路隧道桥梁	2.5	5.9	10.3	23.8	4336	10036	66.8
水利和港口	2.6	6.2	10.2	24.2	4275	10163	65.8
工矿	3.4	6.9	19.3	38.9	6440	12991	71.6
架线和管道	5.2	8.9	18.8	31.7	8387	14167	69.3
其他	3.2	7.2	9.9	22.1	4124	9205	62.0
建筑安装业	3.6	7.0	12.0	23.1	4789	9220	64.0
建筑装饰业	3.0	6.6	7.5	16.3	3660	7912	51.9
其他建筑业	4.1	7.4	9.2	16.6	4850	8743	55.6